上海社会科学院院庆60周年口述系列丛书

张生 编著

我的学术道路
——林其锬先生口述历史

复旦大学出版社

作者简介

　　张生，上海社会科学院副研究员，历史学博士，硕士生导师。国家/上海市公务员考试阅卷专家。兼任领教工坊研究员、致极学院理事、上海经世中医药研发中心教授。主要从事城市史、当代史、中美关系史研究，教学领域涉及美国史、世界史、亚洲史、艺术史等。

内容提要

林其锬同志曾任上海社会科学院研究员、研究室主任、上海五缘文化研究所所长，并兼任中国《文心雕龙》学会副会长等职。在近半个世纪的学术研究中，主要在中国经济思想和管理思想、刘勰《文心雕龙》和《刘子》、"五缘文化"等三个领域研究中取得重要成果，在学术界有较大影响。他同陈正炎教授合著的《中国古代大同思想研究》1988年修订本，于1989年即被译为韩文，列入韩国"汉城大学校东洋史学讲义丛书"。《文心雕龙集校合编》不仅重现了唐、宋、元三大孤本，并且对历代诸多善本及古今名家校勘成果进行了全面校理，被学术界誉为"集大成之作"；《刘子集校》和《刘子集校合编》，汇集了敦煌、西域九种残卷，宋刻、明清抄本、刻本等40多种，还引回我国早佚的五卷本日本宝历新雕《刘子》，对版本真伪、作者谁属作了深入考证，国务院古籍整理出版规划领导小组曾有"搜罗广博、考校详审，所取得的成果大大超过前人"之评，学术界有"'刘子'功臣，'龙学'丰碑"之誉。他在1989年提出以亲缘、地缘、神缘、业缘和物缘为内涵的"五缘文化"说，是"五缘文化"理论的创立者，经过他和相关学者共同努力，已在国内外产生很大影响。林其锬同志本是工科技术专业出身，从事社会科学研究基本依靠自学，道路曲折艰难，研究涉及面较广，并在以上三个领域都做出贡献。他的主要著作手稿，都已被中国文化名人手稿馆所收藏。本书全面回顾了半个多世纪以来林其锬同志的治学心得和学术生涯，具有较高的学术史、文化史及社会史研究价值。

1999年11月，随王元化先生到杭州避寿（八十寿辰），在西湖湖畔居留影

2000年5月，与师友在镇江丹阳六朝遗址天禄石刻前合影，自左向右分别为林其锬、束纫秋、赵自、钱谷融、徐中玉、林炳秋、蓝瑛、王元化、李莉

2007年6月，应邀参加高雄中山大学举办的"《文心雕龙》国际学术研讨会"，与美国华人学者、上海五缘文化研究顾问林中明博士摄于台湾岛南端鹅銮鼻

2002年8月3日，应邀在国务院侨办和山东省侨办联合在山东烟台举办的"2002旅韩华侨华人恳亲大会论坛"作《实现和平统一，维护世界和平》学术报告

摄于中国文化名人手稿馆青铜雕像揭幕暨手稿捐赠贡献奖颁奖
大会

摄于寓所书房(《东方早报》记者摄)

林其锬在寓所书房工作(《东方早报》记者摄)

庆回归

百年沉霾一扫开
炎黄裔孙尽舒怀
神龙起舞珠归日
勿忘屈辱致今犹在

一九九七年七月一日百零时
香港开禧之时

诗作一首

清明节到苏州吴县镇湖镇西华塔陵园扫墓，与夫人陈凤金、女儿林红在父母灵位前留影

2014年，与夫人陈凤金同过八十岁寿辰，与儿子林木、女儿林红摄于杭州西溪湿地公园悦榕庄

2003年,与夫人陈凤金赴新西兰探亲，同儿子林木、儿媳张璞、孙女维尼摄于奥克兰海上游轮

序　言

　　上海社会科学院(以下简称为"上海社科院")成立于1958年,由1956年组建的中国科学院上海经济研究所和中国科学院上海历史研究所(复旦大学历史系),以及上海财经学院、华东政法学院、复旦大学法律系合并而成,至今已经60周年。

　　60年来,上海社科院作为成立最早、规模最大的地方社科院,作为党和政府的思想库、智囊团,无论是在基础学科领域还是在应用研究领域都做出了积极贡献。上海社科院从建院之初就汇聚了一大批理论扎实、学养深厚的学者,其中有投身革命文武兼备的高级将领,有在学术领域钻研多年的专家教授,也有从海外学成归来的知名学者,如李培南、雷经天、沈志远、李亚农、黄逸峰、姚耐、冯契、孙怀仁、雍文远、邹依仁、王惟中、周伯棣、汤志钧、褚葆一、张仲礼等。在他们的努力下,一批具有重要影响的学术成果陆续推出,《政治经济学教材(社会主义部分)》、《上海小刀会起义史资料汇编》、《鸦片战争末期英军在长江下游的侵略罪行》、《恒丰纱厂的发生发展与改造》、《南洋烟草公司史料汇编》、《解放前后上海物价资料汇编》、《五四运动在上海史料选辑》、《辛亥革命在上海史料选辑》、《上海棚户区的变迁》、《大隆机器厂的发生发展与改造》等学术成果成为经典。

1978年,党中央、国务院召开全国科学大会,哲学社会科学迎来大发展,上海社科院正式复院。复院之后,上海社科院在努力召集原有学术力量的基础上,积极扩充和发展科研人才队伍。一批著名的专家学者如许本怡、周煦良、方诗铭、陈敏之、唐振常、夏禹龙、姚锡棠、齐乃宽、陈伯海、瞿世镜、伍贻康等成为学术中坚。《旧中国的民族资产阶级》、《上海经济发展战略》、《柏拉图哲学评述》、《戊戌变法史》、《沙逊集团在旧中国》、《蔡元培传》、《中国近代民主思想史》等一批功底扎实的著作陆续推出,其中《住房还是商品》获得首届孙冶方经济科学论文奖,《社会必要产品论》获得第二届孙冶方经济科学著作奖。特别是在张仲礼老院长的支持下,在上海社科院历史研究所、经济研究所诸多同仁的共同努力下,上海史研究异军突起,一大批优秀成果问世,成为国内外学术领域的旗帜性代表。《荣家企业史料》、《上海大辞典》、《上海城市社会生活史》(丛书)、《上海通史》(1999年版)等成果都产生了广泛的社会影响。

在贡献学术经典的同时,上海社科院密切关注国家战略,聚焦上海发展,在一些事关国家与上海发展的重要问题和决策中发出了自己的声音。如《大力发展商品经济与改革经济管理体制》、《对上海长远规划的建议》、《关于上海发展对外贸易的九条建议》等为上海市委、市政府提供了很好的决策建议。1982年建议设立长三角经济区、1984年提出举办世博会选址浦东、1985年提出浦东大开发建议,都是涉及国家发展的重大问题,并已成为现实。

2015年上海社科院成为首批国家高端智库建设试点单位。全院以习近平新时代中国特色社会主义思想为指导,积极响应中央加强中国特色新型智库建设的号召,加快构建国内一流、国际知名的社会主义新智库。2018年是上海社科院建院60周年,一个甲子的峥嵘岁月,上海社科院始终立足使命,屹立在时代前沿。理论探索,孜孜以求,实践真知,不曾停歇。

展望未来,发展是第一要务,人才是第一资源。值此建院60周年之际,我们把建院以来老一辈著名专家学者的治学经历与学术思想,以口述史的形式展现出来。通过口述历史总结老一辈专家学者的优秀精神品质和学术风范,对于帮助青年一代学者更加深刻地学习传承上海社科院的优良学术传统将有十分积极的作用。

典数过往,得温前史,益知创业之艰。传承精神,常怀感恩,弥烈兴邦之志。是以为序,与读者共飨。

于信汇

2018 年 6 月

目 录

一、 曲折早年与跨界杂学

我早年经历比较曲折,因为家穷,六年小学就失学过三次。从童年开始,帮大人种田,上山砍柴,为人挑米,修公路做小工,我都干过。因为失学,更想读书,从评话话本,到武侠小说,囫囵吞枣,似懂非懂,什么书都爱看。1949年新中国成立,中学里设立了贫穷子弟的助学金,分甲乙丙丁四等,甲等每月大米60斤,乙等50斤,丙等40斤,丁等30斤。1951年夏,我的堂哥考进了福建省闽侯第一中学,享受到助学金,我受到鼓舞。同年冬季,我也到福州去报考,报了四个中学,除了福州市第一中学(简称"市一中",后改名"福三中")与福建学院附属中学的口试时间冲突被迫放弃之外,其他三个中学——福建省福州第一中学(以下简称"省福一中")、福建学院附属中学(以下简称"学院附中")和福建省闽侯第一中学(以下简称"闽侯一中"),我都被录取了,而且闽侯一中我还名列第二。因此,我在收到录取通知单时,还发现附有学生会红色喜报。到哪个学校去? 我心中的标准不是以哪个学校的名气大,而是看哪个学校的助学金多。也真是鬼使神差,我在省福一中问一个高中同学:听说省福一中助学金比例有60%是吧? 那位同学也不知是否听懂我的问题,只是点点头。我的命运就这么定了,我进了省福一中。报到后才知道:所有中学的助学金比例都只有40%。而且因为省福一中是福建省最好也最有名的中学,全省各地学生都奔它而来,所以,这里有两个特点——成绩好、穷人多。这里评助学金,比其他学校更难。我虽然懊恼,但来不及了。记得评助学金时，要报家庭收入，我报了家里土改后有多少地，收入多少，养了一头猪、几只鸡和鸭，通通被折成收入。这样与城市里的失业工人、贫民子弟一比较，那就不是赤贫了，所以我只评上丙等助学金，每月40斤大米，我就靠助学金读完了初中。

◎ 母亲郑细妹八十寿辰，1985年摄于广州

◎ 林其锬（《东方早报》记者摄）

1953年夏天，学校要保送一批学生去国防学校学习，保送学校的公开校名为"上海机械学校"，实际是军委民航三校，属保密单位，最后公开为"上海航空工业学校"（以下简称"航校"）。我是春季班，也可以提前毕业去参

加。我因为学习成绩比较好,被高中同学看中拉入学生会竞选团,选上并分工任学习部长,到了初三又被选为学生会副主席兼学习部长。开始保送名单没有我,学校新来的党支书和校长(都是老区来的老干部、知识分子)找我谈话,希望我留下继续读高中,并且已安排当年暑假送我到上海华东团校参加培训,回来继续兼做学生会工作。国防学校是供给制,而靠助学金我觉得实在难。因此,我寻找种种理由一再要求去航校,临最后一天终获批准,近200个毕业生中一共挑选13人,叫我带队前去报到。1953年国庆节前一天,我们到了上海龙华飞机场,住的是茅草房。福建各地保送来的有好几百人。我们主要学习飞机制造。那时航空工业被称为"工业之花",对外保密,单位名称用代号,还常常改。内部实行的是准军事化,班主任全是部队下来的营教导员和连指导员,正校长是老红军,要求很严格。1955年夏毕业,学生基本都分配到由苏联援助新建的飞机制造厂,我也不例外,被分配到沈阳112厂(飞机总装厂),但我没有走成,因为上海市高等教育局要借调我去做临时工作。我在高教局工作,直到1956年6月回到航校,恰又碰到1956年"大发展",航校要"一分三",到西北再建两个新航校,人员紧张,学校领导决定不让我去沈阳了。我心里很想去沈阳,因为"制造飞机,飞翔蓝天"非常有吸引力,行李也都由同学带走了,但是,当时强调组织观念、服从需要,我也二话不说留下了。留校后我先做团委工作,又当学生辅导员,后来又去教政治课,有中国现代革命史、政治经济学、辩证唯物主义与历史唯物主义,真是赶鸭子上架。我服从分配,由老教师带着,边学边干。我在高教局临时工作期间,正是高校系统响应中央"向科学进军"号召,热火朝天、纷纷制定"向副博士、博士进军"规划之时,我自己也决心上大学。于是,我一边工作,一边准备,按照苏联十年制数理化教科书加班加点地自学,做遍所有习题,1957年夏天,经过多次请求,获得领导同意参加了高考。我报的志愿是中国人民大学国际共产主义运动史专业,未获录取,分配到统计系和会计系两个选择志愿。由于它们不符合自己搞理论研究的兴趣,我放弃了。又碰上开始实行"义务兵役制",我又想进部队,身体检查合格,但学校以"工作需要"为由没让我去,我只得了个"预备役证书"。

对于理论的兴趣萌芽于航校学习期间。那时我听政治报告常常听到辩证唯物主义、历史唯物主义这些名词，但对它们的内涵毫无所知。记得在1955年春节前后，我到福州路去看望一位在新华书店工作的原来在省福一中同住一间寝室的高中同学，到书店看到有一本署名华岗著的《辩证唯物主义(大纲)》上册(后来又出了下册)，就买了。这本书上册讲唯物主义，下册讲辩证法。那时哲学书给人的感觉是高深的学问，颇有神秘感。我怕同学们看到后会说我"好高骛远"，便用牛皮纸包了起来，写上"华岗"作为书名，偷偷地读。同学问我："读什么书呀?"我回答："读小说。"说实在的，虽然读时不完全懂，但感到哲学可以解释很多现象，所以越读越有兴趣。为了了解其中许多哲学专用词语，我后来还特地去买了一本苏联尤金主编的《哲学词典》中译本。这就是我阅读理论书籍的开始。1956年，上海高教局在华东师范大学办了一个教师进修的"马克思列宁主义业余大学"，由冯契先生主讲唯物辩证法三大规律和认识过程的辩证法。我弄到一张旁听证(编号"000463")，每两周一次在华东师范大学上课。我每次必到，记得一直上到1957年夏天才停下来，当时只讲到认识过程的辩证法形式逻辑和辩证逻辑，而科学方法没讲就结束了。当初发的讲义我保存至今，不久前华东师范大学哲学系一位教授朋友说，上海举行冯契教授诞辰100周年学术讨论会，大家回顾冯先生学术生平时没有人提起这套讲义，他戏称我保存的可能是孤本。冯先生讲的唯物辩证法，不是按照斯大林《联共(布)党史》四点框架讲，而是按照恩格斯的三大规律框架讲，是把辩证逻辑和形式逻辑作为认识过程的统一方法讲，这是很有特色的。至于我保存下来的讲义是不是"孤本"，就不得而知了。与此同时我还泛读了《费尔巴哈论纲》、《反杜林论》、列宁《哲学笔记》、《谈辩证法》、斯大林《辩证唯物主义与历史唯物主义》、黑格尔《小逻辑》等书。

现在人们常把那个年代称为"火红年代"，的确，那个时代整个社会充满磅礴向上、追求进步的氛围，大家在一起谈学习、谈工作的多。《钢铁是怎样炼成的》的主人公保尔·柯察金及其作者尼古拉·奥斯特洛夫斯基、《把一切献给党》的作者吴运铎，他们的精神给人以极大的鼓舞。我那时年轻，对知识如饥似渴,加之有工作压力,心里一直觉得自己底子薄、跟不上。因为工作单位特殊的性质,解放军的许多精神也在无形中鞭策着我。比如,"战场练兵,边学边干","活着干,死了算",等等。凡遇有学习机会我都不放过,比如,到上海教师进修学院进修《中国现代革命史》《国家与法》等。1958年秋,华东师范大学函授招生,我报名参加,学的是"汉语言文学专业",每周末就到华东师范大学面授,半天听课,半天参加小组讨论,单科考试结业。到1964年12月,我花了六年半时间学完规定的所有课程,累计学科考试成绩,除现代汉语得"3分"(及格)外,其他都获得"4分"或"5分"(即"良"或"优"),因此而获得由当时的校长、著名教育家孟宪承签署的华东师范大学"中国文学系"(函授)毕业证书。应该说这六年半的学习,是我按照正规大学课程系统学习的,但也是最艰难的学习。因为中间不仅经历了反右倾机会主义运动,而且经历了"自然灾害"困难时期。我本来饭量很大,一天要吃一斤半还多,按照脑力劳动定量29斤,但给我的粮票实际是按照重体力劳动定量45斤给的。可是一到1960年开始的"自然灾害",粮食供应严格按照标准执行,我从45斤一下子降到29斤,而且还要上交半斤糕点票,因此实际只有28.5斤。这样我实在吃不饱,整天处于半饥饿状态,每顿饭后为了撑肚子,就要喝两碗开水加点酱油的汤。撑到1961年,我同许多人一样,因营养跟不上患了肝炎。在这种状况下,还坚持不坚持学习下去?很多人都放弃了,航校本来有10位教师参加华东师范大学的函授学习,可以编成一个小组,到此时有9人放弃了。我舍不得,还在坚持。《现代汉语》要进行结业考试,我每天早饭后,拎着折叠式小凳子,到附近公园去温习功课,下午午睡后接着学,就这样坚持下来,自己特别珍惜。"文革"中造反派批斗我,这也是"罪行"之一,说这是"修正主义""个人主义"的典型。为考验找能否同"刘邓修正主义决裂",他们在批斗会上提出"能不能把毕业证书拿出来当场烧掉"。我想不通,死也不干,为了怕抄家被毁,我把毕业证书偷偷转移,托好友代为保管。

1956年10月5日,我买了由郭大力、王亚南翻译于同年8月出版的马克思《资本论》三卷,开始啃这个大部头经典著作。花了两年多时间我读完

第一卷;按照当时写在书末的记录,第二卷阅读时间为"1959.7.21—1960.12.21读毕",花了一年五个月;第三卷是"1961年元旦—1962.5.24读完",也费了一年五个月。三卷共费时五年半左右,我还按自己的理解做了"资本论第一卷结构图"。20世纪60年代初,厦门大学校长、《资本论》译者王亚南在上海重译《资本论》,我堂兄是王亚南的学术秘书,正好此时高教局在复旦大学举办由王亚南、漆琪生等著名学者主讲的《资本论》系列讲座,我也弄到一张旁听证,比较系统地听了他们的讲座。通过五年多的自学,又听了系列讲座,使自己对马克思主义的政治经济学说有了基本概念,对《资本论》研究方法论也加深了理解。后来我还购买并阅读了罗森塔尔的《资本论辩证法》和我国姜丕之等的研究著作。在"大跃进"之后,中共上海市委宣传部举办了关于马克思主义唯物辩证法讲座,我也都参加了听讲。

我学习兴趣较广,以自学为主,不放过一切学习机会。当教师最大的好处是没有坐班制,在时间上我学会挤海绵的办法,尽量化零为整。比如,担负教学任务给学生上课,我要求教务部门把我一周承担的课程尽量集中安排在两到三天内上,所以有时每天要上六节课。腾出时间,除了备课、开会外,全都用于学习。星期天、节假日当然是放弃休息的。由于过度紧张,我曾经一度神经衰弱,严重失眠。先是吃安眠药,越吃越无效,很苦恼,后来还是由上海中医第五门诊部用针灸治好的。我记得那里有一位个子小、年纪大,留着八字胡的针灸老医生。开头我向他诉说连续多日通宵失眠很痛苦,自己听人介绍天天吃五味子、酸枣仁汤,也未见效,对能否治好根本没信心。老先生说:"放下心,听我的,会好的!"他给我下针,针上缠上艾草,让我躺着,结果没多久,我就在病床上睡着了(大概连日未眠太累了也是个原因),不知过了多少时间,还是老先生把我喊醒。老先生对我说:"怎么样,小伙子?遇到事要有信心和耐心,你的病会好的。"经过两个疗程,大约20多天的针灸,果然好了。过了一年我去第五门诊部看内科,特地到针灸诊疗室去看望老先生,他不在了。事隔数十年,我仍深深怀念他。

人就是这样,你越学习,越感到不足;感到不足,也就越想学习。多年来我形成习惯,买书、读书感到快乐。我买书的原则一是重原著,二是重资料。

我对曾被批判过的"唯史料派"代表人物傅斯年提出的"上穷碧落下黄泉,动手动脚找东西"比较感兴趣,认为要有事实根据,光创造"新概念"而没有扎实的事实垫底,没有历史和现实的事实作依据,那是站不住的。我现在一房间的近万册书,就是在这种思想指导下一本一本积累起来的。书很杂,各门类的书都有,并不"专业化"。长期以来我还养成一个习惯:读书做摘记、卡片;读报做剪贴。至今每年总有剪贴一两本,日积月累,得益匪浅。

1966年"文革"爆发,我当时教课之外还要兼任党的支部工作,算不上"当权派",够不上"走资派",只能说是"修正主义苗子",是"顽固坚持刘邓资产阶级反动路线者"。按照当时《红旗》第15期社论的标准,"走资派"和"顽固坚持资产阶级反动路线者"都属于"敌我矛盾",加之我参加过"反动学术权威"主编的《辨证唯物主义与历史唯物主义》教材的编写,又因我看不惯"老子英雄儿好汉,老子反动儿混蛋"的口号,不甘寂寞写了一张《驳谭立夫路线》(谭立夫据说是北京航空学院造反派头头,就是这个口号的提出者)大字报,捅了造反派的马蜂窝,这样就被"揪出来"。人一落到这种地步,"新账老账"一起算,莫须有的罪名就数不清了,包括我的多年刻苦学习,都成了"罪行"。特别他们从党委档案中抄出一份"培养接班人名单",其中也有我的名字,我的罪名也就从"极端个人主义"、"修正主义苗子"一下子上升到"往上爬"、"个人野心家"的吓人高度。为此,我被轮番批斗了数十场,隔离、戴高帽、游街、扫厕所、进劳动队样样都挨上。批斗时,"坐喷气式飞机"也就是由两个造反派反拉你的手,让你低头弯腰,那更是家常便饭。1966年11月,有一次造反派又组织对我批斗,逼我说出学校档案转移的去处,出于保守机密的理念,我坚决不说。他们喊口号,逼我下跪,我不跪,一个造反派穿着反皮的高帮"老K"皮鞋,猛然从背后朝我的腰踩了一脚,我扑倒在地上,第四、第五腰椎错位,站不起来了。他们说我"装死",我也想起来,就是起不来。那么冷的天气,我痛得汗珠满额,部分群众看不下去了,一边喊"发扬革命人道主义"口号,一边七手八脚用学生架床的床板把我送进医院,经检查后进行正位,从腹部到胸口上了石膏,叮嘱要静卧硬板床三个月,不能移动。为此我的母亲特地从外地赶来上海照顾我。可是两个星期不到,造反派又来揪斗说要开批斗会，我的母亲对他们说："医生交代不能动呀！"他们不依，我的白发母亲当众向他们下跪，最后还是不行，两个造反派把我架到会场，说是发扬"革命人道主义精神"，不坐喷气式，让我坐在做物理实验的高凳子上接受批斗。批斗完了，又是两个人架着把我送了回来。这样正位的腰椎被移动，三个月后到医院锯开石膏，还是撑不住痛。从此我的腰留下后遗症，每年春夏之交更容易发作，病发时只得卧硬板床个把月，直至"文革"结束，进行康复导引治疗才慢慢好转，但病根难除。由于腰椎间盘向左突出，压迫左腿外侧神经，导致左腿肌肉萎缩，所以我的腿左细右粗，随着年纪增长，现在左腿麻木越来越严重，这就是"史无前例"留给我的历史遗产。如果说有形的创伤咬咬牙还容易顶住，而无形的创伤就更不容易清除。在那个年代的"革命"，还有一手就是挖空心思、想尽办法对所谓"革命对象"，用刻毒的手段对人性、人格、人的尊严进行摧残、侮辱。在批斗我的时候，一个造反派组织为我画了一张很大的漫画，画面是刘少奇、邓小平牵了一条狗，他们在背后给狗扔骨头，而这狗的头是我的像、身是狗身，狗在向前抢骨头。漫画印了很多，在一次批斗会后"勒令"我自己去贴，从学校贴到教工宿舍。没有办法，我只好照办。当时教工宿舍在新村，那里孩子多，看到漫画觉得好玩，便撕了去。次日造反派头头硬要说是我自己撕掉的，"勒令"我自己重新再贴上去。这种侮辱要比腰椎错位更刺心，因此我曾经产生过自杀的念头。在这个过程中，更令人寒心的是，一些领导干部，甚至是"老革命"，为了自保，相互间勾心斗角、推卸责任，甚至摇身一变，成了"革命干部"后不惜矛头向下、翻云覆雨，做了不少背信弃义的事。看到这情景，我原来对他们抱有崇敬、信赖的理念一下子轰塌了，由此感到官场是可怕的。在这种失望、苦闷、彷徨状态之中，唯一能使自己得到一些欣慰的还是读书、学习。在"文革"中，我在被批斗、劳动之余，最感欣慰的是通读了《毛泽东选集》四卷、《鲁迅全集》10卷（还做了三大本摘记），这是公开的阅读。还私下研读了《文心雕龙》，这是不能公开的。通过系统阅读，我实在受益匪浅，尤其是对毛泽东的《实践论》和《论持久战》、鲁迅的《中国小说史略》的学习，加上《资本论》第一卷，在方法论方面，对自己以后的研究工作产生很大的影响，可以说是无形的资产。

"文革"后期,航校学生全部"毕业"分配,学校停办改为工厂,并且下放地方,由中央部属单位变为隶属于上海机电一局下的电机工业公司。原操场盖起车间,教室也改作车间,有的教师往外调,好端端的一个曾被列为上海四个有名中等专业学校的老航校真正是"斗批散"和"斗批走"。我先是被"借调"电机公司办公室任专门跑基层厂的联络员,后来又把工资关系转到公司下的一个电机厂。1976 年粉碎"四人帮",中央工作组进驻上海,不久我被借调到中共上海市委工作队,先后到两个中型厂(有 3 000 多职工)去帮助搞"清查"恢复生产,先后被委任为副队长、队长。工作队有 20 多个人,来自各单位,但大家比较团结,虽然有"尚方宝剑",但比较实事求是,因此同厂里干部关系处理得比较好,一进厂就重视"抓生产"。我也是学技术出身,多少懂一点,我们经常到车间去,每逢月底,同工人一道"打老虎"(加班加点,突击完成生产指标),因而群众关系也较好。干部群众积极性调动起来了,管理有序了,生产自然就上去了。因此头一个厂只几个月时间,多年未能完成生产指标、却头一回胜利完成年终生产任务,全厂欢天喜地,敲锣打鼓,半夜开车向上级报喜。这个厂是为大庆生产石油钻井钻头的,生产完成了,大庆专门派干部带队到上海表示"感谢"和"慰问",这一下又惊动了上海市委。市委书记彭冲还亲自带了包括秦怡等著名演员在内的演出队伍到工厂慰问,接着厂里又被评为"大庆式企业"。毛主席纪念堂落成,各地选送代表去瞻仰毛主席遗容,市里分配给我们工作队一个名额,大家一致推选我作代表,全厂上下都感到光荣。出发那天,厂里组织了锣鼓队,把我送到集中地静安寺中苏友好大厦友谊电影院,这确实给我留下一生难忘的美好记忆。几十年后,每想起当时欢送人群的那一张张充满厚爱、殷切、热情的鲜活面孔,我的心头就不免热血喷涌,产生一股力量。可是就在这个时候,中央工作组驻机电一局的代表把我找去,说要调我到另一个厂的工作队当队长,原因是那里三个正副队长都是老同志,内部闹不团结,而且同厂里的关系也闹僵了,所以想把原来三位正副队长全部撤出,让我进去当队长。我说:"我没有那么大本事,那里工作已经形成僵局,我一个人进去也难以挽回。所以我不能接受这个任务。"他们也没办法,过了几天又把我找去,说:"你上次说的也有道理,现在决定,那个工作队全部撤出,你们工作队所在的厂工作也差不多了,决定一分为二,正队长带少部分队员留下看守,由你带大部分队员重新进驻那个厂。"因为这个厂是搞"708工程"(即大飞机发动机试制)的,我本来就是学航空飞机制造的,考虑之后,我答应了。

按照领导的安排,我带领原工作队三分之二的队员(共十几位)进驻新单位,在队员中任命一位为副队长。上午同厂领导交换情况,下午由厂党委召开全厂中层以上几十个干部的欢迎会。会上厂党委书记讲了一番客套的欢迎话,我代表工作队简单表示了态度并希望得到大家的帮助。接着书记发话请大家发言。意料不到的是,半个多小时冷场,虽然书记再三动员甚至点名,会场仍然鸦雀无声,我看会场气氛冷落,大家面孔冷淡,实在尴尬,便说:"今天是周六,许多人路远,建议提前结束。"于是书记宣布提前散会。会后老书记对我说了一句:"大家对工作队心中有气!"又补充一句:"当然不是对你们"。这个"欢迎会"对我们所有队员无异当头浇了一盆冷水。原来的厂里工作热火朝天,见面有说有笑,到这里是热面孔贴冷屁股,许多人说:"想想还是不来的好!"我把刚才老书记散会时的两句话向大家转达了,并说:"因为有问题才让我们来,我们只能更加努力,艰苦工作,认真摸清情况,慎重处理问题,慢慢扭转局面。我建议明天厂休日,我们全体放弃休息,分工走访中层以上干部,了解情况。"大家一致同意。于是按照干部花名册做了家访分工,我和副队长负责厂级党、政、工、团领导干部。其他队员两人一组,负责所有车间科室中层干部。第二天,因为干部住家地址分散,又是下雨,每人分工要家访的任务都很重,当时也没有专车,都乘公交,我们都早早动身,路远的甚至到晚上才访问完。除了个别外出的(因来不及预约),访遍了厂里的干部。这一天家访活动,收到了意外的良好效果,不少干部都没料到,我们刚进厂就冒雨上门走访。正如一些干部所言:"人心都是肉做的。"我们简单的家访,让不少人感动了,他们说你们同前面的工作队不一样。大家建立了感情,消除了隔阂,真实情况也就容易得到了。接着我们分工上上下下开小型座谈会,逐步了解到更多的真实情况。原来搞"708工程"、造大飞机本是中共中央和国务院的决策,"四人帮"想搞插手夺权,由上海安排一个造反派骨干到北京打入领导班子,"四人帮"倒台后,有人就不加分析地说"708工程"是"四人帮"搞的阴谋工程。在清查时,说参加"708工程"的人是自觉和不自觉地参加了"四人帮"篡党夺权的阴谋活动。前面的工作队基本上就是按照这个调子和思路行事,这样"一杆子打翻了全船人",怎么能得人心呢? 因此,从厂领导到工人都不服气。他们说:"我们干'708工程',只知道是'为党和毛主席争光','让周总理乘坐自己造的飞机出国'。我们辛辛苦苦,日夜奋战,现在倒成了参加'四人帮'阴谋活动。"所以,厂领导和工人都极为反感、不满、对立,这就是形成僵局的根本原因。再加上原来的三位队长都是"十三级"老革命,各有主见,意见不一,在队员里各有拥护者,这样工作就更难开展了。通过调研找到根本问题症结后,我们决定改变基调,让广大参加"708工程"的干部、工人把精神包袱放下来。所以,工作队内部花了很大精力,讨论我在全厂大会上的"表态"讲话。我们首先肯定,"708工程"是党中央国务院的决策,不是"四人帮"的阴谋工程。为了搞"708工程",从全国、全上海抽调技术精兵强将,大家是为响应党中央号召鼓足干劲干,目标是"为党和毛主席争光","让周总理乘坐自己造的飞机出国",这种精神完全应该肯定。这同"四人帮"插手阴谋夺权没有关系,关于厂里个别造反派头头有没有卷进去,可以通过清查搞清楚,这同我们广大干部、群众参加"708工程"无私贡献力量不相干。我在全厂大会上的首次讲话,得到全厂绝大多数人的好评,收到很好的效果。在这个厂的技术设计部门,从全上海市乃至全国航空工业部门抽调集中了一大批技术精英,但因为政治运动原因,"708工程"停掉了,他们英雄无用武之地,赋闲在厂里,俗语说:"无事生非",那么多技术精英吃饱饭没事做,心中苦闷,只能无聊地闲谈发牢骚。这样张三说李四,李四议张三,内部矛盾也越来越多。我和厂里领导商量后决定开个会听听意见和建议,我对大家说:"我进厂后有人看见我满头白发,说我是'老干部',实际我不是,我和大家一样是个平民百姓,我也学过一些技术,也是从航空单位走出来的,论身份,同大家一样是个'臭老九',不过学问没有大家大,顶多是个'小老九'。知识分子本来是个宝,但是,'四人帮'却把知识分子看成草。大家身怀技术,现在却整天赋闲,岂不浪费青春、浪费生命?在现有条件下,我们一定想办法另辟新径,用己所能,发挥潜力,为国家做出贡献。"我这样一说,说到技术人员心坎里去了,大家反应非常强烈,七嘴八舌。有人说:"工程停了还能干什么?"但也有人说:"'708工程'停了没事干,但是外面需要技术的企业多的是,我们能否到外面去承接技术设计任务、进行有偿服务?"我感到非常好。同厂领导商量后,专门组织人到外面承接技术设计任务。这既使技术人员有了用武之地,减少了许多内部摩擦,还为厂里增加了收入。车间里也接了汽车配件的民用生产任务。那时整个工业界还是"工业学大庆"。厂里找门路搞生产,经过大半年提前完成上级下达的经济指标,经过检查、评比,又被评上了"大庆式企业",工作队也可以交差了。但是,我突然接到通知:中央工作组机电一局的代表要找我去谈话,谈什么呢?说工作队已圆满完成任务、准备撤出。他们原来是要我留厂工作,并担任厂领导副职,还给我看了已经打印好的干部任命通知书。我坚决不干,工作队是临时工作,靠的是"尚方宝剑"和全体队员努力,而且工作过程不免有疏漏、留下矛盾,十多人走了,矛盾留下来集中在我一人身上,我担心自己干不好。这当然也是冠冕堂皇的借口,实质上经过"文革"十年,我压根儿看穿官场的险恶,我的性格根本无法适应;我已下定决心去搞学术研究,权力和职位对我毫无意义。我最后破釜沉舟地表示:"给我处分我也不接受这个任命!"当时弄得很僵,他们也终于作罢。后来事实证明,幸好我拒绝了这个任命。因为中央工作组走了之后,这个工厂划归上海市另外一个部门领导,这个部门的领导也是资深老革命,他认为我带领的工作队右倾清查不彻底,因此又派一帮人进驻搞"补课",折腾一番,不仅没有搞出名堂,还伤了许多人。有的干部不愿"蹲"下去,就跳槽了。如果我接受任命,免不了要再当一回活靶子。我的很多航校同学都参加了"708工程"大飞机试制,据他们说,由于周总理亲自抓,到"文革"结束时,实际已试制了三架样机,一架试飞成功,一架做了破坏试验,还有一架备用,可以说已经基本试制成功。在改革开放初期,搞航空工业的一些领导一味媚外,要同美国合作生产"MD"型客机,决定废弃"708工程"的研制成果,所有的样机,大量的模具、夹具、加工设备,全成为一堆废铜烂铁。美国人耍了一个花招,让我们从生产飞机门窗开始,一步一步,花了十几年时间,核心技术就是不给。最后在上海装配出一架"MD"出口美国,我们欣喜若狂,美国却宣布 MD 型飞机型号已经过时、不再生产,我们落得一场空。后来有一篇公开发表的文章,痛心地总结此事:"由于美国耍了花招,让我们制造大型飞机损失了 100 亿元,耽误了 20 年时间。许多年富力强的技术精英,浪费了最宝贵的年华,纷纷转业。当我们吃够了苦头,决心走自己发展航空工业之路,再找他们归队时,已经同日新月异发展的航空技术大大脱节、跟不上了。"中国航空工业辉煌时代的到来,是近十来年的事,靠的是新生代。这条历史弯路,这个沉痛教训,对航空人而言是刻骨铭心的,这自然是题外话。

工作队撤出后,我就在电机公司待命,因为我的人事关系是在电机公司下属的一个电机厂。当我正在考虑找去向时,突然有一天公司召开全公司各厂领导干部会,事先没有打招呼,公司党委领导宣布:任命我为党委和行政两个办公室主任,我只能服从。公司党委书记是位老革命,毕业于清华大学,长期担任上海一个部属研究所党委书记,他是知识分子,特别看重文字工作,任命我后他特别关照我:他的讲话一定要自己动手,不能交秘书起草。公司各位领导都对我很好,但我心不在此,一直想到科研单位去。我曾多次表达我的愿望,他们以为我嫌官小不安心,曾对我说:"办公室工作很重要,还可以掌握全面情况(当时电机公司主业务包括生产中、小电机和电缆、电线两大类,属下有 55 个工厂、三万多职工,年产值已达 20 亿),你以后的发展,我们会考虑的。"显然书记暗示我还可以升官,我却实在不感兴趣,真可谓"人在曹营心在汉"。因此,我有时还挤时间偷偷跑到上海图书馆去看书,当然这是名不正言不顺,心里充满矛盾。两年过去了,书记也高升调到机电一局当副书记。他的调走,让我感到机会来了。他的欢送会召开后第二天,我向党委提出请求调动工作的报告。当时肯接受我的有两个单位:一是上海社会科学院(以下简称"上海社科院"),二是汉语辞典编纂处,我选了上海社科院。可是公司领导不同意,我就一个个拜访,请求他们高抬贵手、免去我的办公室主任职务放我走。经过多方努力,总算通过了,但还要经过机电局干部处批准。局里说可以调动，但不出机电一局，局党校正需要人，让他到局党校去。我心想：那岂不是白费力？我坚决不肯去局党校。后来请公司干部科长帮忙疏通，几经努力，终于获批。那天上午 10：00，干部科长从局里回来告诉我，局里终于同意我的调动。我非常高兴，怕夜长梦多，立即在 11：00 办好调动工作的人事关系介绍信。那天是星期六，到了下个星期一，我马上就到上海社科院办理报到手续，然后回到公司办移交。办移交时，公司分管干部的副书记对我说："你现在还不能走，要等到我们物色好人选调来公司顶替你，你才能走。"我只好向上海社科院说明情况、请求延期。可是两周过去了，还不见来顶替我的人影，我急了，一边把手中的文件、该移交的东西，通通移交有关部门和办公室相关同志；一边向副书记报告请求离开。不料，副书记突然说："我们物色不到适当的人，你就别走了。"我大吃一惊："我都已经向上海社科院报到，人事关系都移交了，而且这个月的工资也在社科院领到了，我怎么能不走呢？"他听后马上把干部科长找来，当着我的面发了一通脾气："谁让你把老林的关系转走？"干部科长也不示弱："老林调动不是党委会通过的吗？让他转关系，有什么错？"后来，我借处理一个厂的老书记的女儿自杀事由自动不去上班了，公司没有办法，只好开了欢送会。我在 1980 年国庆节后正式到上海社科院经济研究所上班。1980 年 9 月 29 日，我还写了一首《心归曲》：

心归心归，百折千回。

心归心归，鸟向林飞。

心归心归，一线光辉。

心归心归，期有所为。

二、《文心雕龙》与《刘子》研究

　　我走进《文心雕龙》始于 1960 年。从 1959 年开始，以《光明日报》、《文艺报》等为核心的报纸刊物对中国古代名著刘勰的《文心雕龙》展开了广泛的讨论，几乎遍及全国各地的报刊，讨论时间延伸到 1964 年，其中以 1960年、1961 年、1962 年尤为热烈。那时我正在学习中国古代文学史，这些讨论引起了我极大的兴趣。我每周或隔周必抽一天时间到上海图书馆，阅读全国各地报刊包括各大学学报刊出的有关《文心雕龙》（包括 1960 年前的）的文章，而且对其中 156 篇做了详细摘录，记了四大本，总字数达 49.9 万字。我还读了有关《文心雕龙》的著作和《中国文学史》达 15 种。在大量阅读过程中，比较诸家不同观点，我也在一些问题上形成自己的看法。我自觉《文心雕龙》博大精深，自己学力不逮，不敢贸然造次。我在"文革"中受到冲击，在被批斗劳动之余，用晚上等空余时间偷偷学习。1962 年 8 月购买的人民文学出版社 1962 年出版的范文澜《文心雕龙注》（上下册），我全部读完并分门别类摘录、做了 700 多张卡片，然后按文学的"起源论"、"文体论"、"文史论"、"创作论"、"批评论"、"作家论"分为六大类，编成《刘勰〈文心雕龙〉资料集》。我本来打算再把阅读报刊 156 篇《文心雕龙》研究争鸣文章也分类做成卡片，再编一本《刘勰〈文心雕龙〉争鸣资料集》，但是，粉碎"四人帮"后我被借调到上海市委工作队，工作紧张，没有时间，也就放下了。正是因为有了这些积累，我才下定决心找机会研究《文心雕龙》。我到上海社科院工作，本来想进文学所,但那时文学所尚未成立,到后来经济所又不放。我先是帮张仲礼同志(他当时任经济所资料室主任)编《经济学术资料》。这当中还闹了一场误会:文学所成立后,我不断提出请求调动工作转去文学所。经济所领导误认为我不安心工作是因为没有官职,还正儿八经地经过党委和所务会议讨论决定,任命我为刊物主编。当所党委委员管人事的办公室主任和资料室副主任找我谈话、宣布所里这一决定时,他们以为我会很高兴,会按常规向他们表示感谢,但是,他们怎么也不会想到,我当面拒绝了所里给我的任命。我对他们说:"我来上海社科院,目的是为了搞研究,而不是要官位。"这件事情搞得他们很尴尬,事后我在所里得了一个"难弄的人"的骂名。由于我一再请求,所领导说:"那你就到经济思想史研究室去吧!"因为此时我实际已经参加由该室副主任陈正炎任主编的《秦汉经济思想史》编撰,并发表了几篇经济思想论文。1982 年 10 月 8 日(也是我到上海社科院两周年)时填了一首《[恋芳春]调经济思想史研究室》:

> 黄浦江边,寂寞大院,几多枯叶飘扬?
>
> 恰遇天高气爽,窗透阳光。
>
> 乍寒时带来一丝温暖,新希望顿生力量。
>
> 暗思量,山山水水路长,难关再闯!

我研究《文心雕龙》是有较长时间准备的,是有一定资料积累和思想酝酿的。《刘子》研究应该说带有偶然性,它是由我参加经济思想史研究"带"出来的。经济所在陈正炎先生主持下,按照所里编写一套多卷本《中国经济思想史》的规划,当时正在编写《秦汉经济思想史》。室里那时从事在职研究的仅三四人,还特聘了好几位已退休的老先生。1981 年夏天,《秦汉经济思想史》初稿已成,他们综合审视,感到"西汉农家经济思想"尚需补缺,正在物色撰写人员。我同室主任张仲礼共事已半年多,他为人忠厚,深知我对学术研究有强烈愿望,觉得我的古汉语功底还可以,因此对我说:"你有没有兴趣? 若有就把这个课题接下来。"我觉得自己在编刊物之外还有些余力,于是我答应了,投入了研究。我到院图书馆从查书目入手,因为心中对《文心雕龙》念念不忘，同时所里下一步要编纂《魏晋南北朝经济思想史》卷，所以，我在查阅秦汉书目外，也经常查阅魏晋南北朝书目。出乎自己意料的是，在查魏晋南北朝书目时，发现有署名"梁东莞刘勰著"的《刘子》，这是我以前所不知道的。再细查发现光在院图书馆就收藏有十多种《刘子》古版本，也发现有的版本作者署名是"北齐刘昼"，或者不署作者姓名。再查目录书，《旧唐书·经籍志》题"《刘子》十卷，刘勰撰"，《新唐书·艺文志》题"《刘子》十卷，刘勰"，郑樵《通志·艺文略·诸子类》题"《刘子》三卷，梁刘勰撰"，王应麟《玉海·艺文类·诸子》则题"《刘子》，北齐孔昭撰，袁孝正(政)为序并注；《唐志》杂家，十卷，刘勰"。这强烈激发了我研究刘勰的兴趣，打算深入下去探个究竟。我将原书借出一读，发现其中不仅与《文心雕龙》相通之处甚多，而且有丰富的经济和管理思想，特别是把"给民衣食"的《贵农》置于政治《爱民》之前作为安邦治国之本，这更加引起我的兴趣。因此，我想单独申请课题，从整理文本着手进行研究，但多次请求皆未获批准，还被批评为"不务正业"。我没有放弃，决心业余时间研究。此书版本繁多，歧文异句也多，尤其南宋后作者谁属也多有争议，研究得从整理文本着手。因为未能立项，故难度极大：一是没有经费，当时我的工资每月才 70 多元，上有老，下有小，复印版本资料花费不少，不胜负担；二是善本、珍本收藏分散于全国各大图书馆，我无法出差去调查阅读；三是时间紧张，除编刊物，还要按时完成《秦汉经济思想史》的编写任务。怎么办？我咬紧牙根。首先在编辑之余，集中一切时间在年底前完成了《秦汉经济思想史》的编写，包括第十三章"西汉农家的经济思想"和第十一章"刘向论'富国安民'"两章，以及第十一章"耿寿昌与肖望之的争论"和第十九章"崔寔的经济思想"的各一节，定稿时还参加了第四章"贾谊论经济上的强干弱枝"和第五章"晁错的经济思想"的修改。除此之外，我业余时间全扑在《刘子》上面，经过四年多的努力，我的头一本书《刘子集校(附作者考辨)》终于 1985 年 10 月在上海古籍出版社出版，署名是我和我的夫人陈凤金。为什么？因为《刘子》研究没有立项，我不能出差去看善本和珍本，只能在上海研究。我的夫人时在上海作协《上海文学》当小说编辑，她的兴趣在创作小说。他们编辑部每年有一个月的创作假，她看到我的困境,就利用创作假到北京、南京等地,帮我找资料、看版本。但是,当书在出版社即将付印的时候,经济所领导突然找我谈话,提出:①要将此书列入规划;②书的署名必须在作者名字前冠以"上海社会科学院经济研究所"的单位名称;③没有课题费,因为你本人没有出差。所里提出这三点的理由是我"是属于我们研究所的人"。我当时想不通,而且极其反感。我说:"我曾多次申请列入规划,是你们不批准;规划是未来完成的课题,而现在是已经完成的成果,这成果不是单位项目,为何在封面要署上单位名字?"我灵机一动,又补充说:"这本书是我和我的爱人陈凤金共同完成的,如果要署单位名称,那么是否还应署上'上海市作家协会《上海文学》编辑部陈凤金'?"他们也感到意外,僵住了。我回到研究室,向室主任马伯煌先生诉说我的不满。马先生劝我:"别焦急,我来处理。"过了两天,马先生特地把我找到他家里,对我说:"所里要求是不太合理的! 第一点既然要你列入规划,那你就让所里列入吧! 你以后还要评职称,列入也有好处;第二点个人著作要求署上长长的单位名称,这也不合出书的规范,由我来协调、同他们说;第三点关于经费,既然他们不给,反正你们也用过了,就算了吧,不要搞得太僵。"马老这么一说,我也只好听他的。后来马老是怎么处理的呢? 他在自己为此书所写的"序"里,特地加上"上海社会科学院经济研究所林其锬和《上海文学》编辑部的陈凤金同志伉俪同雅,俱笃好古代文史之学"。这样几句话也就把单位署名暗移到"序"里,这也足见老先生用心之良苦。我和陈凤金共同署名就是这样形成的,在以后不少《刘子》、《文心》撰述也共同署名,我觉得有纪念意义,而陈凤金不认同,为此还同我吵了架。《刘子集校(附作者

◎ 著述在全国和上海市的获奖证书封面

考辨)》出版之后,社会反响比较强烈,国务院古籍整理出版规划领导小组曾把它作为1985年古籍整理出版工作总结举证较高质量的四本书之一,并加按语云:"上海古籍出版社出版的《刘子集校》,囊括了该书现有的所有善本,包括敦煌残卷多种、宋刻一种、明刻明抄十多种,搜罗广博,考校详审,所取得的成果大大超过前人。"因此获得上海社会科学院"1985年度科研成果奖";1986年又获"上海市1979—1985年哲学、社会科学著作奖"。

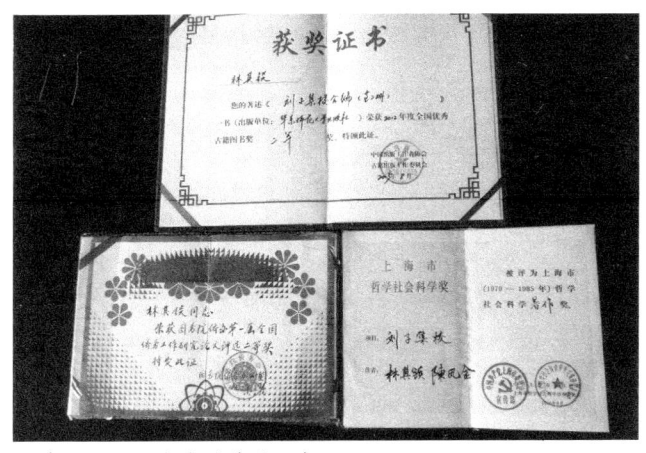

◎ 在全国和上海市的获奖证书

《刘子集校(附作者考辨)》出版后,国务院古籍整理出版规划领导小组组长李一氓,在中顾委开会的时候,遇上时任中国作家协会党组书记兼副主席、中国《文心雕龙》学会会长的张光年,并将他自己的一本送给张光年。张光年在中顾委会议期间浏览后大感兴趣,会后即离京到无锡用了一个多星期细读,并多次与时任中国《文心雕龙》学会副会长、中共上海市委宣传部部长的王元化通话、交换意见,约定到上海一起找我和陈凤金谈话了解情况。1986年3月中旬某日,我突然接到上海社科院院办通知:北京有一位领导同志要找你和你的爱人陈凤金谈话,请你们明天下午2:00到静安宾馆403房间去见他。具体内容和谁都没说,弄得我们百思不得其解紧张了一昼夜。因为那时一会儿"清污",一会儿"反自由化",我们反复想进行的研究、撰写的文章同现实的政治都无关,实在猜不出有什么事情。第二天我们按时去了,一进门看到房间里两男一女并列而坐、一字排开,左、右两边分别是王元化和时任上海作家协会常务副主席的茹志鹃,我们是认识的;而中间一位矮瘦老先生我们未曾见过,猜想大概就是"北京领导同志"。因为精神紧张,加上房间还开空调,我头上直冒汗。王元化大概看出我的紧张窘相,率先开口说:"其锬同志,不要这么紧张嘛!这位是张光年同志,从北京来,志鹃你们都认识。你们去年出了《刘子集校》,光年同志看了,认为很好。今天把你们找来,想进一步了解你们出版这本书的情况。光年同志对你们的书看得很细,还做了很多批语,你看……"说着还翻开书,让我看他在《刘子集校》书上写的眉批和旁批。听他这么一说,我紧张了一昼夜的神经才放松下来。在王元化介绍张光年时,我赶紧站起来微微鞠躬表示敬意。接着张光年谈了在北京开中顾委会时见到李一氓,李一氓对他说:"我们古籍整理去年出版了一本同你有关的书,叫《刘子集校》,你看过没有?"他答:"没有看过。"李一氓还开玩笑地说:"那你还当什么《文心雕龙》学会会长呀?"当天就叫秘书把他家里的一本《刘子集校》取来送给他。张光年说:"在中顾委开会期间,翻看了一部分,觉得好,为摆脱干扰,会后就离京到无锡花了一个多星期细读一遍。在同元化电话交换意见后约定,同他一起找你们进一步了解你们出版这本书的情况。今天我们随便谈谈。"接着我向他们扼要汇报了出版《刘子集校》的缘起、经过,特别是对此书作者谁属的考辨依据。汇报中他们不时插话、提问。茹志鹃始终没有发言,只是有时听了点点头,偶尔也同陈凤金咬咬耳朵,因为她们都在作协工作,比较熟悉。我们的交谈很投缘,气氛越来越轻松,延续近三个小时。最后,张光年说:"我们《文心雕龙》学会下个月要在安徽屯溪开年会,我和元化同志商量想请你们二位参加,也请其锬同志就《刘子集校》一书在大会做个发言。"我当时不知怎么会冒出这么一句话:"这行吗?我们都不是会员啊!"王元化接着说:"你这个人脑筋怎么转不过弯呢?我们会长当面邀请你们,还考虑什么会员不会员?"我们当然非常高兴。谈话后陈凤金回到单位申请与会,领导支持,一切顺利。而我回到经济所,也满怀希望向所里报告情况,并提出要去屯溪参加会议的申请。怎么也未料到,所领导不同意我去参加会议,理由是会议同经济研究没有关系,其至批评我"不务正业"。这对我无异是一盆冷水浇头。我只好给王元化同志打电话:"因为未获所领导批准,屯溪会议我不能参加了。"王元化一听就光火了:"你去找副院长夏禹龙(他刚从上海市委宣传部调上海社科院任职),就说是我王元化要你去参加的!"我再三考虑,虽然《刘子集校》临出版时所里命我列入规划,我听马伯煌先生的话也答应列入,实际上所领导仍然认为它是"规划外"的。如果我越级找夏院长,就算是批准我去开会,我同所里的矛盾肯定会激化,以后处境会更难,所以十分苦闷。研究室有位在1957年被"错划"的宋同福老先生看到了问我,我如实以告。宋老说:"作为研究人员,写一本书不容易,书出版后能得到社会重视更不容易。既然有此机会,为什么不去? 领导不批准,你就请假去;不给出差费,反正去屯溪路也不远,你就自费去!"我听了宋老的话,就请事假、自费去屯溪参加《文心雕龙》年会。1986年4月15日,中国《文心雕龙》学会第二届年会在安徽省屯溪市新安江宾馆开幕,王元化主持会议,他讲了学会工作情况,并介绍了我们二人。接着是会长张光年讲话,他简短扼要地谈了国内改革开放和文艺界形势之后,大篇幅谈《刘子集校》这本书。他说:"我推荐林其锬、陈凤金同志的《刘子集校》。在上海时,我同元化同志与他们谈过话,我们欢迎他们参加我们的年会。这本书我原先一无所知,国家委托李一氓同志抓古籍整理,他已经84岁,是一位很好的长者,是他告诉我并转送给我《刘子集校》一书。我同意李一氓同志给国务院的报告,《刘子集校》是去年古籍整理重大成果之一的意见。他们夫妻四年业余时间研究,即所谓不务正业、完全自费、节衣缩食、东奔西走做出来。这次邀请他们参加会议,因经济所说是无关,其实这其中有经济农业,林其锬同志是请事假、自费来参加的。我对他们勤奋好学、精心校勘的刻苦精神表示赞赏、钦佩。他们治学是严谨的、严肃的。我偏重接受他们刘子即刘勰的见解……"后面张光年同志大篇幅地谈到他读《刘子》的体会,特别强调《刘子》思想对改革开放和研究《文心雕龙》及刘勰思想的重大现实意义。因为光年、元化同志在会上都谈了我是未获批准,是请事假、自费与会的,引起了与会者强烈反应。当天晚上,《光明日报》资深记者章正续找我了解情况,说要向中央写内参,我感到把矛盾和影响扩大不好,再三请求他不要写,他最终只好作罢。第二天(16日)上午开大会,我奉命在大会作题为"《刘子》的流传及其家数"的发言。发言后引起很大反响。在讨论中,大家对我们这本书的校勘工作一致给予肯定,而对《刘子》作者考辨的结论,有的赞成,有的反对,分歧很大。会议后《人民日报》、《文艺报》、《文汇报》,还有香港《大公报》、《澳门日报》等十多家报刊作了报道,新华社还专门向国内外发了电讯,标题是"《文心雕龙》研究活跃,今年发论文七十篇",副标题是"敦煌残卷发现刘勰还写过《刘子》一书"。《人民日报》(海外版)报道的标题是"龙学研究又有新进展",副标题是"《文心雕龙》作者曾著《刘子》"。后来《人民日报》(海外版)在"学术园地"又刊出"《刘子》作者新解"一文,报道我们对《刘子》作者的考辨。张光年在会后也把他在年会开幕式的讲话整理在《文心雕龙学刊》发表,把讲《刘子》的部分以"《刘子集校》值得一读——在《文心雕龙》学会第二届年会上的谈话"为题,在《文艺报》上发表,而且还收入他的《骈体语译文心雕龙》和《张光年文集》之中。会议将结束时,学会秘书长牟世金介绍我们加入中国文心雕龙学会为会员,张光年同志还用毛笔书写了一首诗赠送给我们,后来也在《诗刊》上公开发表。诗的内容是:

题赠林其锬、陈凤金同志

骐骥跨层峦,志在千里外。

放眼花果山,登临成一快。

附记:林、陈夫妇以四年业余时间,成《刘子集校》一书。我深佩其用力之勤,考订之精。题赠俚句,祝他们在学术研究上取得更大成功。

张光年

1986年4月18日于屯溪

通过屯溪会议,作为已经流传了1500多年、与《文心雕龙》同为刘勰所著的"奇书"(张光年语)《刘子》,自南宋始,因作者刘勰被无端质疑而被打入"伪书"之列,被边沿化埋没了一千多年,经屯溪会议终又重见天日,得到学术界的重视。海内外争鸣延续至今,研究也日益增多,不仅使《刘子》研究不断深入,也推动了《文心雕龙》研究。据不完全统计,自1985年至2011年,

⊙ 1986 年 4 月，与夫人陈凤金参加中国《文心雕龙》学会第二届年会后摄于黄山

新出版的《刘子》研究专著有 9 种，研究论文有 87 篇，博士、硕士论文有 5 篇，这是《刘子》研究史上从未有过的现象。实践证明张光年同志讲话中"研究《刘子》对于深入地研究《文心雕龙》、研究刘勰时代和刘勰思想，定会有很大帮助"的预言。

屯溪会议是我学术生涯的重要节点，不仅在精神上受到了极大的鼓舞，而且是真正步入刘勰和《文心雕龙》的研究队伍，从此结交了国内外同道，扩大了交流，拓宽了视野。在屯溪会议之后，我没有停留在《刘子集校（附作者考辨）》既有的成果上，而是以此为基础加倍努力、不断拓宽和深入研究。取得的新成果先后出版《敦煌遗书刘子残卷辑录》

⊙《增订文心雕龙集校合编》、《刘子集校合编》、《五缘文化论》和"五缘文化与现代文明"系列丛书"总序"手稿被中国文化名人手稿馆收藏，该馆特颁发"妙笔贡献奖"，并赠送"妙笔青铜塑像"

◉ 中国文化名人手稿馆颁发的《增订文心雕龙集校合编》、《刘子集校合编》、《五缘文化论》、"五缘文化与现代文明"系列丛书"总序"手稿入藏证书,以及"妙笔贡献奖"、"妙笔青铜塑像"收藏证书

(1988年)、《敦煌遗书刘子残卷》(2012年)、《刘子集校合编》(2012年),发表论文30篇。其中《刘子集校合编》上、下两卷共120万字,华东师范大学出版社将其与《增订文心雕龙集校合编》(90万字)一起,作为"历代文史要籍注释选刊"出版,获得"2012年全国优秀古籍图书二等奖"。手稿为中国

◉ 2002年12月22日,上海图书馆、华东师范大学出版社、上海五缘文化研究所联合在上海图书馆举行"《刘子集校合编》出版首发暨手稿捐赠座谈会",有来自山东、辽宁、湖北和上海的35位学者参加

文化名人馆收藏。上海图书馆以此书作为上图优秀出版物召开首次发布会，并且同华东师范大学出版社、上海五缘文化研究所联合举办了有山东、辽宁、湖北和上海等地专家学者参加的"《刘子集校合编》出版首发暨手稿捐赠座谈会"，大家对《刘子》的整理和研究作了充分肯定和很高评价。徐中玉先生为座谈会发来书面致辞：

◎ 在"《刘子集校合编》出版首发暨手稿捐赠座谈会"上，向中国文化名人手稿馆捐赠《刘子集校会编》、《增订文心雕龙集校合编》和手稿

◎ 中国文化名人手稿馆颁发手稿捐赠证书和"妙笔贡献奖"、"妙笔青铜塑像"及证书

林其锬同志过去一直努力做成了两本书,后来为民为国都做出了许多突出贡献,具有学术价值。读书求学,最需要老老实实,认真取得成功,真正努力,不这样努力,就做不好。我已98岁,过去未能追随老同学们多多用力,就未能做得很好。今后仍要多多用力向老同学学习,当年的林其锬就是我们今天的好老师。

钱谷融先生的发言手稿如下:

林先生有大气,有魄力,有毅力,脚踏实地,一步一步把这个事情做成了。很佩服你。

◎ 2000年,与王元化、徐中玉、钱谷融摄于扬州瓜洲古渡

两位老师对我的肯定是非常大的鼓励。我在会上曾有一个发自肺腑的发言,兹摘录于下:

《刘子集校合编》的编撰,前后历时31年有余。这是一本凭借众力积渐而成的书。《刘子集校合编》同它的姐妹书《增订文心雕龙集校合编》,集中地说,就是"三孤"、"九残"、"五卷本"。也就是对《文心雕龙》的三大孤本——唐写本、宋版《御览》集佚本、元至正刊本,九种《刘子》敦煌、西域残卷,以及从日本引回的宝历八年刊五卷本《刘子》作了全面系统的整理。九种《刘子》敦煌、西域残卷,有八种为唐人的写本,一种为唐代以前,有人说是

"隋代",有人说是"六朝末",有书法家鉴定认为当出于陈隋之际智永(王羲之第七世孙)或其弟子的手笔。因这些残卷近古,文献、书法价值都极大。著名收藏家、校勘家傅增湘称其为"天地间奇宝"。可惜九种残卷有七种被外国人掠走,分藏于巴黎、伦敦、东京。为寻觅、弄回这些残卷的复制盘片,花了20多年,还是在国内外友好人士的鼎力帮助之下才得到的。来之不易,其中曲折、艰辛的故事很多。

《刘子集校合编》在编撰和出版过程中,得到众多学术界前辈和友人的帮助,没有他们的关怀、提携、支持和帮助,肯定做不成的。此时此刻,我特别怀念已经作古的原上海图书馆馆长顾廷龙,北京图书馆原副馆长李希泌,中国文心雕龙学会原正、副会长张光年、王元化,以及李一氓、胡道静、马伯煌、孙楷弟,台湾的王更生,日本的户田浩晓等先生。除了他们,我的许多朋友,如俞子林、李伟国、陈志平等先生,以及台湾的林安梧教授等,也都给我很多具体的帮助,这一切我都铭记在心。所以,书成之日我另有俚句一首云:

曲折崎岖路险艰,翻山越岭赖众贤。

《合编》三卷聊相报,身沐雨露思缠绵。

上海图书馆,是我研究《刘子》的基地和始发点。许多重要版本,比如宋本《刘子》,都是上海图书馆提供的,以顾廷龙先生为首的上海图书馆古籍部很多同志对我在校勘工作上都给了我很多具体的帮助,不少疑难问题都是在他们帮助之下得到解决的。书出之后,承蒙不弃,上海图书馆中国文化名人手稿馆又决定收藏我《增订文心雕龙集校合编》和《刘子集校合编》的手稿,说实在话,开头我颇为犹豫,因为我不是文化名人,恐怕有"攀龙附凤"之嫌。后来经黄显功、黄曙辉同志动员、说服,我感到此书之成乃拜上海图书馆所赐,回报上海图书馆也是义不容辞,因此,才欣然答应。但我还是要感谢上海图书馆中国文化名人手稿馆破格给我这一殊荣。这两部书篇幅较大(220万字),出版投入也较多。在当前坐冷板凳读古书的人越来越少,因而学术书市场也越来越窄的状况下,华东师范大学出版社不计经济效益,花费近三年时间出版这两部书,是令人感动的。特别是责编黄曙辉先生,他为这两部书的出版费了不少心力。他自己也是个校勘古籍、做学问的人，有思想、有见地，他对两书的内容结构都提了很好的建议。例如，他看到我手头有不少学术界前辈的题录和书信，提出出版附篇《承教录》，书出版后朋友们都说很有意义。在这里我要感谢华东师范大学出版社、感谢黄曙辉同志。

中国《文心雕龙》学会会长张光年先生曾说过："《刘子》和《文心雕龙》同是南北朝历史巨变时代产生的、有重大历史价值和学术价值的奇书。"的确《刘子》是适应中国社会由分裂走向统一、学术思潮由"析同为异"到"合异为同"的历史巨变而产生的。它是一部总结了古代诸子思想来用古说今、泛论修身治国之要、涉及广泛领域的理论著作。它曾盛行于隋、唐，为唐太宗、武后以及高僧大德所青睐，并在社会上广泛传播，成为当时社会上读书识字人的一般理论读物。而且远播边疆和国外，当时传入日本的《刘子》就有三种版本。可是到了南宋，《刘子》作者刘勰的著作权无端遭到质疑，后来由疑变非，被打进"伪书"之列。于是就被边沿化、冷落、埋没达近千年之久。实际上，《刘子》乃刘勰晚年成熟之作，其思想含量远超《文心雕龙》。特别他的道儒互补、兼容九流、一本多元的文化结构思想，对于我们面临的"经济全球化"、"文化多元化"的时代，如何既贯穿古今、又要打通中外，既要融入世界、又不忘记自己，重新建构中华文化新体系，更具有借鉴价值和现实意义。1500多年前刘勰在他的《文心雕龙·序志》中说："岁月飘忽，性灵不居"、"形甚草木之脆"，后来又在《刘子·惜时》中说，"人之短生，犹如石火，炯然以过"，我感到个人是很渺小的，即便毕其一生，也不会做多少事。我花30年时间编写这两本书，想能为古人辩诬，为来者理惑，审世流变，取其有用方面做点事。但限于自己识见不广，水平不高，真能实现的也不多。书算是出了，问题不少，我已属望八之年，再做这样的书已不可能。所以，我还有一首俚句云：

　　　　人生似水水东流，一片白云去悠悠。

　　　　瓜熟时节花已谢，"悲欣交集"喜复愁。

这是我的真实心情。我希望有人把长期被埋没的刘勰这部"奇书"中的丰富思想资源开发出来，为建设我们今天的新文化发挥其应有的作用。当然我也要继续学习,在有生之年争取再做点事,以报答前辈和同志们。

屯溪会议,让我加入中国《文心雕龙》学会,给我提供一个良好的研究《文心雕龙》的平台。《文心雕龙》现存最早的版本是敦煌遗书唐写残卷,原件早被斯坦因所盗窃,现藏于伦敦大英博物馆东方图书室,因其近古,价值极大。国内研究者一般是依靠从国外携回的照片、抄本和早期摄制存于北京图书馆的胶卷进行研究,但都不全,而且年久霉变,有的无法辨认。1988年,王元化先生委托上海社科院经济所陈志平同志,利用他到英国牛津大学做访问学者的机会,历经曲折,从大英图书馆摄回唐写本微缩胶片。王元化先生便将它连同日本专家、中国香港友人赠送的缺补照片和校勘资料,全部交给我进行校勘。我以这些资料为基础,以新摄回的敦煌残卷斯·五四七八号胶片为底本,用北图旧藏缩微影片、台湾《敦煌宝藏》、香港潘重规《唐写文心雕龙残卷合校》为主要资料,以现存孤本元至正刊本和清刻黄叔琳注本为对校本,并且吸收了 10 家校勘成果进行集校,撰成《敦煌遗书文心雕龙残卷集校》约 10 万字,在《中华文史论丛》发表。恰逢中国文心雕龙学会在1988 年 11 月于广州召开"《文心雕龙》88 国际研讨会",这是文心学有史以来规模最大的国际盛会,由王元化先生建议,我的《敦煌遗书文心雕龙残卷集校》由《中华文史论丛》出抽印本,由王元化写序,将其在国际研讨会上分发,得到国内外与会者的欢迎和肯定。因为这是我们大陆首次出版的集校本,影响较大,我得到极大鼓舞。在这个国际研讨会上,决定要出版国际性学术资料读物《文心雕龙年鉴》(后改名《文心雕龙学综览》),成立了有日本、瑞典、苏联、意大利、中国等国家和地区学者参加的编委会,我被推选为副主编(后又被确定为执行副主编),经过六年半努力,由七个国家和地区 70 多位学者参与编撰近 70 万字的《文心雕龙学综览》终于在 1995 年 6 月出版了。由于此书的主编杨明照先生年事已高,一开始他就申明"只能挂名",因此,《文心雕龙学综览》编纂的全过程是在中国文心雕龙学会副会长王元化的指导下完成的,具体工作则由我和副主编萧华荣教授负责。在编纂这本大型工具书的过程中,我不仅负责组稿、审稿、定稿、联系出版等具体工作,

⊙ 撰著的《刘子》、《文心雕龙》著作和执行主编的《文心雕龙学综览》

还分工负责海外国际学者联络,负责"各国(地区)研究综述"专栏,撰写《文心雕龙》主要版本简介"。通过编纂此书,我同国内外研究《文心雕龙》的学者建立了广泛的联系,也获得了更广泛的知识,这对我的学术研究也是一个难得的历练。《文心雕龙学综览》出版,国内外都给予很高评价,称其是"《文心雕龙》的一次综合性展览,具有集大成的性质",是"《文心雕龙》小百科",是"学术性和工具性的综合读物"。1997 年 3 月 4 日,王元化特地写了"关于《文心雕龙学综览》短笺"。笺中云:"1988 年中国《文心雕龙》学会主办,在广州召开国际研讨会,由我倡议创办一份《文心雕龙年鉴》,由杨明照挂主编名,林其锬为执行副主编,萧华荣任副主编。编委由国内外 22 人组成(我是其中之一)。后因种种原因改出《文心雕龙学综览》。在编委中因我是倡议者,为此书出版筹划、经济等问题,并关心出版方面其他问题,所以对编辑过程从头到尾是完全清楚的。我可证明书的编辑出版,几乎全由林其锬一人承担。杨明照远居四川,年事已高,仅挂名而已,对书的内容、体例、读稿、审稿、编排版式等,虽经林其锬将重大问题函件汇报请示,但从未得到杨老只言片语意见。杨老任主编初,即在会上宣告只能挂名,只有偏劳林其锬同志了,后来事实亦如此。至于萧华荣同志因教书任务繁重,亦过问甚少。所以全书编成出版,主要应归功林其锬。至于关于此书的学术价值,我认为是一部很有用的好书,是学术性和工具性的综合读物。书出版后在海内外均获得一定影响,这只要从各报刊上发表的评介和评论就可知道了。"末署"王元化(盖王元化朱章)一九九七年三月四日"。笺中五处涂改地方,都加盖"王元化"朱章,可见其认真、慎重。他写好后,打电话把我找去交给我,要我带回交给上海社科院领导。我看后心存感激,非常感动。但我没有照他的话去上交。我把他写的一页零七行笺文带回,没有上交领导,而是作为珍贵文字保存下来,一直隐瞒到他逝世。这是我同他20多年交往唯一对他隐瞒的一件事情。我为什么不上交领导?因为元化先生笺文显然是在表扬我,我不愿意被领导误解是借助权威以抬高自己,所以不交。直到我退休,王先生去世,中国文心雕龙学会副会长、辽宁大学教授、我的好友涂光社同志来我家,谈及王元化先生赉馈时,我偶尔提及此事。他索取原件看了后尖锐地批评我:"你隐没王元化先生文字是犯罪!"我才听从他的意见,在 2011 年出版《增订文心雕龙集校合编》时,在"附录三:承教录"中影印刊布了他的手书笺文。

在王元化、张光年等海内外前辈、先进的鼓励、支持、帮助下,我在《文心雕龙》研究方面坚持至今,先后出版了著述 9 种,发表了研究论文 21 篇。9 种著述分别是:①《敦煌遗书文心雕龙残卷集校》(抽印本,1988 年);②《敦煌遗书文心雕龙残卷集校(附宋本〈太平御览〉引〈文心雕龙〉)》(1991 年);③《文心雕龙学综览》(执行副主编,1995 年);④《元至正本〈文心雕龙〉汇校》(1996 年);⑤《新校白文文心雕龙》(2001 年);⑥《唐·宋·元〈文心雕龙〉集校合编》(台湾版,2002 年);⑦《文心雕龙(白文集校本)》(2010 年);⑧《增订文心雕龙集校合编》(2011 年);⑨《新校白文文心雕龙(修订本)》(2017 年)。此外,我还参加了《文心司南》、《文心雕龙荟萃》的编纂。在上述成果中,《敦煌遗书文心雕龙残卷集校(附宋本〈太平御览〉引〈文心雕龙〉)》在 1993 年获"上海社会科学院 1991—1992 年度著作奖";《增订文心雕龙集校合编》手稿被中国文化名人手稿馆收藏,它和《刘子集校合编》手稿一起,共获"妙笔贡献奖"。2000 年,江苏省镇江市政府在南山风景区建立"《文心雕龙》国际学术研讨会"纪念碑,碑体为元刊本《文心雕龙》和 1991 年出版的《敦煌遗书文心雕龙残卷集校》封面。

⊙ 2000 年,江苏省镇江市人民政府在镇江南山文苑公园建立
"《文心雕龙》国际学术研讨会"永久性纪念碑,《敦煌遗书文心
雕龙残卷集校》被选中与元刊本《文心雕龙》一起作为纪念碑碑
体;上为揭幕后的文心碑

⊙ 被选作为"《文心雕龙》国际学术研讨会纪念
碑"碑体,由上海书店出版社于 1991 年 10 月
出版的《敦煌遗书文心雕龙残卷集校》封面

我在《刘子》、《文心雕龙》研究中获得以上成果，除了自己坚持不懈努力之外，很重要的是得到张光年、王元化、李一氓、顾廷龙、李希泌、马伯煌等诸多前辈的关怀、鼓励、支持和帮助，所以，一切成果都是借助众力、积渐而成的，我在"《刘子集校》出版首发暨手稿捐赠座谈会"上发言时，曾有三首俚句总结并表达心情：

（一）

《刘子》《文心》三十年，搜奇选妙喜空前。

"三孤"、"九残"、"五卷本"，往圣绝学汇一编。

注："三孤"，《文心雕龙》，唐·宋·元三大孤本。"九残"，《刘子》敦煌、西域九残卷。"五卷本"，日本宝历刊五卷本《刘子》（我国五卷本《刘子》约在明清之际佚传，《刘子集校合编》首次引回）。

（二）

曲折崎岖路险艰，翻山越岭赖众贤。

《合编》三卷聊相报，身沐雨露思缠绵。

（三）

人生似水水东流，一片白云去悠悠。

瓜熟时节花已谢，"悲欣交集"喜复愁。

注："悲欣交集"，弘一法师圆寂留笔，借用其句。

总之，我的《文心》、《刘子》研究之路的确崎岖，但得贤人之助永生不忘。

三、 中国经济思想史研究与管理思想研究

　　我于 1980 年 10 月进入上海社科院经济所,协助张仲礼先生编《经济学术资料》。在组稿、审稿、编辑之余,我还参加所里接待外地或国外学者学术交流活动以及上海市经济双周座谈会,为刊物编写学术动态、综述。1981年经济所根据全国工交会议抓名牌产品的精神,组织科研人员对上海部分名牌产品和传统名牌产品作调查,我也参加了。1981 年下半年,如前所述,我人虽在资料室,实际已介入中国经济思想史研究。同年 7 月,我为《秦汉经济思想史》补写的"西汉农家的经济思想"初稿即已完成。同年九、十月间,中国经济思想史学会在上海财经学院举办首届年会,我同经济思想史室的许多同志一起参加。中国经济思想史学会首任会长是胡寄窗教授,他著有《中国经济思想史》上中下三卷,可谓中国头一部《中国经济思想通史》。因此,他是大家公认的这门学科的奠基人之一。我对他十分敬重,但是,在读他的上卷第十四章"战国农家的经济思想"第一节"对农家思想的总考察"时,他说:"为农家遗留下来的多系有关农业生产技术的发展问题。而这个问题又非经济思想史的研究对象。我们对这些有关农业生产技术的作品,以及农家的言论不能不而且只能做极简略的介绍。"我学过技术,而且恰好又奉命为《秦汉经济思想史》撰写"西汉农家的经济思想"。我认为中国农家学派中的许多杰出人物,他们往往既是卓越的农业科学家,也是农官,亦即生产的组织者和指导者。他们的著作往往是融农业、技术、管理政策于一

体。在讨论农业生产技术中贯穿着农业的经营管理思想,特别是在今天生产力经济学已经确定的时候,作为"农业是整个古代世界的决定性生产部门"中,专事农业生产技术研究、组织管理,乃至制定政策的历代农家(而且留下的著作农书非常丰富),应该在经济思想史中占有重要地位。因此,我认为胡老的上述论断可以商榷。大概也是因为初入学界不知深浅,我就写了一篇论文"略论农家源流及其在中国经济思想史中的地位",提交首届年会(去参加时我还不是会员)。虽然我在论文中没有公开点出胡老的姓名,但明眼人一看都知道我是针对胡老书中的观点。这是我公之于众的第一篇经济思想史论文。我作梦也想不到,在分组讨论时便遭到尖锐的批评。我记得除了中国人民大学赵基凯教授一个人支持我的观点外,全组十多位同志都持否定意见,搞得我真有些灰头土脸。后来陈正炎先生安慰我:"别灰心! 对权威有不同观点,也是可以商榷的。人家批评你,你认为自己对,仍然可以坚持。"事后回想我这个人在学术界真有点是个"麻烦制造者"。研究《刘子》,在作者谁属考辨上,与权威观点相左,引起了《文心雕龙》学界大辩论;在经济思想史领域,为农家学派地位问题又引起了辩论;后来推出"五缘文化"说,在学术界又有尖锐的批评。所以说我是"麻烦制造者"也不过分。

◉ 合作撰写的《中国古代大同思想研究》初版、再版及韩文译本,以及参与撰著的经济思想史和其他辞典、类书

我在经济所8年时间,有2年在资料室编刊物,6年在经济思想史研究室做研究。虽然我"不务正业"坚持做《刘子》、《文心雕龙》研究,花了不少精力,也出了不少成果,但我有个基本思想——身在其位,要谋其政,完成自己承担的任务,这是最起码的要求。因此在头两年编刊物时,我尽心尽力,没有出什么纰漏,大家还是比较满意的。在经济思想史研究室时,我不仅完成了室里"秦汉经济思想史"和"八五"重点课题"近代经济思想史"集体项目分工的课题任务,还完成了室里组织的《经济大辞典·中国经济史卷》(1993年出版)的200余篇条目撰写和《中国古代管理思想》(1986年出版)的分工撰稿任务。同时,我和陈正炎先生合作申报了上海社科院重点课题,合著出版了《中国古代大同思想研究》(1986年出版),还参与编撰了由马洪、孙尚清主编的《经济社会管理知识全书》"中国经济思想史"16篇撰稿,参加了由叶世昌主编的《中国经济思想史论文集》的编辑出版(1986年)。除以上之外,我还同陈正炎、郑韶以"成启韶"为笔名,在《上海工业经济报》开辟"中国管理史话"专栏,从1985年4月4日至1986年8月28日,我个人写了26篇文章。又以我个人"子木"的笔名,在《上海机械报》开辟"上下求索"专栏,从1987年1月1日至1988年2月1日,发表了16篇文章。因为较受欢迎,接着我又以"子木"的笔名在《上海机械报》开辟"管理拾英"(前4篇称"名人篇",我觉得不妥,遂建议更改)专栏,从1988年4月4日至1993年1月7日,共发表了117篇文章。以上三个专栏共发表短文159篇。在经济所阶段,我除了上述成果,还发表了学术研究论文30篇。应该说在这8年中,我的学术成果是不菲的。在质量上,我同陈正炎先生合撰的《中国古代大同思想研究》于1986年由上海人民出版社出版后,得到社会好评,1988年曾获"上海社会科学院优秀著作奖"。1986年陈正炎先生因脑溢血不幸逝世,1987年由我作了修订,1988年1月香港中华书局将其作为"中华学术丛书系列"之一,出版了修订版。1989年5月,韩国汉城大学(后改称"首尔大学")李成珪教授将其翻译成韩文出版,并列入"汉城大学校东洋史学讲义丛书",产生国际影响。我的农家研究论文"熔技术、管理、政策于一炉——简论中国古代农家学派管理思想的特点"在1987年上海社科上海社科院《学术季刊》1987年第4期发表后,也得到社会肯定。著名学者胡道静评价说:"大稿得出'农家学派熔农业技术、农业经济、农业政策于一炉'之结论,诚为卓见,实为不刊之论。"我在研究西汉著名农家著作《氾胜之书》时,发现在此书中已有生产成本计算,因而当是世界上最早的生产成本计算的提出者这一观点也得到同行认同。我在《上海机械报》开辟的两个专栏,在企业界(尤其是机械行业)产生较好的影响,人称"子木先生"。我在1983年8月被评为助理研究员,按照常态要五年(即1988年8月)才有资格参加副高评定,由于这个阶段我的成果颇丰(评上助理研究员后的成果已达75万字),因此我被作为破格对象,于1987年1月经评定晋升为副研究员,比常规要提前了一年八个月。

四、"五缘文化"说的提出与研究

　　以亲缘、地缘、神缘、业缘和物缘为内涵的"五缘文化"说的提出和研究，与我从事近代经济思想史和思考管理的民族化有直接联系。

　　经济所经济思想史研究室本来计划编纂一部多卷本的《中国经济思想史》，《秦汉经济思想史》完稿之后，接下来编纂《魏晋南北朝经济思想史》。1982年实际上已经在酝酿、准备，后来所里把马伯煌教授从经济史研究室调到经济思想史研究室任室主任，确定把《中国近代经济思想史》作为室里的主要工程，申请上海市社会科学"六五"计划重点研究项目并获得批准。于是室里力量全部投入，1984年在讨论编写大纲时，我提出："既有的几部《中国近代经济思想史》，各有特点，但都缺少数民族和华侨经济思想，特别是华侨在中国近代经济发展中有特殊贡献和作用，所以不应缺席。我们要超越他们，就应该把华侨经济思想列入。"马伯煌教授采纳了我的建议。在落实任务分工时，马老说："海外移民和华侨经济思想是你建议的，你是福建人，福建华侨多，这一任务就交给你吧！"我接受课题任务后，在1985年初就到福建侨乡去做课题调查，跑了厦门、泉州、莆田、福州、闽侯等地。恰好福建开辟了厦门特区，福建率先对外开放。侨乡中断了多年的对外联系也逐步恢复；海外侨胞、港澳台胞纷纷回来，从探亲、谒祖、进香到捐赠性投资，再到营业性投资，各个地方的经济生活很快发生了变化。我是福建人，面对现实，感慨良多，在我脑子里产生了一个问题：同样的天，同样的地，同样的人,为什么一开放就起了这么大的变化?因此想探个究竟,我在作海外华侨经济思想资料调查的同时,又对侨乡在改革开放后产生变化的原因、同海外侨胞和港澳台胞的联系作附带调查,即把历史延伸到当代。福建当时不少地方政府都设有"三胞"(台胞、港澳胞、侨胞)办公室,简称"三胞办"。我就通过"三胞办"和侨联、外贸办等了解情况,还开了许多座谈会。通过这些调查,逐渐形成了一些基本概念:福建山多地少,过去"下南洋"(到东南亚等海外)是重要的谋生出路,800万侨胞、80万港澳胞成为福建经济的资源,但在1949年后,由于"左"的影响,把"海外关系"等同于"反动关系",人为切断了福建经济血脉,加之面对台湾,成为"前线",基本建设、工农业投资相对较少,而驻军增加,这样百姓生活自然艰难。中央"改革开放"方针提出,厦门特区建立,邓小平指出"海外关系是好东西,不是多了,而是少了"。这样福建各地利用"三八"(800万侨胞、80万港澳胞再加台湾80%的人口祖籍福建)的优势,想方设法恢复和扩大对外联系,实现"三引进":引进资金、引进技术、引进管理,海外资源也就源源不断地流入,好比被切断的血管重新接上,新鲜血液不断流进,社会经济面貌也就迅速改变。源头找到了,具体途径何在?调查发现各地办法很多,但主要是利用宗族亲戚关系、大小同乡关系、宗教信仰关系、同行同学关系,乃至土特名优物产关系这五根天然纽带,作为沟通桥梁,通过形式多样的活动密切关系,达到招商引资、发展经济的目的。我在经济所研究企业管理时,也在思考当时人称"摇头风扇"式的引进国外管理如何属地化、民族化问题,也就是我在一篇论文中提出的"科学管理与文化环境",即"在引进国外带有普遍意义的科学管理原理时,还必须顾及运行机制的文化环境"。这一思考本身就是如何利用民族文化资源问题,这同我调查所见到的侨乡群众和基层干部灵活、创造性地运用传统文化资源为现实发展经济服务不期而遇,于是我概括出以亲缘、地缘、神缘、业缘和物缘为内涵的"五缘文化"理念。但是,在和同学、友好交谈时,他们都反对,他们说这都是被作为"封资修"批判过的东西,甚至有人告诫我:"你大概在'文革'中苦头还没有吃够,现在又要去踩地雷自我爆炸。"因为那时又刚刚搞过"清除精神污染"的两次"反自由化"。说实在的,我自己心中确实有些不踏实,这些想法被压在肚里不敢提出。

1989 年 3 月,我调到新成立的亚洲太平洋研究所,担任社会经济文化研究室主任,主要研究海外华侨华人社会经济文化。正好福建省漳州市政协举办"纪念吴夲 1010 周年学术研讨会",邀请我参加。吴夲是宋代名医,漳州人,医德高尚,医术超人,因采药坠岩而殒,受民纪念,并被神化敕封为"保生大帝",在我国台湾及东南亚影响巨大。因此,这次学术会议既涉海外华人,又涉宗教信仰,我对论文选题颇为犹豫。正在举棋不定之际,当时的亚洲太平洋研究所所长金行仁同志点拨:"你就写'五缘文化'吧! 先把它抛出去,探探气候,听听反映响有什么不好?"经他这么一说,我就壮胆写了"'五缘文化'与纪念吴夲"一文(5 000 余字)去参加会议。会议在 4 月 17 日上午开幕,不仅有福建省内各地和来自北京、上海等外省市的学者参加,台湾也组团参加了这次会议,人数还不少,既有学者,也有"保生大帝"宫庙团体负责人,福建省各相关部门特别是统战部门非常重视。我被安排在开幕式后第三个大会发言,轮到我发言时,我心里十分紧张,因为这是我把酝酿多年的"五缘文化"说首次公之于世,不知道这样做的后果是祸还是福。我照稿宣读,不敢越雷池半步。当我快念完稿子时,突然有一个人走上主席台,站在讲台旁边,我心里不免产生恐惧感,不知是否有问题。出乎我意料的是,当我讲完他面带笑容迎过来,同我握手,并要和我交换名片。我当时没有印名片,我看他递给我的名片上印着的是李炳南教授。我们握手后他走向讲台,发表即席评论,有几句话我至今记忆犹新。他说:"今天听了林先生的'五缘文化'发言,我很高兴! 现在两岸都在讲统一。我们那边(指台湾)主张'三民主义'统一中国,这边(指大陆)不赞成;这边强调'四个坚持'(指坚持社会主义道路、坚持无产阶级专政、坚持共产党领导、坚持马克思列宁主义毛泽东思想),我们那边也通不过。林先生提出'五缘文化',我看你们同意,我们也会赞成。"下午分组讨论,"五缘文化"成了议论中心,几乎是一边倒地赞同。甚至还有人说:"'五缘文化'可以成为连接海峡两岸大桥的五座桥墩!"讨论结束,漳州市委统战部部长、政协主席带了几个人,专门到我住的房间向我表示感谢,说我为此次研讨会提供了一篇好论文。当天晚上,解放军"海峡之声"广播电台(当时还没有电视台)四五个人,带了录音设备到我房间专访,一直忙到深夜。第二天他们告诉我:对我的采访录音,在早晨就向海外播发了。会议闭幕时宣布成立"吴真人研究会"时选举理事会,他们也推选我为理事。"五缘文化"说就是这样戏剧性地亮相了,这是我做梦也想不到的!

漳州会议归来,我向所里汇报了情况,金行仁同志同样非常高兴。事也凑巧,没过几周,国务院侨务办公室一位处长,为举办"全国第一届侨务工作研究论文评选活动"从北京到上海来社科院组稿,金行仁同志向他推荐了我。他同我见面,了解"五缘文化",交谈之后,他约我撰文参加评选活动。他走后金行仁同志对我说:"这一回你可以放开写,把你多年酝酿、放在肚子里的东西拿出来。"于是,我花了近两个月时间,写成1.7万字的"五缘文化与未来的挑战"论文交了上去。1990年2月,亚洲太平洋研究所的《亚太研究》(内刊)把此文作为第一期的内容刊登出来。交给国务院侨办的参评论文直到1990年5月才有消息,我突然接到院办通知,到了院办,他们交给我一封由国务院侨务办公室政策研究室签署并盖有"国务院侨务办公室政策研究室"公章的信函,内容如下:

林其锬同志:

您的论文《"五缘"文化与未来的挑战》,在我办一九八九年举办的第一届全国侨务工作研究论文评选中获二等奖,特发给证书与奖金(另寄),以资鼓励。

党的十一届三中全会以来……希望今后您能为这项有意义的事业作出更大的贡献。

院办还让我带回国务院侨务办公室给亚洲太平洋研究所的"通知"。大约过了一周时间,院办收到并转给我由国务院侨务办公室盖章的论文得奖证书和300元奖金。后来又寄给我一本由国务院侨务办公室《侨情》编辑部编辑的《侨务工作研究论文集》(一),其中刊印了"全国第一届侨务工作研究论文评选活动"论文38篇:一等奖空缺,二等奖11篇,三等奖21篇,其他论文6篇。在上海地区获奖的仅有我一篇。说实在的,我接到获奖通知,心中的石头终于落地,我对奖金不那么在意,我一直忐忑不安的是领导对"五缘文化"会持何种态度。在国务院侨务办公室的得奖,给我带来一个信息:领导对于我提出的以亲缘、地缘、神缘、业缘和物缘为内涵的"五缘文化"说是肯定的。如果说漳州会议我看到了民间的肯定,那么,国务院侨务办公室的嘉奖则可以认为是官方的认可,这对我来说,比什么都重要,多年以来心头上的石头终于可以放下了。

"五缘文化"说适应改革开放需要,社会影响逐步扩大,在上海、无锡、南通、等许多企业和单位都请我去做"五缘文化与对外开放"的学术报告。1996年9月5日,《人民日报》"华东新闻·社会文化版"曾用一整版篇幅,用王元化手书"五缘文化华人纽带"为通栏标题,以"亲缘、地缘、神缘、业缘和物缘文化在华东"为副标题,发表了由我、吕良弼、李柯达、吴以宁、张锡昌等五人撰写的简述"五缘"的一组文章,并加"编辑手记":"一种缘便是一根很坚韧的纽带、一座坚固的桥梁,它把遍布于世界各地华人社会各色人等编织成色彩各异的人际网络,汇聚成地区经济发展所必不可少的商品流、资金流、技术流、人才流、信息流"。并且提出:"如何充分利用五缘文化资源,华东地区各省市已经积累了颇为丰富的经验,借助这些经验,开掘区域文化资源,为发展地区经济服务,显然是一项有实际意义的工作。"《"五缘文化"与未来的挑战》在国务院侨务办公室获奖后,上海社科院《学术季刊》要我压缩篇幅,并改题为"'五缘文化'与亚洲的未来"在1990年第2期发表,旋即被《新华文摘》第9期转载。1993年3月该文又获上海市哲学社会科学联合会"1990—1991年度优秀学术成果奖"同时,被上海华侨历史学会和新加坡南洋学会合编的《华侨华人问题学术讨论会暨姚楠教授从事东南亚研究60周年纪念会专辑》收入,刊于1990年出版的《上海侨史论丛》第二辑,1993年《华商世界》第1期、第2期全文转载。1992年该文被译为英文,被收入1992年7月出版的SASS PAPERS(4)。我申报的课题"五缘文化,与对外开放"也被批准列入上海市"八五"社科研究重点项目。

"五缘文化"说提出后也曾引起争论:就内涵而言,有"三缘"、"五缘"、

"六缘"、"十缘"之争;就其作用而言,在侨务工作中有人批评它为"祸侨害侨"之论,甚至说它"会削弱以共产党为核心的凝聚力,因此应作为清除之列"。总体而言,人们大多认同"五缘"的提法,肯定它的积极意义。《上海改革》1991年第1期署名文章评论:"'五缘文化'说可以作为一种理论型、智慧型的文化产品,它给我国经济拓展与海外华人的经济合作,提供了重要的参照系。"加拿大《大汉公报》1991年8月6日署名文章肯定:"五缘(亲缘、地缘、神缘、业缘、物缘)文化依然是当今和未来华人心灵联络的一座坚固桥梁,是世界华人聚合的坚韧纽带,并且将在发展世界华人的经济联系中起到重要作用。"新疆自治区政府机关报《新疆经济报》1998年5月13日发表题为"新疆需要倡导'五缘'文化"评论:"'五缘'文化理论在新疆有着极大的现实意义,新疆是多民族地区,'五缘'关系纵横交织,形成巨大的网络。汉族和其他兄弟民族之间存在着多头'五缘'关系,当我们用'五缘'观点来观察这种关系时,就能发现许许多多的同……把'五缘'文化论用到新疆社会生活中,就能发现许多被我们漠视了的同,对于强化民族间的情感联系非常有好处。"1997年11月17日,台湾《联合报》刊登了海协会长汪道涵同台湾新同盟会会长许历农的"谈话纪要",汪道涵说:"(海峡)两岸共有五种缘……因而更应共同迈向统一。"1998年全国人大常务委员会副委员长、民革中央主席何鲁丽,在为"东方五缘文化摄影展"所写的"前言"中也肯定:"以亲缘、地缘、神缘、业缘和物缘为内涵的'五缘'文化,对于发展海峡两岸关系、实现祖国和平统一、促进中华民族大团结,起着桥梁和纽带的作用。"

随着"五缘文化"说社会影响的扩大,特别是在1995年上海五缘文化研究所和1996年福建省五缘文化研究会先后成立之后,"五缘文化"的研究和应用从经济扩及海峡两岸关系等诸多领域,也引起理论界的关注。在20世纪90年代末的一个晚上,我突然接到福建省五缘文化研究会会长吕良弼教授的电话。他说有位省委管理论研究的领导向他提出:"现在你们的'五缘文化'搞得很红火,但是你是否考虑过?'五缘文化'究竟符合不符合马克思主义?"吕良弼教授接着说:"这是个带根本性的问题,也是难以回避的问题,我们必须作出回答。林兄是'五缘文化'说的始作俑者,希望你能作出回答!"

⊙ 1995 年 12 月 9 日,在"上海五缘文化研究所成立大会暨五缘文化与
对外开放学术研讨会"开幕式上致辞

听了吕良弼教授的电话,说实在的我感到压力很大,想一想觉得这个问题确实触及"五缘文化"说的深层次理论问题,无论是从"五缘文化"的深入研究,还是对质疑者作出正面的回答,都是难以回避的,特别是在我们国家的体制之内。经过两天时间的考虑,我下决心重温马克思和恩格斯的著作,从中寻求答案。我放下手头所有工作,坐下来认认真真读了两个多月的书,终于找到自己认为比较满意的答案,特别是恩格斯在《家庭、私有制和国家的起源》第一版"序言"对历史唯物论所下的明确"定义",我过去没有注意,这次重读引起很多联想,感到非常欣喜。我把读书心得告诉吕良弼教授,他表示赞成,也感到高兴。后来他说:他回答了质疑者,让他们也没话说了。2003 年,我和吕良弼教授合作,共同主编《五缘文化概论》(福建人民出版社2013 年出版)。我特地把自己的读书心得写成"五缘文化研究理论的出发点",作为《五缘文化概论》"绪论"中的一节刊布。这本书出版后,得到上海社科院副院长夏禹龙研究员的肯定和支持。他先后在《学术与争鸣》、《社会科学报》发表文章,又撰写了"历史唯物主义和'两种生产论'——兼谈人性、民族性与五缘文化"一文,在《五缘文化与中华民族复兴》(同济大学出版社2015 年出版)一书中发表。现将《五缘文化概论·绪论》中"五缘文化研究

理论的出发点"转录如下：

五缘文化研究的理论出发点

历史唯物主义认为：生产方式是社会生活的基础和社会发展的决定力量，它包括生产力和生产关系。从人类社会发展历史的实际看，人类社会的生产包括物质资料的生产、再生产和人类自身，亦即人的生命的生产、再生产。因此，社会生产关系也有两种：一是人类在物质生产资料的生产、再生产过程中相互结成的社会关系；二是人类在自身生命的生产、再生产过程中结成的社会关系。这两种生产关系的综合，便是马克思所说的"一切社会关系的总和"。

关于人类的两种生产，马克思主义创始人都曾作过明确的论述。恩格斯在《家庭、私有制和国家的起源》第一版"序言"中说："根据唯物主义观点，历史中的决定因素，归根结底是直接生活的生产和再生产。但是，生产本身又有两种。一方面是生活资料，即食物、衣服、住房以及为此所必需的工具的生产；另一方面是人类自身的生产，即种的繁衍。一定历史时代和一定地区内的人们生活于其下的社会制度，受着两种生产的制约：一方面受劳动的发展阶段的制约，另一方面受家庭的发展阶段的制约。"马克思在《资本论》中，在把人作为劳动力载体进行考察的时候，也多次阐述了人的自身生产和再生产的观点。他说："劳动力当作活的个人的能力，方才是存在的。所以，它的生产，是以他的存在为前提。假定个人是存在的，劳动力的生产，就是他自身的再生产或维持。"又说："劳动力的所有者，是会死的。他在市场上出现要成为继续（这是货币不绝转化为资本的前提条件），劳动力的出卖者就必须'像每一种活的个体一样，由生殖'来维持他自己。由消耗和死亡而从市场夺去的劳动力，至少要由等数的新劳动力，不断地予以补充。所以，生产劳动力所必要的生活资料的总和，还须包含补充员——劳动者的儿女——的生活资料。"还说："各种劳动力的使用，又是由生产方式规定的，但会在劳动者家族的再生产费用上，以及成年男性劳动者的价值上，引起大的区别。"在马克思、恩格斯合著的《德意志意识形态》中更是提到："生命的生产——无论是自己生命的生产（通过劳动）或他人生命的生产（通过生育）——立即表现为双重关系：一方面是自然关系，另一方面是社会关系；社会关系的含义是指许多个人的合作，至于这种合作是在什么条件下，用什么方式和为了什么目的进行的，则是无关紧要的。"

人类社会客观存在的两种生产，形成了两种生产关系。作为"五缘"基础的亲缘（包括血亲和姻亲）关系，就是人类生命生产和再生产过程直接形成的社会生产关系。这种社会生产关系与物质资料生产和再生产过程所形成的社会生产关系比较，有以下几个特点：

第一，自然性。这种社会关系的发生，是自然而然的，是不以个人的意志为转移的，是非人为选择的结果。每一个人一出生，就处在既定的关系之中，子女不能选择自己的生父和生母，而父母也不能任意选择自己的亲子和亲女，一切都自然而然地产生，所以具有与生俱来的"先天性"。相比之下，物质资料的生产和再生产过程形成的社会关系，则是以社会劳动分工为基础，而人在社会劳动分工中，是可选择、可变动的，不是与生俱来、自然形成的。

第二，本原性。由于"任何人类历史的第一个前提无疑是有生命的个人的存在。因此第一个需要确定的具体事实就是这些个人的肉体组织，以及受肉体组织制约的他们与自然界的关系"。人类社会是由许许多多生命个体组成的，没有生命个体也就没有人类社会，也不会有人类社会的物质资料生产和再生产；有了人类生命个体的存在和延续，才有物质资料生产的存在和延续。所以，人类自身生命的生产和再生产，以及在这个生产过程中所形成的社会关系，具有本原性。亲缘关系是人类社会在任何时候都不能摆脱的本体结构，它也是衍生其他诸多社会关系，诸如地缘、神缘、业缘、物缘等。

第三，系谱性。人类"种的繁衍"是代代延续的。"一个人的发展取决于他和他直接或间接进行交往的其他一切人的发展；彼此发生关系的个人世世代代是相互联系的，后者的肉体的存在是由他们的前代决定的，后代继承着前代积累起来的生产力和交往形式，这就决定了他们这一代的相互关系。"人类繁衍世世代代的延续性,使其上下左右的联系呈现出有脉可寻的即以姓氏、称谓等世系为标志的系谱性。"故人之相仁偶也,始于知生我之母。知有母,则知有与我同母之人焉。由此而推之,则又知有母之母焉;又知有与母同母之人焉。亲族之关系,盖由此而昉也。"也有人将这种关系称为系谱树。

第四,情感性。聚合人群的基本纽带有二:一是利益纽带,一是情感纽带。人类社会生命生产形成的社会关系,比较突出的一点就是带有强烈的亲情色彩。子女的出生是父母生命的延续,父母爱子女,哺育其子女;子女长大之后,也爱其父母而生慈孝之心。"孝悌也者,其为仁之本欤。"孝悌之情出于人之自然本性。这种关系,固然也包含着利益,但更主要的是情感,这与以利益为主导的物质资料生产关系是有区别的。由亲缘而产生的亲缘文化,其核心便是人类这种亲情和爱心。正是这种亲情和爱心,跨越历史和地域的时空,联结着人类生生不息的繁衍血脉,形成人群的强大、坚韧的亲和力与凝聚力,维系着大大小小民族群体的生存与发展。

第五,稳定性。人类生命的生产与再生产及其结成的社会关系,其自然性、本原性、系谱性、情感性特点,使其更加贴近"人的一般本性",这种社会关系相对于因生产力的迅速发展而变化的物质资料生产关系而言,更具有稳定性。物质资料的生产和再生产,随着生产手段、特别是现代科学技术的迅猛进步,生产力可以达到"日新月异"、"突飞猛进"的地步。因而与其相适应的生产关系也必须随之作出及时的调整和变动,否则便有过于滞后和阻碍生产力发展和社会进步之虞;反之,人类生命的生产和再生产,更多地受制于自然条件,亦即人的生理和寿命等,它不可能像物质资料生产那样迅速地变化,因此在相当长的历史阶段不易显见而被人注意,因而这种生产关系相对于物质资料生产关系而言,具有更大的稳定性。

按照历史唯物主义的观点,人类社会的两种生产同是"历史中的决定因素",两种生产关系同是社会的基础,同样对"一定历史时代和一定地区内的人们生活于其下的社会制度"起制约作用。但是,在一段历史时期里,人们出于"革命的需要",主要强调了在物质资料生产、再生产过程中形成的以经济利益为基础的生产关系,着重从人们在社会物质资料生产、再生产中的地位、利益对立中,引申出阶级对立、阶级斗争的原理,突出阐释了社会革命发生的必然性和合理性,从而动员大众实现社会变革;在人性的分析上,也着重突出了"在每个时代历史地发生了变化的本性",即阶级性,从而讳言或根本弃而不谈人类另一种生产,即人类生命的生产和再生产,以及它结成的生产关系,讳谈甚至否定客观存在的"人的一般本性"即人性,甚至把由这种生产所形成的亲缘关系及其衍生的种种社会关系和社会文化,一概视作"封建的"、"资产阶级的"、"唯心主义"的。这种只讲一种生产即物质生产及其生产关系,不讲另一种生产,即人的生命自身生产及其生产关系,实际是半截子的历史唯物主义。其结果一是滋长了脱离人类社会实际、违反根本人性的"左"的思潮;二是人为扭断了社会人际间的亲情纽带,使社会本是属于正常的伦理关系发生断裂,从而使社会的发展产生扭曲。著名学者王元化在20世纪80年代初撰写的《人性札记》中就指出:"马克思把人的一般本性和不同历史时代变化了的人的本性加以区别,认为在研究不同历史时代变化了的人的本性之前,首先要研究人的一般本性,这是肯定人性存在的说法。"又说"《资本论》只提出'人的一般本性',却没有对这一概念作具体的说明",可是马克思有"对于'人的一般本性'就是'人的本质'的更确切的说法","构成人的本质的东西,恰恰是那种为人所特有、失去了他人就不成其为人的因素。而这种因素就是人的社会性"。在20世纪90年代,王元化更明确地指出,"'和谐意识'却是中国传统留给我们的一份宝贵遗产","我们应该对这些问题再认识、再估价,作进一步深入的探讨"。现实社会人际间关系的断裂、历史与现实的断裂,必然会造成现实人的归宿迷惘,使现实人格分裂成"趋向极端、崇尚暴力、蔑弃人道、反对民主"的激进主义病态的人。这其实是一种社会前进的破坏力量。"文革"期间,"左"的路线把"斗争哲学"推向高峰,使激进主义"两个彻底决裂"达到极致。历史事实已经向世人展示:当以"革命"的名义把人性批得"体无完肤"、"连根铲除"的时候,也就是兽性横行施虐,而使社会遭受空前灾难的时候。现在仍有讳谈人类生命生产的社会关系者,以为它是滋生社会腐败的渊薮,其实这是一种误解。社会发生腐败的真正根源,并不是由于客观社会人际关系的存在,而是在于社会对公权力制约(包括法律制约和道德制约)机制的失衡而导致公权力的滥用。马克思、恩格斯说过,只有"动物不对什么东西发生'关系',而且根本没有'关系'"。邓小平在论及"海外关系"时说:"说什么'海外关系'复杂不能信任,这种说法是反动的。我们现在不是关系(海外关系)太多而是太少,这是个好东西,可以打开各方面的关系。""海外关系"是个好东西,国内关系也不例外,问题在于如何对待它、运用它。毛泽东说过:"做事以理论,私交以私交论。做事论理、论法,私交论情。"他还说:"力只可用于法,用于法则有效;力不可用于私人之交谊,用于私人之交谊则绝对无效,岂唯无效,反动随之矣。"可见,社会人际关系是客观存在的,任何人都生活在由两种生产所形成的社会关系网络之中,脱离关系便意味着脱离社会,那是无法生存的,更谈不上成功地做事了。只要健全对公权力制衡的机制,摆正法、理、情三者的位置和关系,关系便"是个好东西"。

马克思在《资本论》第一卷初版"序言"中说:"无论个人主观地说,可以怎样超出他所加入的各种关系,社会地说,他总归是这各种关系的产物。"人类两种生产过程所结成的社会关系的综合,便是"人们社会关系的总和",人的社会性,也就"人的一般本性",是"人的本质"。两种生产、两种生产关系相互联系,利益和情感同是维系社会人群的主要纽带。作为人类生命再生产过程直接形成的亲缘关系,是衍生地缘、神缘、业缘和物缘的基础,五缘文化研究的理论出发点,便是建立在历史唯物主义两种生产、两种生产关系的理论基础之上。人既然是"各种生产关系的产物",社会性、民族性自然便是五缘文化研究的前提了。①

由于"五缘文化"说在海内外影响迅速扩大,1992年4月在上海贵都饭店,联合国环境发展署和国务院发展研究中心主办了"环境与经济同步发展国际会议",有21个国家、地区和国际组织参加。我应邀参加,并发表论文

---

① 林其锬、吕良弼主编,《五缘文化概论》,福建人民出版社2003年版,第8—15页。原文注释不再标注。

"追求和谐：人——社会——自然：东西方人天观比较与人类现代化道路的选择"，在"社会和谐"部分阐述了"五缘文化"。论文得到不少国际友人肯定，也引起国务院发展研究中心主任马洪的关注，会后他邀请我参加小型座谈。当我汇报了"五缘文化"说的内涵及提出的经过后，他指示："'五缘文化'研究很有意义，应该深入研究下去，我们国家要搞四个现代化，很重要的一块资源在海外。"1993年10月6日，国务院发展研究中心下属单位国务院发展研究中心国际技术经济研究所上海分所，率先成立"五缘文化与华人经济研究室"，并聘我为兼职研究员和研究室主任，"五缘文化"研究遂由个人研究转变为有组织的团队研究。1994年1月，我的研究成果"论亚太地区华人（五缘）文化与经济互动关系——兼论华人资本在亚太地区的地位与作用"获国务院发展研究中心国际技术经济研究所上海分所1993年度优秀论文奖。1994年12月我的研究课题报告"'五缘'文化与世界华商经贸网络"又获国务院发展研究中心国际技术经济研究所上海分所优秀论文奖和上海社科院"1993—1994年科学成果荣誉奖"，并被《福建学刊》、《东南学术》、《经济纵横》、《世界华商经济年鉴》刊用或转载。同年11月，我的"五缘文化"研究首本著作《五缘文化论》由上海书店出版。著名学者王元化题词"五缘文化华人纽带"。由上海、北京等十个省市农委联办的《现代农村》"五缘文化与海外华人社会"专栏也于1994年7月开辟。随着"五缘文化"说在海内外影响进一步扩大，国务院发展研究中心上海发展研究所（由国务院发展研究中心国际技术经济研究所上海分所改名）决定扩大"五缘文化与华人经济研究室"，单独成立"上海五缘文化研究所"，1995年12月9日正式挂牌，我被聘为所长，国务院发展研究中心正副主任马洪、孙尚清，上海交通大学校长邓旭初和著名学者王元化、张仲礼、顾廷龙、徐中玉、朱荣林被聘为顾问，世界福州十邑总会秘书长、新加坡的刘用和先生和美国林中明博士、台湾的黄胜得博士、台湾成功大学唐亦男教授先后被聘为海外顾问，后来又增聘著名学者夏禹龙、钱谷融、林炳秋、邓伟志为顾问，有上海、北京、西安、福州、厦门等地60多位学者参加的"五缘文化与对外开放"学术研讨会举行。这次研讨会有北京、上海、福建等地十多家报刊作了报道，上海电视台也作

◉ 1997年,与国务院发展研究中心主任、上海五缘文化研究所顾问、著名经济学家马洪参加宁波市政府主办的"中国传统文化与现代管理"国际学术研讨会

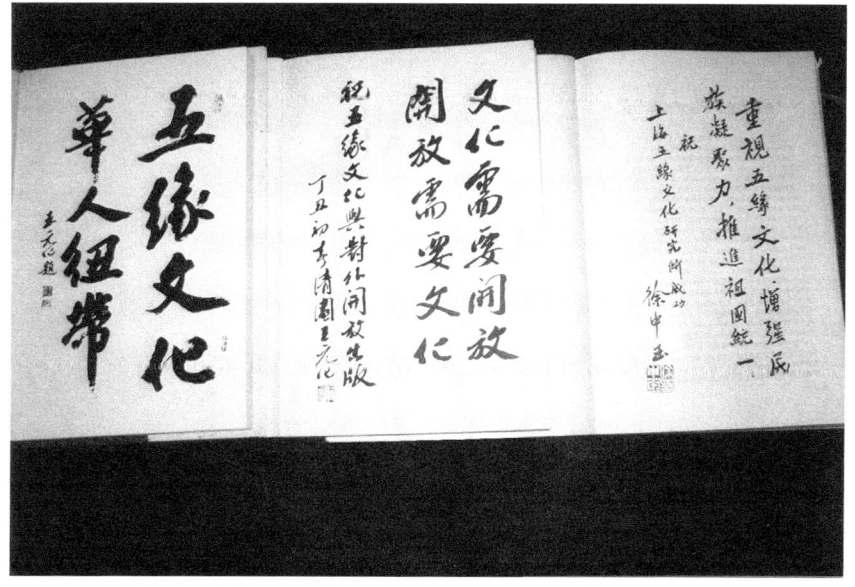

◉ 王元化、徐中玉两先生为《五缘文化论》、《五缘文化与对外开放》和上海五缘文化研究所题词

◉ 1996 年 11 月,与福建省社会科学家联合会常务副主席、福建省五缘
文化研究会会长吕良弼教授在"福建省五缘文化研究会成立大会暨
五缘文化与对外开放学术研讨会"开幕式上

◉ 1996 年 11 月,在福州市接受福建电视台《文
化新视点:五缘文化》专题片摄制组采访

◉ 上海五缘文化研究所人员与美国五缘文化协会理事长吴琦幸教授合影；后排左四为吴琦幸，前排为上海五缘文化研究所顾问，左起为钱谷融、徐中玉、张仲礼、夏禹龙、林炳秋

了采访报道。在上海影响下，福建省社科联也于 1996 年 11 月成立了福建省五缘文化研究会，并举办了“五缘文化与对外开放学术研讨会”，上海的王元化、朱荣林和我被聘为顾问。2009 年 10 月，美国五缘文化协会（Five Yuan Culture Association in USA）在美国加州洛杉矶注册，宣告成立。2014 年 6 月，福建闽江学院成立五缘文化研究中心，他们率先把“五缘文化”带进高校课堂。湖南邵阳学院胡克森教授于 2011 年开始在历史系开设“五缘文化与中华民族凝聚力”课程。2020 年 12 月，邵阳学院五缘文化研究所也宣告成立。2014 年 10 月，《社会科学报》还开辟了“五缘文化纵横谈”专栏。

“五缘文化”说自从 1989 年 4 月提出，迄今已近 29 年。由于上海五缘文化研究所和福建省五缘文化研究会密切合作、努力推动，无论是学术成果，还是实际应用，成果比较丰硕，在国内外也有一定影响，这是社会贤达支持、大家努力的结果。

“五缘文化”研究的 28 年时间大致可分三个阶段。

第一阶段是 1989—1997 年。这一阶段是从"五缘文化"说的提出,到上海五缘文化研究所和福建省五缘文化研究会成立和取得代表性研究成果。以《五缘文化论》《五缘文化与对外开放》等图书的出版为标志,其特点是由个人研究走向有组织的团队研究,研究的重心集中在五缘文化的内涵、研究对象、社会功能等方面的探讨,通过对五缘历史资源、社会资源的发掘和对外开放"三引进"(引进资金、引进技术、引进科学管理)促进地方经济的发展成功经验的调查、总结,以事实论证"五缘文化"说存在的空间和合理性,让"五缘文化"说在社会扎根。

第二阶段是 1998—2010 年。这一阶段是通过上海五缘文化研究所和福建省五缘文化研究会密切合作,组织、推动与社会自发研究相结合,运用召开学术研讨会、举办讲座、开办学习班、开设专栏等方式,在第一阶段研究的基础上拓宽视野,从经济到政治,从地方经济发展到侨务、统战、两岸关系等研究领域;在理论深化方面,则转向"五缘文化"的学理探索。本阶段成果体现在两个方面:"五缘"理论被福建省委和省政府采纳,在"十一五"规划中提出"五缘、六求,建设海西"(即通过闽台五缘达到六个要求,最终落实于建设海峡西岸经济区)的"新闽台工作方针";在学理探索上标志性的成果就是由我和吕良弼主编的《五缘文化概论》在 2003 年出版,此书初步构建了"五缘文化"的理论框架。

第三阶段是 2011 年至今。在这一阶段,五缘文化理论研究重心从多学科视角介入,由纵横两轴拓展:贯穿古今,探寻五缘文化活水源头,实现古今转化,沟通中外,探寻中华文化基因、核心价值理念,促进世界多元文化对话;深入探索五缘文化与中华文化、民族心理的关系,五缘文化表现形态及其载体民俗、社团等形态、功能的历史嬗变;在全球化大背景下,五缘文化在实现中华民族复兴中的综合社会功能。其代表性成果就是由我任主编、施炎平任副主编,分别由施炎平、蒋杰、赵红英、郑士有和施忠连领衔撰写的五卷本《五缘文化与现代文明》系列丛书在 2014 年 6 月出版发行。五缘文化研究紧贴现实,与时俱进,现在正扩及"五缘文化"与"一带一路"、"构建人类命运共同体"、"新中国时代中国"外交"研究领域。2017 年 12 月 3 日,由上海国际问题研究院和上海五缘文化研究所联合举办,有北京、上海、福建、湖南、贵州五个省市 30 多位学者参加的"五缘纽带与新时代中国外交"研讨会,探讨了新时代中国特色大国外交理念中的五缘因素及其在"一带一路"建设和构建"人类命运共同体"中的价值和积极作用。

对"五缘文化"研究三个阶段的发展实质,台湾慈济大学宗教与人文研究所所长、上海五缘文化研究所特聘研究员林安梧教授曾作如下概括:"五缘文化是由华人生活世界里,由'经验的觉知',再经由'概念的反思',进而'理论的建构',这是华人自本自根长出来的理论。"

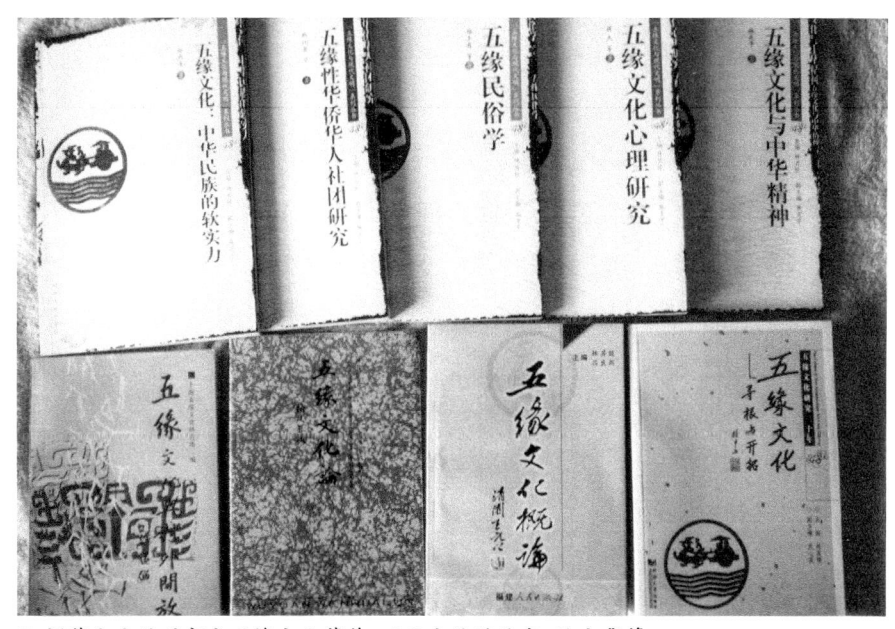

◉ 撰著和主编的部分五缘文化著作,以及主编的丛书、论文集等

28 年来上海、福建先后举办了五缘文化研究大中型学术研讨会 30 多次,在各地举办讲座、报告数十场,分别编印《五缘文化研究》(上海)、《五缘文化》(福建)学术交流资料,刊出五缘文化研究文章达数百篇(其中仅上海《五缘文化研究》21 期就刊出 260 多篇),福建五缘文化研究会与海峡之声广播电台合作,先后开辟了"两岸同根——闽台五缘文化"和"五缘文化大讲堂"共 100 多次广播讲座,福建电视台还拍摄了《文化新视点——五缘文化》

专题片。据不完全统计,五缘文化研究已先后出版的个人、集体专著、论文集:《五缘文化论》(1994 年),《五缘文化与对外开放》(1997 年),《五缘文化与市场营销》(1997 年),《五缘文化力研究》(2002 年),《海峡两岸五缘论》(2003 年),《五缘文化概论》(2003 年),《物缘文化研究》(2004 年),《五缘文化与中华民族凝聚力》(2008 年),《五缘文化:寻根与开拓》(2010 年),《五缘文化与两岸关系》(2010 年),《五缘文化与榕台民俗》(2012 年),"五缘文化与现代文明"系列丛书,即《五缘文化与中华精神》、《五缘文化心理研究》、《五缘民俗学》、《五缘性华人社团研究》、《五缘文化:中华民族软实力》(2014 年)、《五缘文化与中华民族复兴》(2015 年)。此外,上海社科院还编印有《中国传统文化的现代价值——"五缘"研究成果选集》(2009 年),以上共计 18 种。在海外报刊发表的论文、文章则数以千计,国内外媒体报道,包括《人民日报》、《中国文化报》、《解放日报》、《文汇报》、《福建日报》、《新疆经济报》、香港《大公报》、台湾《联合报》、加拿大《大汉公报》、新加坡《海峡日报》等,已超过百余家。厦门、上海都设立了五缘文化网站,在互联网上也有 30 多个网站设立了"五缘文化"专栏或专页。总而言之,20 多年来五缘文化无论在理论研究还是实际应用都取得了比较丰硕的成果,在国内外也产生了较大的影响。

就我个人而言,20 多年来出版了《五缘文化论》,合作撰写并主编了《五缘文化概论》,主编了《五缘文化:寻根与开拓》、《五缘文化与对外开放》、《五缘文化与中华民族复兴》以及五卷本的"五缘文化与现代文明"系列丛书。个人撰写、发表"五缘文化"论文 48 篇,主编《五缘文化研究》21 期,主持"五缘文化与海外华人社会"和"五缘文化纵横谈"两个专栏。"五缘文化"说的提出、研究被社会认可,首先是得改革开放时代天时、地利、人和之力。

2009 年 4 月,由上海社科院和上海市政府侨务办公室主办,由上海五缘文化研究所、上海社科院台湾研究中心、上海市侨务理论研究中心联合承办,在我提出"五缘文化"说 20 周年的那一天,即 4 月 17 日,在上海社科院举办"纪念五缘文化研究 20 周年暨五缘文化与华人社会"学术研讨会。本来会议名称定为"纪念林其锬先生提出'五缘文化'说 20 周年暨五缘文化与

⊙ 2009 年 4 月 17 日至 18 日,上海市人民政府侨务办公室、上海社科院联合主办的"纪念五缘文化研究 20 周年暨五缘文化与华人社会"学术研讨会在上海社科院举行,与会者有上海、北京、福建、西安、成都、台湾等地 80 多位专家学者,上海市侨办、社科院领导出席开幕式;右二为侨办主任崔明华,右三为社科院党委副书记童世骏

⊙ 2009 年 4 月 17 日,福建省社会科学家联合会常务副主席、福建省五缘文化研究会会长王碧秀,在"纪念五缘文化研究 20 周年暨五缘文化与华人社会"学术研讨会上,代表福建省五缘文化研究会赠送福建德化名瓷"牡丹纪念盘"

◎ 在"纪念五缘文化研究 20 周年暨华人社会学术研讨会"开幕后,上海市侨办、社科院领导和上海五缘文化研究所顾问与来自全国各地的部分学者合影

华人社会"学术研讨会,当时我在住院,会务人员两次到病房,我都坚持把个人的名字去掉。因为我始终认为五缘文化研究是凭借众力,方有今天,不赞成突出我个人。会议为期两天,有上海、北京、福建、四川、台湾等地的 80 多位学者和侨务有关部门代表参加,充分肯定了五缘文化研究的理论成果,以及在经济、侨务与海外联谊、两岸关系三个重大理论实践所取得的成果,还探讨了五缘文化研究深入发展的方向。

2010 年 3 月 3 日,全国政协十一届三次会议上,由上海丁常云委员发起,与北京、陕西委员联署,向大会提交《关于加强"五缘"文化研究工作》的提案,被大会接受立案。丁常云委员在大会作以"重视开展'五缘文化'研究,努力打造中国文化软实力"为题的发言,也被选入全国政协十一届三次会议大会发言精选《国是建言》第五辑。同年 9 月 14 日,中共上海市委发出《对政协十一届全国委员会第三次会议第 1433 号提案的答复》,肯定"'五缘'文化发源于上海,由林其锬教授最早提出,现已在全国部分省市乃至海外华人世界取得较大影响",并且还就"关于'五缘'文化的保护、研究、宣传"

和"关于'五缘'文化的实际应用"两个方面提出具体措施。由中共上海市委宣传部协调,"组织有关学科学者推进'五缘'文化研究,加大相关宣传力度,促进'五缘'文化研究事业健康发展";"上海统战系统将进一步发挥'五缘'文化的载体作用,加强与港澳台同胞、海外华侨华人的联谊交流,做好凝聚人心、汇聚力量的工作,为祖国统一和中华民族伟大复兴目标做贡献"。"同时,我们也将加强对'五缘'文化在全社会具有广泛认同性特点的认识,在建设和谐社区、开展对台工作、加强与海外华人华侨等方面工作中,充分发挥其积极作用。"同年9月,中华人民共和国国家工商行政管理总局商标局也向上海五缘文化研究所颁发了"五缘文化"商标注册证书(证号:第8675705号)和所徽注册证书(证号:第6697310号);2012年11月,又获"五缘"商标注册证书(证号:第6697309号)。2010年3月9日,通过谷歌(全球最大搜索引擎)检索,"五缘"条目达1090万条,五缘文化"条目达896万条;同月21日,"五缘"条目达1130万条,"五缘文化"条目达928万条。2015年在上海五缘文化研究所成立20周年之际,通过谷歌繁体检索,"五缘"条目达24700万条;"五缘文化"条目达9290万条。从以上谷歌检索条目递增数据中,便可窥见"五缘"文化在国内外影响一斑。

2015年7月,上海市第十一次侨代会召开,上海市政府侨务办公室、上海市归侨联合会联合作出《关于表彰2010—2014年度上海市侨界杰出人物和归侨侨眷先进个人的决定》。为了表彰我提出的"五缘文化说"对侨务工作的贡献,授予我"侨界先进个人"荣誉称号,并颁发给我"侨界先进个人"奖章。"五缘文化"是实现中华民

⊙ 2009年4月17日,福建省五缘文化研究会在"纪念五缘文化研究20周年暨五缘文化与华人社会"学术研讨会上,向"五缘文化"说的创立者赠送的德化名瓷牡丹纪念盘

族凝聚力的一种形式,也是构建和谐世界、实现"人类命运共同体"愿景的正能量。"五缘文化"说虽然已经提出 29 年,借助众力取得比较丰硕的成果,但是,无论在理论体系建设,还是在实践运用领域,仍然处于初创阶段,其发展空间巨大,有待来者继续努力。我在"纪念五缘文化研究 20 周年暨五缘文化与华人社会"学术研讨会所致"答谢词"中,曾以《蝶恋花·五缘路》抒怀:

> 寻寻觅觅五缘路,走遍天涯,期与同道遇。
>
> 崎岖曲折无说处,梦中梦醒几回误?
>
> 欲尽此情书尺素,托与雁鱼,翔游找仙居。
>
> 有朝四海成通衢,潜龙跃起擎天柱。

我已进入耄耋之年,值得庆幸的是,五缘文化研究后继有人。2017 年 3 月,上海五缘文化研究所领导班子实现新老交班,一批年青学者挑起重担,他们有充沛的精力和学术创新能力,前景光明。

◉ 2008 年,中共中央总书记、国家主席江泽民为新建的厦门跨海大桥题名"五缘大桥"

1500 多年前,著名的文学理论家、思想家刘勰在其《文心雕龙·序志》中说,"岁月飘忽,性灵不居","形甚草木之脆";又在《刘子·惜时》中说,"人

之短生,犹如石火,炯然以过"。相对于绵邈宇宙,个体生命是极为渺小、短促、脆弱的。我在55岁生日时曾有俚句《自叙》云:

> 人生若朝雾,弹指五十五。
>
> 变幻风云天,茫茫迷津渡。
>
> 为探骊龙珠,光阴敢虚度?
>
> 搏击分秒间,何曾辞辛苦?
>
> 荆棘布满道,霜刀雪剑舞。
>
> 汗水湿衣衫,血泪咽入肚。
>
> 早衰披银发,心力为之枯。
>
> 形甚草木枯,冰心寄金石。
>
> 《刘子》集以校,《敦煌》姐妹妹。
>
> 《农家》与《五缘》,《大同》亦可附。
>
> 雪泥留鸿爪,无计追玉兔。
>
> 邈邈未来世,寸草一滴露。

2014年3月30日我在80岁(虚年)生日又有俚句曰:

> 人到八十尽天年,弹指韶光似云烟。
>
> 愧对苍生少作为,空蝗粱黍暗自惭。

五、忆师长

（一）

"流至前溪无半语，在山做得许多声"

——怀念顾老，学习顾老①

　　顾廷龙先生是当代著名的文字学家、版本目录学家,杰出的图书馆事业家、书法家。1934 年他年方 34 岁时,就协同叶揆初、张菊生、陈叔通等社会名流,创办了私立合众图书馆并主持馆务工作。1949 年后他长期担任上海图书馆馆长,主持编撰《中国丛书综录》,主编《中国古籍善本书目》等许多具有深远意义、并在国内外产生重大影响的著作,早就誉满海内外。余生也晚,与顾老年龄足足相差 30 岁,顾老的大名早就如雷贯耳,敬仰之情久埋心中,却无缘直接交往,也不敢贸然前去打扰,只能"遥闻声而相思"。20 世纪80 年代初,我因为校理《刘子》,顾老主动关心,"奇缘"天降,直至顾老逝世之前整整 16 年时间,我越来越多地得到顾老的关怀、提携、支持和帮助,对我从事的《刘子》、《文心雕龙》和"五缘文化"研究几个主要领域,都产生了深

---

① 上海图书馆编《顾廷龙先生纪念集》,上海科学技术文献出版社 2014 年 11 月出版,第 94—106页。

刻影响。由于我们的交往日益密切，我有幸成了顾老的忘年交。1998年8月22日，顾老不幸因病在北京去世。哀恸之余仍时时怀念，每当我经过过去常去的淮海路、吴兴路顾老生前的寓所，我都不禁驻足，仰望二楼那紧闭的门窗，追忆他那简朴、宽厚、平和、慈祥的长者形象，他那浓重吴语的亲切声音，仍然鲜活地在耳边回荡。我一直感到顾老既平实又特别崇高，不知该怎样才能准确地加以表达。顾老在1994年惠赐给我一幅墨宝：

初疑夜雨忽朝晴，乃是山泉终夜鸣。

流到前溪无半语，在山做得许多声。

宋杨诚斋诗

其锬吾兄属正　癸酉夏日　顾廷龙时年九十（"顾廷龙"章）

我装裱后挂在书房。有一天我在吟咏揣摩之间突生顿悟：对呀！山泉！"山泉终夜鸣"，"流到前溪无半语，在山做得许多声"，这不就是顾廷龙先生的毕生事业和崇高精神吗？联系自己与顾老16年的交往经历，以及从他那里得到的精神滋养和实际教益，完全可以得到验证。

《刘子》"奇缘"，无私提携

我治《刘子》与对《文心雕龙》和刘勰的研究兴趣有关。大学时我读的是中文系汉语言文学专业。20世纪60年代初，在周杨等人的倡导下，以《光明日报》"文学遗产"为代表的全国报刊，展开对古代文论《文心雕龙》的研究，内容涉及《文心雕龙》的《原道》、《风骨》、《神思》、"批评论"、"创作论"、"风格论"以及刘勰的世界观、美学思想乃至其家世等，这场研究成果与学术讨论激发了我对《文心雕龙》和刘勰研究产生极大兴趣，我经常利用星期天跑到上海图书馆寻找、阅读全国报刊有关文章，两年多时间里读了150多篇，并做了四厚册40多万字的摘录笔记。"文革"期间我虽遭批斗，但仍搜阅"批判"《文心雕龙》和刘勰的资料，并且偷偷研习《文心雕龙》原著，做了700多张卡片，还按事类编辑成册，题为"刘勰《文心雕龙》资料汇编"。正因为如此,粉碎"四人帮"后,我便投奔上海社科院,为的就是想做《文心雕龙》和刘勰的研究。我进入上海社科院时,文学所尚未正式成立,只好在经济所当期刊编辑,后来又转到经济思想史研究室从事中国经济思想史研究,一做就是8年。

在经济思想史研究室,我先是参加集体项目《秦汉经济思想史》的研究和编撰,还和陈正炎教授合撰了《中国古代大同思想研究》。在完成"秦汉经济思想史"项目之后,研究室又有续撰《魏晋南北朝经济思想史》的计划。出于研究《文心雕龙》和刘勰的"私心",我自告奋勇承担"南朝经济思想史"的研究任务。我从普查南朝时期有关文献资料的目录着手,也就是在普查中与《刘子》遭遇。《刘子》之所以一开始就强烈地吸引了笔者,主要原因有二:一是此书的安邦治国思想,将经济民生置于政治之前;二是新旧《唐书》和许多版本都明确著录"《刘子》刘勰撰"。前者正好符合"南朝经济思想史"课题研究内容;后者则触动了我做《文心雕龙》和刘勰研究的神经。由于自己的孤陋寡闻,在此之前我从来没听说过刘勰还有这么一本书。在进一步考察时,我发现关于《刘子》的作者也有不少异说,于是打算另列课题研究,可是我多次申请皆未获批准,而且被视为"不务正业"。由于不能列入研究项目,我只得在课题外"业余"进行,一无经费,二缺时间,条件相当艰难。我在上海图书馆校勘《刘子》时,早出晚归,中午也不回家,只在底楼大厅花两角八分钱买两只包子、一杯淡咖啡果腹。

我先在上海社科院图书馆校了五六种《刘子》版本,然后到上海图书馆校勘。大约过了一个多月,有一天中午,当我吃了点心回到古籍部,取回寄存在那里的稿本文具,准备在阅览室继续校勘时,善本保管员王翠兰同志抱着一大包牛皮纸包的古籍走进来,笑嘻嘻地对我说:"林老师,您额角头真高!您的工作得到我们顾老关心了!"我感到突然,她接着解释:"今天中午顾老到部里来,问起最近读者的情况。我们对他说:'上海社科院有一位先生经常来校《刘子》,每天中午也不回去,现在他吃点心去了。喏,他的稿本放在桌子上!'顾老听后仔细翻阅了你的稿本,看了后他对我们说:'看来这位先生在《刘子》校勘上已经花了不少功夫,我们应该支持他,把我们馆藏的宋本《刘子》拿出来给他看看。'"王翠兰同志说完便小心地打开那一层又一层夹着防蛀药的牛皮纸包,最后露出用黄绸包着的那部由著名藏书家孙星衍考定为"南宋版本"、并留有黄丕烈(字荛圃)手跋的十卷本《刘子新论》。她还郑重地宣布:"这是国宝,看时要特别小心:一是不要带钢笔进来;二是不要用手指沾口水翻书;三是不能用纸盖在书上描图记。"

说实话,我当时真被这个天降的"奇缘"震呆了,面对桌上的国宝,似梦非梦,我虽然知道曾被清代著名藏书家、校勘学家黄丕烈称之为"孙星衍校藏残宋本"并"不惮至再至三"用以"一破群疑"的《刘子新论》存在过,但在民国初年已被傅增湘宣告"今已不传"。此国宝养在上海图书馆"深闺"并不对外,因此鲜为人知,藏书卡是查不到的,它的突然出现完全出乎意料。此时我真是又惊又喜,对刺鼻的防蛀药全不觉察,赶紧小心翼翼地翻看,想先探个究竟。果然,此本虽说是"十卷",其实真正宋刻只有八卷,第一、第二两卷乃是明复宋刻本,从"《爱民》第十二"开始的第三卷以下才是南宋刻本,而且有残缺和后人抄补,整整半天时间,我翻了一遍,犹似饿汉见到一盘香喷喷的白馒头,恨不得将它们全吞进肚子。

闭馆时间到了,王翠兰同志前来催还,我依依不舍,小心地将其包好交给她,说明日定来续校。离开上海图书馆,我没有回家,骑着自行车,直奔香花桥马伯煌教授家,他是老专家、我们经济思想史研究室的主任。一进他的书房,我便兴奋地向他报告:"今天我见到宋本《刘子》了!"我把下午的情况向他叙说了一番,不料马老听我说完,摇摇头说:"这不可能!"他还以自己为例:"我参加由周恩来总理亲自抓的国家教委重点中华书局出版标校《廿四史》的《宋史》项目,当时得知辽宁图书馆藏有宋本《宋史》残卷,我是带着国家教委的介绍信到沈阳去,结果也没能看到,他们借口因战备转移了不让看。所以你说看到宋本,不大可能!"他的一席话犹如一盆冷水,浇灭了我的满腔兴奋之情。那天晚上我想出一个办法,第二天一早,我便带了铅笔、圆规、三角尺和卡片,一开馆就进入古籍部阅览室,借出宋本《刘子》,费了整整一天时间,把书中28枚印章,按1:1量好尺寸,一个个照原字体描绘在卡片上。闭馆后我带着当天描下印章的卡片,又直奔马伯煌先生家里,对他说："这是我按原件描下的藏书章,请马老帮忙鉴定看是否是真宋本。"马老非常认真,戴起老花眼镜,还另加放大镜,十分仔细地把所有图章逐个审看一遍,然后取下眼镜,大腿一拍,跷起大拇指兴奋地说："是宋本! 真是不容易!"我一颗悬空的心终于落地。此后我花了两个星期,用宋本校了三遍,仔细地记下书中的每一细节。

顾廷龙先生出于支持后生学术研究的公心,指示把国宝宋本《刘子》供我作校勘版本,对于提高校勘质量和后来成书出版都起了关键的作用。由于见到了宋本,更使我下决心,去找当时所能找到的40多种版本加以集校;由于有了宋本,更是提高了集校本的质量和价值,也使《刘子集校(附作者考辨)》的出版比较顺利。当我对宋本进行校勘时,大概是马伯煌先生将此消息透露给上海古籍出版社,他们还特地派了一位编辑到上海图书馆古籍部阅览室"考察"。我还记得有一天我正在专心地把宋本与底本进行比勘时,阅览室来了一位"陌生人",他坐在我的对面,似乎也在阅读。过了一会儿,他就同我搭讪起来,他问我:"先生在校勘《刘子》吧?"我回答:"是的!"他又问:"先生手上在对勘的本子是宋本?"我回答:"是的!"接着他就取了放在桌上的一卷宋本《刘子》认真地翻阅了几页,然后又问:"先生准备将你的校勘书在哪个出版社出版?"我回答:"我尚未校好,还没有考虑。"他说:"成书后能否拿到我们上海古籍出版社出版呢?"我回答:"搞好后再考虑吧。"事后我才知道,这位"陌生人"就是上海古籍出版社后来担任《刘子集校(附作者考辨)》责任编辑的李伟国同志。天降"奇缘",顾老主动关怀、无私提携后进,在推进《刘子》研究中起到关键作用,这对我的学术生涯有着深刻影响,这是我终生难忘的。

高深造诣,热心帮助

我和夫人与顾廷龙先生的直接交往是在1982年的冬天,亦即得到他特许校阅宋本《刘子》之后两三个月。此时我们从广州某单位得到一种题作"影宋抄本"的大字本《刘子》复印本,此书有注,共十卷,分装五册,无框线,每半叶九行,行十五字,注低一格,版心上标卷数,下标页数不署作者姓名,但题"播州录事参军袁孝政注",卷末有影写黄丕烈"己卯季冬"手跋,书中留有"天一藏书"、"东莞莫氏"、"叶启芳藏"、"天涯芳草"、"叶启芳丁酉六十藏书"、"印庐所藏精品"等26方印章,在该本"卷之八"阅武章第四十一的第15页反面第一行有旁注"宋阙依明本补"六字;在"卷之七"慎隟章第三十三的"魏后泄张绣之仇"句注文"张绣是袁绍下军将,與曹操格战","與"字则为倒文。藏书单位藏书卡明题"影宋抄本(善本)共五册"。我们见到明题"影宋抄本",并且书中也有"宋阙依明本补"的佐证,确是十分珍贵,但由于有"與"字倒文,又不免心生疑问,因为倒文之出现只能在较晚的活字本才会有。为此我们曾捧实物向多位先生请教,他们都认为此本有"天一藏书"印记,证明乃由天一阁流出,又有书内"宋阙依明本补"实证,断为"影宋抄本"无可怀疑。可我们还是难下决断。为难之际,我们打算冒昧上门拜访顾延龙先生,一则向他请教,请他为我们"做主";二则也乘此机会当面向他表示对我们工作关怀的感谢。

在一个星期天,我们事先未经电话联系(因为我们不知道顾老家里的电话号码),我和夫人陈风金带着"影宋抄本"的有关复印件便冒昧登门拜访了。初次见到心仪已久的大学问家,不免紧张和拘谨。进门后我们作了自我介绍并说明来意。不料顾老一听便说:"啊,你就是校《刘子》的林先生,现在进展得怎样了?"态度非常随和、亲切,好像是对自己家里的晚辈。我向他简略地汇报几个月来校勘的版本情况和碰到的"影宋抄本"问题。他老人家先叫我们坐下,自己也坐在桌子旁边点了一支烟,聚精会神地听着,一点也没有大学问家的架子。听完我的汇报,他又仔细地翻阅我们带去的复印资料,然后说:"你们把这些资料和复印的东西留下,一星期后再来。"我们高兴极了,也来不及当面表达他让我看宋木的感激之情。一周之后,我们如约去了顾老家中。顾老说:"这个本子("影宋抄本")有问题,书中'天一藏书'这个章看来是木头章,天一阁范钦他们是不会使用木头章的!"我感到惊讶,心想:凭复印的藏书章怎么能分得出是木头章还是金石章呢?顾老大概已经觉察到我的疑惑,他仍然和蔼地指着复印件上的"天一藏书"印记,向笔者解释:"你们看,这个图章的边线和字的外沿都有点化开,因而比较粗。木头章质软,吸印油后多少会有点膨胀,所以盖上去就易于化开;金石章质硬,就不会发生这个问题。天一阁主人范钦父子是绝对不用木头章的,所以说它是天一阁藏本是有问题的!"接着他又指点我们与北京曾从其老师傅增湘处见过天一阁《刘子》藏本的孙楷第(子书)先生和宁波天一阁藏书楼负责人邱嗣章先生联系,还提供给我们孙、邱二位的地址。我们遵照顾老的指示给两位先生写信,并附上"影宋抄本"的复印资料。过了几个月,我们得到孙楷第老先生的复函:"我在傅先生处见的范氏天一阁抄本,其模样形式、行款、笔划,与您们寄来的天一阁影宋本,完全不同,也没有'叶启芳印'、'东莞莫氏印',可以断定:您们在广州所见范氏天一阁影宋本与我在傅先生处所见的范氏天一阁抄本,不是一个本子。"浙江天一阁骆兆平先生也代邱嗣章先生复函证实,"影宋抄本"上的"天一藏书"章,天一阁没有这种印记。孙、骆两位先生的复函完全证实了顾老的判断。那么,"天一藏书"的"天一"究竟是谁呢?在顾老指导下我们又作了深入考证,最后弄清楚:"天一"者,实际就是民初广东商人莫伯骥之号,"天一藏书"、"东莞莫氏珍藏"等都是他的藏书章,民国二十七年就编有《五十万卷楼藏书目录初编》。再经过深入比勘,我们发现:所谓"影宋抄本"的书貌、款式、文字与上海图书馆藏的"传钞黄丕烈藏本"《刘子》完全相同,而且书末影写之黄丕烈"己卯季冬"手跋亦同是影写。但是,两本的藏书章则完全不同,后者有"璜川吴氏收藏图书"、"汪士钟印"、"阆原父审"、"惠栋之印"、"字曰定宇"等五枚墨章,另有"台山骆氏家藏"和"上海图书馆藏书"两枚朱章。一细考,两钞本影写之黄丕烈"己卯季冬"手跋内容,可以断定此跋原题于本为周锡瓒(字仲涟,号猗塘,又号香岩居士)所藏、后归之于黄丕烈的"旧刻专本"(或称"旧刻"、"活字本")。我们在北京图书馆(现国家图书馆)藏的黄丕烈校并跋的明钞《刘子注》"嘉庆庚午"手跋中又得到重要线索。该跋云:"我友周丈香岩家多秘书,向假得活字本校如右",还在卷首天头记录了"活字本"书貌,"活字本校,每叶十八行,行十五字,注低一格,大字,'第'作'章',"。而上海图书馆藏陈乃乾过校本《刘子新论》曾以"黄丕烈藏本"对校,他也记下该本的书貌:"黄氏士礼居旧藏本《刘子袁孝政注》十卷,每半叶九行,行十五字,线黑口单边,首行题播州录事参军袁孝政注,以下各卷并同。注比正文低一格,中缝记叶数、册数,首有璜川吴氏、惠定宇、汪阆原、潘菽坡诸印记,后有复翁跋。"黄、陈二氏所记之"旧刻"本、"活字本"的书貌,除没有"黑口单边"和藏书章不同之外,其他与莫伯骥藏本完全符合。陈乃乾过校本还另有一跋记录了黄丕烈"旧刻"本之流通过程:"黄氏旧藏《刘子注》('旧刻''活字本'本)十卷,向在陆叔同家,癸亥(1923 年)为上海古籍流通处所得,将售于吴中许傅明,因假归留阅一宵,校异同于此本上。黄本不知刻于何时,即荛翁(黄丕烈)鉴别版刻至精,凡遇疑似之本,但呼旧刻……余见此书时,陆君指为活字本,余未敢信,及假归校阅,见互倒立之字甚多,始疑之;而卷七十一叶中,竟有倒文'與'字,方知此书之为活字本无疑矣。"细勘陈乃乾在他所校的子汇本《刘子》上过录之黄丕烈"旧刻"本《刘子》文字,也与黄氏藏之影钞本相同,而且发现陈乃乾在他的过校本《刘子新论》和子汇本《刘子》中,在"阅武第四十一"中"遽击金而退之"的"金"字下和后半叶"众缮修戒器"的"器"字下,作一横线记号,同时在过校本天头注"旧刻本阙一叶",在子汇本天头注"活本阙一叶"。这就同莫伯骥藏影抄本"慎隙第三十三"中的"與"字倒文以及"阅武第四十一"的第 15 页注"宋阙依明本补"相对应。由此可以得出结论:一是莫藏影抄本当是原出于黄丕烈校跋的"旧刻"活字本;二是"宋阙依明本补"实出于后人把活字本断为宋本之后加于活字本补写的第 15 页①。比勘至此,虽然莫藏抄本非"影宋抄本"可以肯定,而黄丕烈从周锡瓒(香岩居士)处得到并校跋"旧刻"活字术("旧刻专本")却不知下落。我们又在南京图书馆见到"海宁陈氏"(陈乃乾)于"甲子季夏"(1924 年)影印的《刘子袁注》十卷即原于黄丕烈之"旧刻"活字本②,但有框栏行线,中缝有向下之单鱼尾,却没有倒"與"字,也未有缺页和"宋阙依明本"补注。我们又生疑问:为何底本没有倒"與"字,而影抄本却有倒"與"字?我又只好拿南京图书馆藏的陈氏影印本此叶影印件再去向顾廷龙先生讨教。顾老拿了放大镜细心辨认,他说:"影印本

---

① 很可能出于莫氏影抄本的抄写者。
② 傅增湘在扉页题作 "旧合字刘子十卷"。

没有倒字是陈氏影印时挖补扶正的!"他还说:"陈乃乾好心反给后人添了麻烦。"后来我们又在湖北省图书馆见到陈乃乾的影印本,"與"字挖补确有明显的挖补方框的痕迹,顾老的判断完全得到证实。至此,所谓"影宋抄本"得到辨证。为辨证此本的真伪,我们前后花了两个多月时间,多次得到顾老指教。在这个过程中,顾老起到关键性的作用。他老人家在版本鉴别上的博识和深厚的功力,严谨过细、一丝不苟的治学态度,以及帮助后进不厌其烦、谆谆诲人的长者风度,都给我留下深刻的印象,也为后人作出榜样。

1985 年我们经过四年努力而撰成的《刘子集校(附作者考辨)》要交付上海古籍出版社出版,我们请顾老为此书题签,他欣然答应。当得到通知我们到他府上去取时,想不到短短的九个字,老人家却写了六七张,我们进门后他拿出来一张一张分开铺在桌上,叫我们和他一起挑选,我们觉得都好,他自己却反复比较,最后挑出一张给我们。此事看来平常,对我却触动很大,心想一位高龄的大学问家、大书法家,连九个字的题签都这样严谨、认真、谦逊,相形之下,我们自己有时表现出遇事不耐烦、浮躁而不虚心的态度又是多么渺小、可笑!

心系《刘子》,不遗余力

1985 年 10 月,我和夫人陈凤金合撰的《刘子集校(附作者考辨)》在上海古籍出版社出版,书一出来我们便先奉上一册送给顾老,一是向他汇报,二是请他批评教正。顾老也为我们高兴,还写了一首诗鼓励我们:

佳偶懿行与照圆,同心合著似前贤。

《雕龙》万古翔文苑,济世经邦贵此篇。

其锬、凤金贤伉俪合著《刘子集校(附作者考辨)》书成,深佩其考辨精博,当为不朽之作,率成俚句奉正。

一九八五年十二月　顾廷龙时年八十二

顾老在诗中用郝懿行、王照圆夫妇共撰《尔雅义证》的典故勉励我们,同时把《文心雕龙》和《刘子》并列,肯定我们对《刘子》作者的考辨,这是多么大的支持和鼓励！这本书出版后,得到时任国务院古籍整理与出版规划领导小组组长李一氓的青睐,将其列为1985年古籍整理出版"质量也有所提高"的四本书之一,并加评语云:"上海古籍出版社出版的《刘子集校(附作者考辨)》囊括了该书的现有善本,包括敦煌残卷多种、宋刻一种、明刻明抄十多种,搜罗广博,考校详审所取得的成果大大超过前人。"他还把这本书推荐给中国文心雕龙学会会长张光年,引起张光年、王元化等学者的关注。张光年特地来上海与王元化一起找我们谈话、了解情况,邀请我们参加1996年4月在安徽屯溪举行的"中国文心雕龙学会第二届年会",并让我在大会作汇报,引起《刘子》作者问题的广泛争鸣。

顾老对《刘子》研究特别是作者问题的争鸣很关心:在校理《刘子》的过程中,我们不仅搜集到六种《刘子》敦煌残卷①,还搜集有五种《随身宝》、《杂抄》、《益世文》、《珠玉抄》等敦煌本唐代小类书,其中都有《刘子》作者的著录。考虑这些残卷和著录文献资料的宝贵,它们也有助于为《刘子》研究和作者谁属提供佐证,我们打算将其集中并整理,以《敦煌遗书刘子残卷集录》的形式出版,这件事事情得到顾廷龙、张光年、王元化等先生的支持。王元化先生为我们推荐出版社,顾廷龙先生亲自撰写《敦煌遗书刘子残卷集录》序言。

他用毛笔书写,毛边纸八开张整整写了三张,每张八行(竖行)每行19~20字。他在序言中追叙《刘子》传播的历史影响,高度肯定敦煌残卷的文献、书法价值。关于《刘子》作者归属,他列举证据作出明确的论断:

《刘子》作者为谁?《隋志》仅书"梁有",而未题作者;《唐志》始著录"《刘子》十卷,刘勰撰"。唐释慧琳《一切经音义》亦有"刘勰,梁朝时才名之士也;著书四卷,名《刘子》"之记载;今在敦煌遗书《随身宝》抄本中,均有"《离骚经》屈原注,《流子》刘协注"之著录;伯三六三六卷中"九流"条下,著有《刘子》第五十五(九流)篇,并注"事在《流子》第五十五章",足证唐人称为《流

---

① 我们新发现的有一种未被《敦煌遗书总目索引》所著录的刘幼云(廷琛)藏本,也是经顾廷龙先生审定的。

⊙ 1988年,《敦煌遗书刘子残卷集录》出版,与顾廷龙先生和陈凤金摄于顾先生在上海的寓所

子》者,即今之《刘子》也。有三亦云:"《流子》就是《刘子》;刘协当即刘勰"。两《唐志》并著录"《刘子》十卷,刘勰撰",到今天还在流传。因就今日可见唐人著录,皆以为《刘子》刘勰著,此我国历史记载已甚明确。又日本《新雕刘子》五卷,为日本宝历八年(相当我国清乾隆二十三年)刊本,所据为日本应永(相当我国明洪武年间)写本,亦明题"梁刘勰著"。首有播磨清绚、平安咸愿,末有城南滕璋等序跋,悉称"《刘子》刘勰所作":可见海外流传,不仅亦已久远,而作者谁属亦甚明确。

顾老写此序的时间是1988年1月,时年八十有五,所以,他在序末自己名字之下盖了两个图章:"顾廷龙印"、"起潜八十后作"。因为《刘子》是适应社会由分到合、学术思潮由"析同为异"到"合异为同"的杂家代表作,曾盛行于隋唐,并远播边陲海外,只是到了南宋开始作者才无端遭疑,《刘子》甚至被打入"伪书"之列,因而被边缘化。顾老此序对《刘子》敦煌残卷的价值给高度评价,特别是谈到《刘子》作者问题时,言简意赅,态度鲜明,结论明确,论据确凿,对澄清是非、推动《刘子》研究具有重大的学术意义。此外,此序书法工整、秀丽多姿,也具有很高的艺术价值。正因为如此,当上海书店出版社见到此稿时,从总编到编辑都一致提出,要在书首影印而不用铅印。当我向顾老转达出版社意见并提出请求时,顾老谦虚地说"写得不好",并未马上允诺。经我再三恳求,他才勉强答应,但要回原稿逐字审视,最后把自己认为不满意的几个字加以挖补重写,才交我送交出版社。于此我也再次看到老人家谦虚严谨、一丝不苟的学风。

《刘子集校(附作者考辨)》出版后,我遵王元化先生的意见奉寄给日本著名的《文心》学家、《文心雕龙》日文全译本译者、九洲大学教授户田浩晓先生请教。1986年7月25日他给我来信,信中说:"大作已拜读,其中附录二《刘子作者考辨》,对我特别有帮助。《刘子》的作者是刘勰的说法很早以前就形成了……我手头有宝历八年(1758年)刊的《刘子全书》五册,在皆川淇园作的序里,断定'《刘子》刘勰所作'。在日本,自古代开始,因为一直认为《刘子》的作者是刘勰,从来没有人对此进行研究。因此,大著以及'校记'、附录《作者考辨》,对于学者的研究肯定会有很大的帮助,我对此确信无疑。"户田浩晓先生的来信,我转告顾廷龙、王元化和张光年先生,张光年又转告李一氓同志,他们都很高兴。特别是他们得知我国明、清之际已经佚传的五卷本《刘子》还在日本流传,更感兴奋。因为早在唐代,《刘子》便已传入日本,在今存的成书于相当我国唐昭宗年间的《日本国见在书目》"杂家类",就有"《刘子》十、《刘子》五、《刘子》三"的著录,说明当时就有十卷本、五卷本、三卷本的三种《刘子》版本传入日本并被著录。五卷本《刘子》在我国失传,在日本还存在,特别引起顾老等几位前辈的关注,他们提出想将五卷本《刘子》引回影印出版以补文献之缺。于是,我先拜托赴日本的学者去寻访,在日本皇宫(今国会)图书馆见到,但是,想复印一份该书的序也不被允许,只好手抄一份带回,要复印全书更不可能。张光年和王元化两位先生商量要派人去日本,还有人提出用我们的古书交换,但都未能实现。顾老说:"还是让我想办法吧。"后来,他通过自己的一位日本研究生,利用暑假回国的机会想办法,这位日本学生回到中国时只带回一部由日本古籍研究会编印的和刻本《诸子大成》第六辑,其中缩小影印了《(新雕)刘子》,即日本宝历八年刊五卷本《刘子》。顾老拿到书之后打电话给我,他说:"你是研究《刘子》的,就交给你吧!"我喜出望外,心中十分感激顾老。几位前辈还是说要想法引进原版加以影印出版。经过多年努力,才得知台湾"中央图书馆"也有日本侵占时期流入的宝历八年刊五卷本《刘子》,直到 2012 年才得到原本电子传真盘片,并于 2012 年在华东师范大学出版社出版的拙著《刘子集校合编》中影印出版。可惜当年关心引进此书出版的几位前辈皆已仙逝,未能亲见此本影印出版,我只能默祷以告慰前辈的在天之灵。

为国储宝　泽被学林

　　顾廷龙先生是杰出的图书馆学家、事业家。他年轻时在燕京大学图书馆担任采购工作,后来主事上海合众图书馆务工作,再到长期担任上海图书馆馆长,为图书馆事业献出毕生精力。顾老既有渊博的版本文献理论造诣,又有丰富的鉴别版本、文献实践经验,所以,他对图书文献有自己独特的高明见解。1985 年冬,顾老的好友北京图书馆副馆长兼《文献》季刊主编李希泌先生来上海,特地约请顾廷龙先生从图书馆工作角度发表对"文献"的理解与看法,因而二老作了一次具有重要学术和实际意义的对话。李希泌先

◎ 2002 年 8 月 15 日,到北京探望学术界前辈、章太炎入室弟子、北京图书馆(今国家图书馆)副馆长李希泌先生,摄于他的寓所

生乃名宿辛亥元老李根源之子,章太炎入门弟子,他也长期从事图书馆工作,著有《中国古代藏书与近代图书馆资料》《曲石精庐藏唐墓志》《唐大诏令集补编》等多种,我也是因校理《刘子》与李希泌先生结缘。承蒙二老厚爱,我有幸被邀参加此次对话并作记录,后又整理成文,题作《从图书馆工作的角度谈文献——顾廷龙、李希泌两先生的一次对话》。在送交二老审阅之后,于 1986 年《文献》第三期发表。二老对话是于 1985 年 11 月 27 日下午在顾老上海寓所进行的。我意识到此次对话的重要,怕记录不下来,故特地借了录音机带去,采取笔记和录音并举的办法,所以此次记录是比较完整可靠的。

二老对话的主题是李希泌先生提出的。他说:"现在关于文献的界说以及文献学研究的对象、范围、性质,众说不一,今天想请顾老谈谈对这些方面的看法。"顾老主要谈及"文献"一词的出处,元人马端临给"文献"所下的定义,"文献学"的范围、"文献"同"文献资料"和"文物"的区别、联系,以及图书馆应该如何对待文献和文献资料的搜集、整理、保存、利用等诸多问题。顾老还提出应该建立传记学科的建议。李希泌先生认为文献"是具有创造性的,是很重要的,可是现在还没有人注意这个问题"。在谈话中,顾老结合自己的工作经历和经验来谈文献和文献工作,内容非常丰富。他说:"文献和文献资料还是有区别的。书本中有文献和文献资料,但是有的文献资料并不属于书本的。"又说:"图书馆应该重视这些文献资料的搜集整理工作。可以利用的,印刷出来使用就广……假使能整理印出来,既可以播之远方,也可以传之久远。这对于原始资料来说,本身保存好的自然好,如果保存得不好,可以还有印本。所以,我主张能够尽量地把资料编排影印出来,这种资料就是文献资料。"顾老说:"我对文献资料范围起初也不明确,在燕京大学图书馆任采购工作,在邓之诚、郭绍虞、顾颉刚诸先生指导下(他们是收购委员会委员),通过实践逐步认识的。"他很赞同顾颉刚在 1927 年为广东大学图书馆而撰写的《购求中国图书计划书》中提出的理念:"要能够用材料的观念去看图书,能够用搜集材料的观念看图书馆事业。"他强调:"图书馆应该从保存的角度出发对待文献资料,要能够识别真龙,防止'叶公好龙'。"他举例:"1955年初,上海造纸工业原料联购处从浙江遂安收购一批废纸,约二万担左右。我们组织了六个人从中挑选有用的东西。我们挑选出2000斤,这其中有明代民间用书《万宝全书》、讣闻、哀启等。在挑选过程中有一书为明张铨撰《国史纪闻》,有三位同志各捡得一册,共得三册,尚缺一册,感到遗憾。后经一位同志回忆,他亦见到一本以为残而无用,便把它丢了。这一例子说明熟悉古籍者所见相同,不熟悉的弃之如敝屣。总之,要实践出真知,不能像叶公好龙那样。"他还举了一个例子:"1931年10月,书友郭石麒君收购了嘉兴沈氏藏书,其中有门簿一册,以为无用,但我认为可作史料,因承见赠。这册门簿是封建社会官场的遗物,可以看到酬应的一些礼节。因此特请当过京官、熟悉情况的张元济、冒广生两先生写了一段题记,不致后人看了无用。有这两位身历其境的老先生写了题记,使它成为珍贵的文献。"二老对话涉及的具体事例很多,如上海图书馆收了很多的鱼鳞册①、登科录、珠卷、同年录等。顾老说:"这些都是传记资料,是顶好的材料。"从顾老谈话里结合自己经历列举的诸多实例中,我们可以看到:他为国觅宝、储宝,不仅独具慧眼,还具有化腐朽为神奇、让常人看不起眼的东西经他点石成金变为珍贵文献的工夫。

顾廷龙先生从燕京大学图书馆到合众图书馆,再到上海图书馆,经他的手和在他领导、指导下,一生为国觅了多少宝、储了多少宝、大概迄今尚未有人做过调查和统计,我相信数量一定很可观。在合众图书馆创办人叶揆初的《卷盦剩稿》中,就有许多顾老购书、校书、鉴定版本的记录:"起潜选购丰华堂余籍一批,有卢抱经校《傅子》、谭复堂校《词学丛书》本《词源》、塘栖劳氏校方凤《存雅堂遗稿》,并有浙江人诗集、文集六十余种,内有稿本、抄本、罕见本。百足之虫,屡经鬻让,尚多零缣断璧,在今日已难得矣。"对于顾老选购之书,叶揆初多有佳评。例如,"灯下再阅《存雅堂遗稿》,系《四库》改定之名,此为顺治原刊十三卷本,名《方韶卿遗稿》。卷中除劳氏昆仲墨校外,又有鲍渌饮朱校,并有学林堂印,为高宰平先生旧藏,更当刮目相待,宰平先

---

① 地主家记录田产方位,官府记录田地分布、田赋分配等的图册。

生为东城山长。"又如,"丰华书,有乾隆刻《国朝浙人诗存》十二卷,钱塘柴杰编注,专取五七律,七律诗有王樨登,注云:'宋百谷,钱塘人,康熙癸丑进士,奇极。'"叶氏不仅有顾老选购珍贵稿本、善本记录,还有多处有关顾老对版本进行鉴别、校勘等的记录。例如,"阅张皋文批点本《前汉书》,后有其子彦惟过录跋,而楷法则确为皋文,疑莫能明。""起潜来云:皋史批点系彦唯所过录。文简书确有与石臞不同处,皆由书法中辨别之。"又如,"阅彭注《五代史》毕,刘金门之孙成校本……此校本为淮安静思轩宋氏藏。倩起潜录一副,校勘之功甚细,有益于读此书者。"类似记录尚有,虽只是吉光片羽,亦可见一斑。当年顾老为之网罗善本,鉴别墨迹,亲自校勘,辛苦经营合众图书馆。1949 年后并入上海图书馆,其藏书亦尽归藏于上海图书馆,成了这个聚宝盆中的一部分,真是嘉惠士林、功德无量。

顾老不仅为国觅宝、储宝鞠躬尽瘁,同时,重视发挥珍贵历史文献的社会作用。上海图书馆藏有元至正十五年(1355 年)由嘉兴知府刘贞主持刻于嘉兴郡学的《文心雕龙》孤本,这是今存最早的《文心雕龙》全本,也是明代以后产生诸多版本的母本,长期以来鲜为人知,包括范文澜等在内的诸多《文心雕龙》学家都未能亲见,更不知天地间犹存此瑰宝者,甚至以为"徒存其名,至今并无实物传世"。1984 年上海举行中口学者《文心雕龙》讨论会,是顾廷龙和王元化先生主持,由上海古籍出版社承担,首次影印出版了元刊本《文心雕龙》。这对《文心雕龙》的文字校勘和内容研究,都起到重大的推动作用。王元化曾给予高度评价:"通过杨著的校语[①],可以看出元至正刻本这样几个特点:一是在校出的异文中,有四分之三左右较底本为优。二是与唐写木残卷相比,在同样的篇幅内,元至正木的异文有一半与唐写木完全一致。三是弘治甲子吴门本、嘉靖庚子新安本、嘉靖癸卯新安本、万历己卯张之象本、万历壬午《两京遗编》本等,与元至正本出入甚少,由此可推出它们大抵属于同一版本系统。以上三点说明此一刻本在校定《文心雕龙》原文方面所具有的资料价值,弥足珍贵。"的确,不少问题因此本出而冰释。例

---

① 指杨明照《文心雕龙校注拾遗》以养素堂为底本校以元至本所得的 170 多条校语。

如,《文心雕龙·原道》有:"惟人参之,性灵所钟,是谓三才。为五行之秀气,实天地之心生。"元刊本虽佚"气"字,但"生"字尚存。明、清诸多版本为上下句对称也把"生"字删,遂成为"为五行之秀,实天地之心",于是歧义百出,难以确断。此本出,大家都认定"气"、"生"二字当有,方能正确释义。我们在20世纪90年代末校理并出版《敦煌遗书文心雕龙残卷集校(附宋本太平御览引文心雕龙辑校)》和《元至正本文心雕龙汇校》等书,也都得到顾老的鼓励、支持和帮助,元刊本《文心雕龙》影印本就是顾老惠赠的。

在此,有必要特别提一下顾老三次谈关于《文心雕龙》尚有另一种敦煌写本的问题。现在可以见到的敦煌遗书《文心雕龙》残卷,是被斯坦因所掠、藏于英国伦敦大英博物馆的版本,是原编目为"斯5478号"(S.5478)、翟理斯新编列"7283号"的唐写本。我因为校理此本,曾多次持从伦敦影印回来的"斯5478号"本卷向顾老请教。有一次,顾老说:"我于解放以前从张菊生(元济)处见到过一种《文心雕龙》敦煌写本,好像同这种字体不一样。那种字写得端正,也比较大。"我听到了,由于粗心并未留意。又有一次,大约在1988年夏天,顾老又对我提起此事,说:"我从张菊生那里见到的《文心》卷子也是手写本,字体不是草书和行书(按:英藏"斯5478号"是行草),而是楷书,字比较大。我记得是菊生过八十岁生日,他为避寿,随带这一卷来到合众图书馆,并叫我校一下,所以我记得很清楚。"此次我感到非常重要,特地向时任中国文心雕龙学会副会长的王元化先生作了汇报。1995年8月,我要到北京参加中国社会科学院举办的华人经济学术研讨会,事先写信告诉时已移居北京的顾老。顾老即给我回信:

其锬兄:

手书敬悉。

旬后台驾有来京之讯,非常高兴,又可把握。

我忽想起我说的一本《文心雕龙》一定在台湾,不知在台湾谁手?将来总会发现的。

我想兄方便的话,替我买两瓶上海的玫瑰腐乳,还有请替我买点福建肉松。福建肉松吾在上海时已买不到了。现在如无真福建肉松,那就作罢。尊府在静安寺,商店林立,福建肉松真假易别。一笑!

晤谈非遥,率复,顺颂

俪安

弟　龙上　七月十七灯下

(按:顾老信只署月、日,未署年,信封邮戳为 1995 年。)

我接到信后非常高兴,临行前在静安寺买了四瓶上海玫瑰腐乳,在石门二路鼎日买了两斤福建肉松带到北京。记得我当时住在北京饭店,与广州暨南大学华侨华人研究所所长陈乔之教授同房间,他见我背腐乳送人,还讥我"小气"。会议一结束,我便赶往北苑顾老儿子顾诵芬同志家,那天只有顾老和一位四川籍的保姆在,其他人都上班去了。当时顾老正在修改即将出版的《尚书文字合编前言》。他见到我非常高兴,叫我来看并征求意见。我自知浅薄,不敢置喙。顾老一定要留我在家吃中饭,饭后他又提起敦煌本《文心雕龙》的事情。此次我比较认真,当即索笔纸作了记录。顾老说:"《文心雕龙》敦煌写本肯定尚有一种。我清楚记得:一九四六年农历九月廿八日,张元济八十岁生日。当日下午,他为避寿来到合众图书馆,陪同来的是他女婿。他的女婿姓孙,名字记不得了,只知道他的祖父是大官,安徽寿县人。这个姓孙的女婿是在法院工作的,后来到台湾去了。张元济来时拿了一卷敦煌写本,是黑底白字的复印件,是直接照书扣照的。它是《文心雕龙》写本,大约有几张。当时他还拿了一部《四部丛刊》本《文心雕龙》。他把两种本子都交给我,并叫我校一下。我一看,敦煌写本是正楷写的,所以校起来很快,一个晚上便校好了,到第二天上午就送走。这件事我在张元济儿子主编的《张元济年谱》征求意见座谈会上也谈过,后来他收入了。"顾老停下,随即取出《张元济年谱》,翻到第 517 页,指给我看"一九四六"中的一条:"十月二十二日,先生八十寿辰,为避寿赴合众图书馆一天,带敦煌本《文心雕龙》嘱顾廷龙读校。"顾老又指着放在桌上的敦煌唐写《尚书》影印件,继续说:"我见到的张元济先生的那种《文心雕龙》写本,字体大小同这个《尚书》

◉ 1999年5月,应邀参加台湾师范大学举办的"《文心雕龙》国际学术研讨会",与老师徐中玉、台师大王更生教授与他的老师黄锦鋐教授摄于台北钱宾四(钱复)纪念馆。

◉ 上海图书馆馆长、上海五缘文化研究所顾问顾廷龙先生为上海五缘文化研究所题写的条幅

本子相同。"我记录后又念一遍给顾老听,他说:"就是这样!"回到上海,我即向王元化先生作了汇报。1999年5月,我赴台湾参加台湾师范大学举办的"《文心雕龙》国际学术研讨会",还带了顾老谈话记录,在会上讲述了顾老的三次谈话,引起台湾学者的重视。台湾著名《文心》学家台湾师范大学的王更生教授说:"如果能在台湾找到顾先生所见到的敦煌本《文心雕龙》,那是件惊天动地的事情。"为此,他还请台湾博物院帮助寻找,可惜迄今尚无下落。

顾老一生为国觅宝、储宝,他不光是个收藏家,还是位关注现实文化事业的学者和事业家。20世纪80年代末,我从上海社科院经济研究所调到亚洲太平洋研究所,从事华侨华人社会经济文化研究工作,在闽、粤侨乡社会调查中,因受改革开放沿海地区三引进(引进华资、人才、管理)发展地方经济成功经验的启迪,提出了以亲缘、地缘、神缘、业缘与物缘为内涵的"五缘文化"说,一开始便得到包括顾老在内的学术前辈的重视和支持。1993年,国务院发展研究中心国际技术经济研究所上海分所成立了"五缘文化与华人经济研究室",1995年又成立了上海五缘文化研究所,都得到了顾老的鼓励和支持。他不仅同马洪、王元化、张仲礼、徐中玉、邓旭初等先生一起,应聘为上海五缘文化研究所顾问,1996年还给五缘文化所写了条幅:"五缘文化是华族社会团结的纽带、沟通的桥梁。"顾老这一题词现在已经成为被大家引用作为表述五缘文化性质和功能的经典语言,这说明顾老晚年年事虽高,但他的思想还是永葆青春。在他没离开上海时,我隔些时候总要到他府上,时间间隔长了,顾老也会打电话叫我去。每当我到他那里,他往往开口便问:"外面有什么消息?"后来他到北京住在北苑儿子家,由于那里是航空研究院的宿舍,左邻右舍都是搞技术的,而他家里的子孙辈也都不搞人文学科,所以,对一辈子同文献、古籍、图书馆打交道并已经成为生命不可分割一部分的顾老来说,尽管子孙辈对他都非常孝顺、精心照顾,但他还是眷念上海、眷念上图。他告诉我:开头耐不住,还要到北京图书馆看书,跟老朋友交谈,但因为年纪大要派车接送,怕增加别人麻烦,他也克制不去了。他说:"我们家能够一起看的只有一本书——《辞海》。"顾老还说:"只有到了星期六,小把戏(曾孙女)回来了,家里才热闹些。"我感到他多少有点寂寞。

宋人杨万里形容山泉的诗句"山泉终夜鸣","流到前溪无半语,在山做得许多声",这山泉岂不就是顾廷龙先生的化身?他鞠躬尽瘁,死而后已,一辈子默默为国觅宝、储宝,为我们中华民族文化事业献出多少心血?他所觅、所储的珍贵文献,又滋养和成就了多少学者和文化人?我亲历就有感同身受。我深受恩泽、永世不忘,所以十分感激顾老、怀念顾老,只有努力学习顾老的"山泉"精神,争取有生之年再做点有益的事情以报顾老于万一。行文至此,忽得一颂敬献顾老:

> 哲人虽逝,风范长存。
>
> 山泉不竭,千里河润。

(二)
清园叟论人与为人
——缅怀王元化先生①

2008年5月9日21点40分,杰出的思想家王元化先生永远地离开了我们。5月16日上午,我在龙华殡仪馆向他的遗体告别,刚走出大厅就被上海电视台的记者拦住:"王元化先生走了,您有什么话要对他说吗?"我当时沉浸在悲痛中,没有思考,只是本能地说出心中的话:"元化先生博古通今,学贯东西,他的学术成就已是人所共知,我们当然要学;但我认为更重要的是要学他的为人,因为学问是人做出来的。王先生精神崇高,人格高尚。"听说当晚的电视新闻播出来了。

王先生也是有缺点的人,比如,他脾气急躁,发起火来一双铜铃般的眼睛就令人生畏。有一回我有事到他寓所去,他正和碧清姐谈家事生气,我不

---

① 原文发表于《书城》2009年第3期,修订稿录自陆晓光主编《清园先生王元化》,华东师范大学出版社2009年5月出版。

识时务,但出于好意想劝他,说:"我觉得您的看法有点偏,其中有误解。"刚说了这么一句,冷不防王先生竟像狮子一样对我咆哮起来:"是我了解还是你了解?"他越讲越凶,甚至把手中的纸朝我扔来。我感到委屈,正想说话,碧清姐马上将我推出门外,说:"你先走开,他就是这样的脾气。"我走了,但悻悻然耿耿于怀,下决心从此不再登门。后来因为《文心雕龙》学会的事,我又不得不去。有一次,他请朋友吃饭,非要我一起去。我正好同他相对而坐,吃饭中间不知为什么会谈起"天上九头鸟,地上湖北佬",因为我对他心有余怨,便联系上面发生之事对他开炮,而且越说越激动,说他不尊重人。不料王先生听了不但不生气,还说:"这是我的不对,我向你道歉!"说着,还双手抱拳,向我低了一下头,这倒使我不自在起来。接着他说:"我是湖北人,身上的荆蛮习气改不了。"由此我感到先生是个性情中的真人,愈益敬佩他。

当然,王先生也有柔性似水的一面。1992年夏天,我突发右眼底出血,眼前一片黑雾,什么也看不见。在家休息时,正好先生有事打电话来,问我最近怎么不去他那里,我实情相告。他说:"我们做文字工作,眼睛不行还怎么干?"他说华东医院眼科主任不错,过去曾给他看过眼病,但他已调到二纺织医院去了,他替我先联系看看。果然,没过几天王先生就打电话叫我到他那里,还从宣传部弄了一辆车,并且亲自陪同我一起去。那位主任检查了我的右眼,说时间拖太久了,恐怕有黑影的后遗症难以完全消除,我十分苦闷。后来,王先生又通过梅朵先生的夫人姚芳藻,把我介绍给她的哥哥、中医眼科专家姚芳蔚。姚医生对我说:"你要有信心,坚持服我的药,会好的。"果然,服了他开的80帖中药,黑影全消了。我感激姚医生,更感激王先生。2007年底,我突发冠状动脉血管堵塞,住院做手术。此时王先生癌细胞已扩散到肺部而咯血不止,住进瑞金医院,当他知道我住院的情况后,多次打电话来关心我,还特地请一位年轻朋友到医院来看我,真是让人感动不已、感激不尽。

王先生是个硬骨头的人。他的《清园书屋笔札》第一幅书于甲申(2004年)的墨宝,实际上就是他自己的精神写照:"中国本来就有三军可以夺帅、匹夫不可夺志的传统。每逢危难关头，总会有人挺身而出，甘冒不韪，迎着压力和打击，去伸张正义，去为真理而呼喊。这些富贵不能淫、贫贱不能移、威武不能屈，在任何情况下也不肯降志辱身的人，堪称中国的脊梁。"联系王先生的生平，虽历尽艰难困苦，饱受折磨打击，仍不避艰险，为真理而冲锋陷阵，以自己三次反思的成果，引领学术界的思想。

　　硬骨头的人最讲气节。《清园书屋笔札》还有一幅是先生于同年处暑后三日，书写青年时代丁亥(1947年)初秋所作的一首《七绝》："青松红杏两相持，公意渊深耐细思。权贵不解孤臣恨，千秋宝卷染瑕疵。"并留跋语云："丁亥初秋，余任教国立北平铁道管理学院，曾随先父与公岩夫子出宣武门，往崇孝寺观黑牡丹，主持云庵出示寺藏青松红杏图。图为明末抗清武将出家后所绘，以寓亡国之恨。清季以来名家题词者甚夥。余见曾涤生诗有歌赞清廷之语，余方年少，乃作此诗以刺之。"先生这种重气节的精神可以说是一以贯之、至死不渝。如1992年《思辨发微序》中就说："人的尊严是不可侮的。青少年时代，我在一本通俗小册子里看到伽利略的事迹，我一直记得伽利略因创地动说而受到教廷审判，但是，伽利略怀着屈辱站起来说，可是地球还是动着的。至今我一想到这件事，我的心仍会感到战栗。"先生在临终之前还说："生要尊严，死也要尊严。如果一个人临终，身上插满管子，甚至开膛破肚，那还有什么人的尊严？"因而他再三要和家人和医生保证，不作创伤性抢救，最终绝命于癌肿窒息。

　　王先生始终坚持"独立之精神，自由之思想"，强调知识分子应该摆脱依附，找回自我。他自己"最向往的就是尽一个知识分子的责任，留下一点不媚时、不曲学阿世而对人有益的东西"，"在任何环境下都能够做到不降志，不辱身，不追赶时髦，也不回避危险"。他还说："我认为中国知识分子应该摆脱长期以来的传统依附地位，找回自我，要有自己的人格，并由此形成独立意识和独立见解。"他对像以前诗人所说的"颠狂柳絮随风舞，轻薄桃花逐水流"的风派人物十分蔑视，说这种人是"渺小的侏儒"。有一次我从《参考消息》上看到一则消息，说西欧学者给东欧巨变后苏联的一些知识分子起了一个新名词，叫做"市场文化人"。因为这些人已经抛弃了知识分子的良知，而是见风使舵、趋炎附势,不是探求真知,而是迎合市场需要,急于向商人和官僚推销自己的"知识"产品。我把这一信息告诉了王先生,他听后说:"'市场文化人'这个提法很有意思。"

王先生对诚心做学问、推动文化事业发展的人,无论老少都器重、都支持;但对一些想"利用非学术手段达到学术目的"的人和拉"小圈子"制造"虚假学术热点"的人,则十分反感,并不时给予严厉的鞭挞。他担任中国《文心雕龙》学会名誉会长,在学会中提倡"在学术上要存同求异,在学者间要存异求同"。他认为:在学术上,只有发挥各自的独立见解,展开讨论和辩论,学术才会得到发展;但是,不同观点的讨论和辩论,目的在求真理,而不是争个人高下,因此在学者之间,应该与人为善、以和为贵。在他的倡导下,这个学会长期保留了由老一辈学者身体力行带出来的好学风。江苏镇江是《文心雕龙》作者刘勰的故乡,曾出土与刘勰家族有关的《刘岱墓志》石刻。镇江市原市长、人大常委会主任钱永波,是一位热心文化事业、诚心办实事的人,元化先生就十分器重他,说他"是不多见的地方领导人"。青年学者钱钢,是位自甘寂寞、潜心做学问的人,也得到王先生的器重。他因患肝癌英年早逝,从发病到去世只有20多天,逝世时才45岁。钱钢发病时,先生关心他,托人天天去探视;他逝世后,先生推动编辑出版《钱钢文集——自我放逐》,并且亲自为之写序,序中对他作了很高的评价。王先生常说自己是学术的"单干户"。

王先生非常反对拉山头,搞小圈子,玩学术炒作。1997年12月,镇江市南山文苑文心园落成,王元化、王运熙两位先生和我应邀参加落成典礼暨《文心雕龙》学术座谈会。会中,有个年轻学者企图蒙两先生同意、借机另立山头,可是元化先生思想敏锐、一眼看出,当即叫我约钱永波主任面谈。钱永波主任与两位先生的看法其实完全相同。元化先生随即倡议由镇江市与中国文心雕龙学会合办文心雕龙国际学术研讨会,也一谈即合。事后在他们三位的努力和镇江市政府、中国《文心雕龙》学会的密切配合下,终于在2000年4月于镇江成功举办了《文心雕龙》国际学术研讨会,其规模之大、组织之完善、成果之多,在《文心雕龙》研究史上都是空前的。会议期间还筹建了中国《文心雕龙》资料中心。在那天晚上,两位王先生同钱主任交谈并

⊙ 与江苏省镇江市人大常委会主任钱永波在刚揭幕的南山文苑公园"文心碑"前

作出决定,第二天中午吃饭时,王元化先生在席间有对不良学风的尖锐批评。他说:"现在经济上正大力推行市场化,但是搞学术却不能照搬,不能把炒作之风带到学术界来,不能像炒股那样炒高学术水平。学术水平有客观标准,是多高就是多高,绝不是通过炒作的途径就会变高的,即使一时人为地炒'高'了,那也是虚假的,终究站不住。现在的确有人想到利用非学术的手段达到学术的目的,通过自己的小圈子不断地加热、炒作,造成虚假的学术热点。这是一股很不好的学术歪风,对学术研究的健康发展十分有害。"

我听后感到王先生这一席话,对针砭学术界时弊有普遍意义,随之记录整理成几百字,并以"著名学者王元化严厉批评不良学风"为题,回到上海即交给《社会科学报》编辑部。《社会科学报》改题为"做学问不是炒股票——王元化严肃批评不良学风",于1997年12月25日刊出。随后解放日报社主办的《报刊文摘》,稍作压缩后以"王元化抨击学术炒作歪风——做学问不是炒股票"为题作了转载,后来"做学问不是炒股票"的说法便流传开来了。

王元化先生的硬骨头精神、独立人格、崇高气节,来自他对崇高人生境界的追求和人文主义精神。王先生好书法,晚年多以墨宝表达自己的情志,

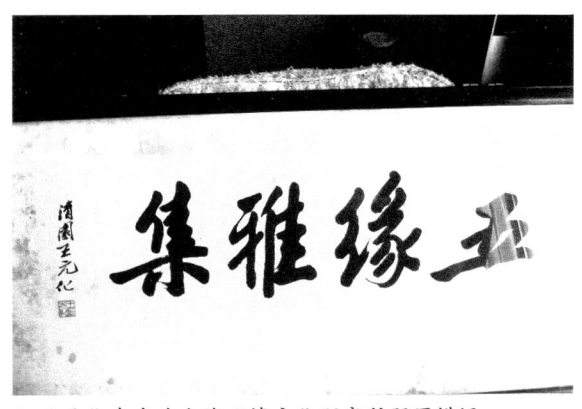

◎ 王元化先生为上海五缘文化研究所题写横幅

或摘录自己著述的精言萃语,或抒发自己的时得时思。《清园书屋笔札》就是这一方面的集子,当然还有许多未被收录。我有幸常随其左右,因而所见所得亦稍多。例如,我在1989年提出"五缘文化"说,王先生便给予积极的支持,不仅出任上海五缘文化研究所顾问,而且多次题词:"五缘文化华人纽带","五缘雅集","文化需要开放,开放需要文化",等等。在书写"五缘文化华人纽带"时还说:"用'五缘文化'团结人,可以一网打尽。"并且感叹:在"左"的思潮主导时期,"与人奋斗,其乐无穷"把团结人的圈子越搞越小。王先生简短的题词和话语不仅鼓舞了"五缘文化"研究,而且给"五缘文化"研究指明了方向。2004年春节,王元化先生惠赠我一幅墨宝。

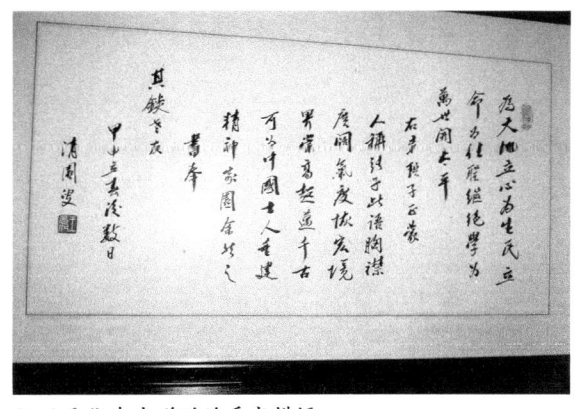

◎ 王元化先生赠送的手书横幅

我得先生此赐,奉为至宝,将其挂在书房出门额上。抬头可望,出门能见。我之所以如此,因为我悟出元化先生所录张载《正蒙》之语及先生之跋,乃先生追求之人生境界。他书写赠我,这是他教我、勉励我该走怎样的人生道路,该努力去做什么样的人。说真的,我真是既感激又惶恐,生怕愧对先生。

人文主义是先生的灵魂。在他心灵深处,充满对生命的珍重,对人类命运的关爱。他从小便受基督教《新约》中的人文主义精神的熏陶,成年以后又对"浸透着人文主义精神的西方19世纪文学"怀有"浓厚的兴趣",而且一直保持到晚年。所以,人文主义是他的精神支柱和思想践行的着力点。2003年他为中国人文教育高层论坛题词:"人文精神不能转化为生产力,更不能直接产生经济效益。但一个社会如果缺乏由人文精神所培养的责任伦理、公民意识、职业道德、敬业精神,形成精神世界的偏枯,使人的素质越来越低下,那么,这个社会纵使消费发达、物品丰茂,也不能算是文明社会,而且最终必将衰落下去。"在他逝世前最后一次接受《经济观察报》记者马国川访谈时,在回答"在改革开放30年的今天,你认为我们最重要的任务是什么"时,他的回答便是"政治体制改革"。他说:"长期以来,我们只喜爱豪言壮语,追求宏伟目标和乌托邦理想。至于为实现这些理想和目标,会带来什么样的后果,老百姓要付出多少代价,都可以在所不惜。这是一种只讲意图伦理的政治。但是,政治家更重要的还必须讲责任伦理,以责任伦理指导自己的政府。而其突出的表现就是将人的生命放在第一位。在一轮一轮政治改革完成以前的较长时期,必须是有责任伦理和人权观念的政府。如其不然,一旦放弃体制改革和政治文明的建立,不立此为本,那么,必将流为新权威主义。这是与现代民主政治精神泾渭殊途的。"①

先生在他最后的数年中,对美国史华慈教授在临终前三个月的遗笔《中国与当今千禧主义——太阳底下的一桩新鲜事》非常欣赏。史华慈的遗文由其学生、华人学者林毓生整理并译成中文。该文对在美国出现并向全球

---

① 参见2008年8月29日《文学报》。

蔓延,如脱缰野马般失控的消费主义、物质主义造成人文精神日益偏枯,功利化,浮躁化的世风越来越严重,以及在西方形成的"新科技·经济千禧主义"的盲目乐观,对世界必将造成严重恶果,深深感到忧虑。先生不仅将史华慈译文、林毓生的导读加上自己的跋语推荐给《社会科学报》发表,还多次向包括我在内的学生和友人推荐。他建议组织座谈,后来还把这篇文章作为"附录"收入他的《清园近作集》中。

在最后几年,先生对物质主义、消费主义日益猖獗,逐渐席卷中国、席卷世界,人文精神日益偏枯的趋势,怀着深深的忧虑,不时溢于言表。联系到他刚逝世不久由美国引爆的世界金融危机造成和将造成的恶果,足证先生的忧虑绝非"杞人"之忧。这不能不令人对这位深邃的思想家折服,不能不更加缅怀这位已经离开我们的杰出哲人。

（三）

学术独立也是人格独立

——《王元化谈话录:1986—2008》序[①]

王元化先生生前曾经说过:"我还想再写一本回忆录,我对写回忆录感到有一种乐趣。"他希望自己的回忆录具有"将时代、生活、思想熔于一炉"的特点。但是,由于健康的原因,他只留下对个别事件、人物回忆的单篇和日记摘录的零星资料。2007 年 6 月,先生癌症被确诊转移到肺部,感到来日不多,遂从万里之外召回自己得意的弟子吴琦幸,在病房中进行长时间断续的对话,希望他"要做就做一本正式的书",将自己"很多的意思没有表达出来的"、"有文章没有表达清楚的"、"有的经历没有讲的","都希望在对话中表达出来"。吴琦幸果然不负师望,经过五年录音整理,于 2013 年在上海人

---

① 该文原刊于吴琦幸《王元化谈话录:1986—2008》,上海人民出版 2015 年出版;曾在澎湃新闻经授权刊发,标题为"王元化:希望你们不要步我后尘",2015 年 8 月 26 日;本文录自胡晓明主编《后五四时代中国思想学术之路——王元化教授逝世十周年纪念文集》,华东师范大学出版社 2018 年出版。

民出版社出版了《王元化晚年谈话录》。后来，吴琦幸教授在此书的基础上扩大范围，将其向前延伸到 1986 年他考进华东师范大学、转入王先生门下读博之后，以自己的亲闻、亲见、亲历，遵循先生"将时代、生活、思想熔于一炉"的遗嘱，把自己日记、笔记所记录的先生所言、所思、所行整理出来，更名为《王元化谈话录：1986—2008》(以下简称《谈话录》)仍由上海人民出版社出版。《谈话录》立体、鲜活地再现了王元化先生真诚、勇敢，维护人的尊严和人格独立，坚持思想自由和学术独立，始终关怀人文、关注学风和世风的本貌。可以说《谈话录》的出版真正实现了先生"还想再写一本回忆录"的遗愿。

我比吴琦幸教授痴长 18 岁。也许是巧合，也可以说是缘分，我们正好是同一年走近王元化，并且有幸成了先生的忘年交。琦幸是在 1986 年 9 月考进华东师范大学徐震堮教授门下读博，同年 11 月，因徐先生病逝才转入王门，成元化先生的入室弟子。而我是因《文心雕龙》和《刘子》的研究与王先生结缘，缘起于 1985 年 10 月我同夫人陈凤金合撰之《刘子集校(附作者考辨)》在上海古籍出版社出版，因获时任国务院古籍整理出版领导小组组长李一氓的青睐，将其介绍给时任中国《文心雕龙》学会会长的张光年，而张光年又与时任副会长的王元化沟通，他们遂于 1986 年 3 月一起在上海找我们谈话、了解情况，并面邀我们参加同年 4 月在安徽屯溪举行的"中国《文心雕龙》学会第二届年会"，从此我们加入学会，也由此开始近距离的接触。后来，由于我担任了学会工作，并主持编撰先生倡议和指导的《文心雕龙学综览》，与先生过往日益密切。因我服膺先生人格、学问，私心执以弟子礼，经常向先生请教，也承先生不弃，遂成忘年交而常随左右。22 年的交往，《谈话录》所记的先生许多言谈也有所闻，故以己之所见所闻验之，深感《谈话录》真实可靠，因而也倍觉可贵。

从 1986 年至 2008 年，正是先生从"心浮气躁"(先生语)的 80 年代，转入"潜修静下来做学问"，进行第三次反思，完成《九十年代反思录》和《九十年代日记》，"真正进入思想境界"、并放开境界思考整个人类和人生终极关怀的成熟时期。我曾于 2005 年 5 月，在日文版《王元化著作集》(全三卷)出版之际,写了一篇书评,题为"金兰垂二纪,相契寄文心——读冈村繁主编日文版《王元化著作集》"(刊于 2005 年 8 月 5 日《文汇读书周报》第 10 版),文中提道:"《九十年代反思录》是王元化 20 世纪 90 年代所写的文字结集。20世纪 90 年代是王元化反思的年代、思想成熟的年代,因而也是重要的年代。用他自己的话说:'我在青年时代就开始写作了,但直到 90 年代,才可以说真正进入了思想境界。''到了 90 年代,我才摆脱了依傍,抛弃了长期形成的既定概念。''我把 90 年代视为自己思想开始成熟的时代。'所以此书实是王元化对自己长期积累的思想观念作了比较彻底的反思之后的思想结晶。重要方面涉及:对'五四'以来的启蒙心态,即关于人的力量和理性能力过分信赖的再认识;对形成大陆思想主流的激进主义和被认为是国家学说之源的卢梭《社会契约论》的深入剖析;通过对京戏的虚拟性、程式化、写意型的表演体系的探索和对《论语》注为例的阐释学考察,阐发了中国传统文化特征以及传统文化资源具体中的普遍性,等等。这些内容都是道前人所未道的。通过 20 世纪 90 年代的反思(也称'第三次反思'),先生不仅仅从历史、哲学的深度,揭示了为什么'左'的思潮在中国源远流长、在许多人头脑中根深蒂固的原因,而且从理性到有限理性的再认识中,揭示了中国当代精神生活和政治生活中理性滥用的危险性,从而展现了他对真理的追求和道义的担当,对人的自由命运关心的人文关怀。""日文版《王元化著作集》(全三卷),集中记录了王元化学术思想的精华,反映了他三次反思的主要成果。《文心雕龙讲疏》、《思辨随笔》、《九十年代反思录》生动地展现王元化从一个博综东西、融汇古今的杰出文艺理论家,到多方位文化思考、探索而成为博识深思的通儒,再到彻底摆脱依傍而具独立意识、自成一家的成熟思想家的历程和思路。"文章成稿未发之前,我担心自己对先生的思想领会不深、把握不准,因此于 7 月 30 日特地携稿到先生居所庆余别墅,请先生审订并给予指正。先生非常仔细,足足看了半个多小时。他除了把"杰出的文艺理论家"的"杰出"二字圈掉,把"自成家数"改作"自成一家",把"扩容"改成"扩充内容"之外,对文章整体给予充分的肯定。当时我坚持"杰出"二字不删,其余二处照改。文章发表后,先生于 9 月 1 日来电:"《文汇读书周报》你的文章抓住要领,也简短,写得好,影响很好,《新民晚报》要发消息。"果然《新民晚报》于 9 月 5 日发了简讯。2006 年 6 月 13 日我应先生之邀参加一次宴请,先生谈起自己的著述,又提起这篇书评,说:"文不长,要言不烦,抓住了要点,有理论敏感性,是优点。"我说:"我理论功底不足。张光(年)老生前曾批评我:'考据部分是站得住的,而谈思想非其所长。'"先生说:"我不同意。"承先生厚爱,每出新书,必惠赐拜读,并多次提示:"你可以写点东西。"有一次还提议同我就法国大革命的民主问题作一次对谈,他还给我开了《七月》等几本书目,叫我阅读作准备,我也特地拜托上海图书馆的陈惠娟同志按照先生所开书目借出开始阅读,可是后来却因我心脏病发而中辍。在 2001 年七、八月间,《王元化学术年表》的作者钱钢副教授,还曾同我一起策划要组织一个研究小组,拟以先生的三次反思为经,以"六论"(论文、论史、论人、论政、论哲、论学)为纬,对先生的学术思想展开研究,但也因他肝癌发作、英年早逝而未能实现。吴琦幸的《谈话录》面世,全面、系统、真实地展现了元化先生三次反思的学术脉络,清晰地勾画出先生的心路历程,为研究王元化提供了宝贵的历史资料,着实令人高兴。

《谈话录》不仅清晰地勾画出王元化先生的学术脉络和心路历程,也真实地再现了先生崇高的精神和高尚的人格。1992 年 6 月 10 日,先生说:"学术独立也是人格独立的。"做学问和做人的一致性正是先生的风范和特点。在《谈话录》中我们看到:先生最为关注的就是维护人的尊严、人性不被异化。他说:"现实中人失去了主体性,就成为异化的人。"所以他认为:"中国知识分子应摆脱长期以来的传统依附地位,找回自己,要有自己的人格,并由此形成独立意识和独立见解。"他自己"最向往的就是尽一个知识分子的责任,留下一点不媚时、不曲学阿世而对人有益的东西","在任何环境下都能够做到不降志,不辱身,不追赶时髦,也不回避危险"。先生晚年颇好书法,曾举办过《清园书屋笔札》展,头一幅写于 2004 年的条幅其实就是他自己精神的写照:"中国本来就有三军可以夺帅、匹夫不可夺志的传统。每逢危难关头,总会有人挺身而出,甘冒不韪,迎着压力和打击,去伸张正义,去为真理而呼喊。这些富贵不能淫、贫贱不能移、威武不能屈,在任何情况下也不肯降志辱身的人,堪称中国的脊梁。"联系先生的生平,虽历尽艰难困苦,饱受折磨打击,仍不避艰险。他在1955年因胡风案受牵连而被隔离审查,后期组织上找他谈话:"你的问题已经弄清楚了,没有历史问题。在对敌斗争时期,你的表现是好的。现在的问题是你对胡风的认识不清,立场和态度都没有转过来。你转变过来了,就可以出去工作。"但先生仍坚持胡风不是反革命集团,最后他被定为胡风反革命集团骨干分子。在学术领域,先生始终为真理冲锋陷阵,以自己三次反思的成果,引领学术界思想。

在《谈话录》中先生给琦幸的信里有一段话:"我年届古稀,一生动荡,岁月不居,时光流逝,虽少怀大志,但事与愿违,庸庸碌碌,成为时间过客。唯一希望你们的,是不要步我后尘,而在学业上有所成就,不负中国知识分子应有使命。此一赠言望能铭记不忘。"我不禁联想先生在2004年春节惠赐给我的一幅墨宝:

为天地立心,为生民立命,为往圣继绝学,为万世开太平。右录张子《正蒙》。人称张子此语,胸襟广阔,气度恢宏,境界崇高,超迈千古,可为中国士人重建精神家园。余然之。书奉其锁老友,甲申立春后数日。清园叟(盖阴文章王元化)。

这幅墨宝所书内容正可作先生"少有大志"的注释。先生坚持"独立之精神,自由之思想",极力反对急功近利、意图伦理、把学术当作政治的工具,但他又主张思想家、艺术家要有人生忧患意识和参与意识以及时代使命感和责任感。他认为"思想家或作家参与意识及时代的使命感和责任感并不意味着丧失独立人格和独立见解,更不等于放弃或冲淡艺术性",因而"不能赞赏那种心如古井、超脱尘寰、不食人间烟火的隐逸高洁"。所以,有人说先生"是生存于现实世界的思想家"。

阅读《谈话录》,我们可以发现:他在少年时代就受中国传统文化的熏陶,后来又问学于国学大师熊十力等。在先生身上,既流淌着中华民族历代志士高尚的志向和节操的血液,又有基督教《新约》和"浸透着人文主义精神的西方19世纪文学"深刻的影响。《谈话录》在《王元化先生学术年表》中记载：先生"在育英小学五年级时，患麻疹，在家养病，父亲给他买来商务印书馆出版的石印本七十回《金批水浒传》，这是王元化第一次阅读中国古典小说。"《水浒传》对他影响深刻，在他的早期论文中，就有 1940 年撰写的《金批水浒传》，后改题"《金批水浒传》辨正"收入 1994 年出版的《清园论学集》中，2003 年又以原题再收入《人和书》中。2001 年 7 月 31 日，我受先生之托，为先生校读《清园文库》清样到衡山饭店 1008 房间取稿。进去时先生正坐在床沿，拿一把胡须刀干刮胡须。我说："您为什么不用电动剃须刀呢？像您这样刮是很痛的！"先生说："我不怕痛。这种剃须刀干脆、干净，正像《水浒传》鲁智深剃度，一刀下去，六根清净。"先生又说："我是喜欢《水浒传》的，小时候就喜欢。读《水浒传》，觉得自己就生活在其中；读《三国》《红楼》，觉得那是别人的生活。我现在还未弄懂，为什么水浒人物那么吸引人，比如鲁智深，我就特别喜欢。1955 年我不肯揭发胡风，除了自己的信念，也还受《水浒传》的影响。这是我从来没有向人提到过的。"不知为什么，他话题一转，指着我说："你这个人容易冲动，不像福州人，倒像湖北人。福州人有心计，比如×××是福州人，肚子里就很有心计。"我后来想，大概先生是由《水浒传》鲁智深的性格联想到我的鲁莽。因为先生曾在另外的场合，当着大家的面批评我："你这个人就是那么粗！"《谈话录》还记录了先生的自述："我出身在基督教家庭，从小受的教育有很重要的基督教义。基督教的教义中就说人并非完美的，总是有缺点和弱点……这种教育对我青少年时代的影响是很大的，至少在我内心比较少些个人崇拜。"他在另一个地方又说，基督教对他的影响"最重要的是人不是神，人不是万能的。宗教崇拜的是神，现实生活中的任何人都不是神，总是有缺点，人有达不到的境界。我这个人就不大有这种崇拜感情"。通读《谈话录》，我们就可以清晰地看到东西文化交汇从青少年起就在对他产生深刻的影响，从而造就了他既具传统志士节操，又具现代优秀知识分子素质的特殊人格；进一步还可以理解他为什么在学术上既能贯通古今，又能融汇中西，"综核众理，发于独虑"，成为当代杰出的思想家。

人文主义是先生的灵魂，在他心灵深处，充满对生命的珍重，对人类命运的关爱。在晚年,他对美国史华慈教授临终前三个月的遗笔《中国与当今千禧主义——太阳底下的一桩新鲜事》非常欣赏。史华慈的遗文由华人著名学者林毓生整理并译成中文。该文对在美国出现并向全球蔓延,如脱缰野马般失控的消费主义、物质主义造成人文精神日益偏枯,功利化、浮躁化的世风越来越严重,以及在西方形成的"新科技·经济千禧主义"的盲目乐观,对世界必将造成严重恶果,深深感到忧虑。先生不仅将史华慈译文和林毓生教授撰写的《史华慈遗笔导读》推介给《社会科学报》公开发表,自己还特地撰写了"《中国与当今千禧主义》的几句话"一起刊出,以期引起社会的关注。不仅如此,他还一再向他周围的人(包括学生和友人)推荐。2006年2月间,为了支持一位青年学者组织的读书小组,他亲自参加,并且在他的建议下,把史华慈的遗文列为首选学习和讨论的内容。王元化先生在2003年为中国人文教育高层论坛的题词中写道:"人文精神不能转化为生产力,更不能直接产生经济效益。但一个社会如果缺乏由人文精神所培养的责任伦理、公民意识、职业道德、敬业精神,形成精神世界的偏枯,使人的素质越来越低下,那么,这个社会纵使消费发达、物品丰茂,也不能算是文明社会,而且最终必将衰落下去。"尽管先生大声疾呼,而社会反应冷漠。因此先生感到寂寞和悲观。在最后几年,先生对消费主义、物质主义日益猖獗,逐渐席卷中国、席卷世界,人文精神日益偏枯的趋势,怀着深深的忧虑,对人类发展前途不乐观的想法不时溢于言表。联系到他逝世不久由美国引爆的世界金融危机,造成了极为严重的恶果,足证先生的忧虑绝非"杞人"之忧。这不能不令人对这位深邃的思想家折服,不能不更加缅怀这位已经离开我们的杰出哲人。

　　《谈话录》凸显了王元化先生学术独立、人格独立的崇高形象,当然还不止于此。《谈话录》内容丰富,涉及的方面很多,比如,披露了诸如胡风案件、创办《新启蒙》、《学术集林》等许多现代文化思想史重要事件的真相及涉及诸多方面的人事关系,以及对文风、世风的看法,这些实录也都具有重要的历史价值。至于关于文化史、思想史等诸多学术研究方面的诸多创见,那就更不用多说了。

中国有一句老话："文如其人。"这句话道出了做学问和做人的表里关系。研究学问,孟子有"知人论世"之说,鲁迅也强调"最好是顾及全篇,并且顾及作者全人,以及他所处的社会状态"的正确研究方法。《王元化谈话录:1986—2008》为我们提供了比较全面、真实、可靠的"作者全人,以及他所处的社会状态"的珍贵资料,所以,它是研究王元化和现代文化思想史不可或缺的一本书。

(四)
深切怀念光年老
——关于《〈刘子集校〉值得一读》发表前后①

2002年1月28日下午六时,我接到上海作协李子云同志的电话:"张光年在今天下午逝世了。"我的脑袋"轰"的一下麻木了。尽管事先已得悉光年老患癌症后病情渐趋恶化,并且年事已高,多少有些思想准备,但噩讯传来感情上仍难接受。一夜无寐,起来写了一首《哭光年老》:

> 一代风雷百代惊,《黄河》一曲见精神。
>
> 无语凝噎哭师友,中华天空陨巨星。

光年老虽然已离开我们十年多了,但同他最后十六载的交往过程仍历历在目,他那矍铄的眼神、慈祥和蔼的音容,仍时时鲜活地呈现在我的记忆之中。

《刘子集校》结奇缘

中国人喜欢谈"缘分"。南朝道教大师陶弘景有"幸藉缘会,得在山宅"之语;唐代诗人元稹也有"他生缘会更难期"的诗句;明代作家冯梦龙《桂枝

---

① 张光年致王元化信均引自《张光年文集》第五卷,人民出版社2002年出版;张光年致林其锬信均引自《刘子集校合编》下附篇四《承教录》,华东师范大学出版社2012年出版;本文录自中国作家协会编《回忆张光年——纪念张光年诞辰百年》,作家出版社2013年10月出版。

◎ 2001 年 9 月,与中国《文心雕龙》学会创会会长、著名诗人张光年摄于北京张光年寓所

儿·缘法》则说:"有缘千里会,无缘对面遥。""缘分"既是人生机遇的幸会,又有冥冥不可预期的神秘感。我同光年老的交谊可以说是因《刘子》而结下的奇缘。

1986 年 3 月下旬,当时在上海社科院经济所工作的我,突然接到院部办公室的通知:"北京有位领导同志,要找你和你的爱人陈凤金谈话,想了解一些情况,请你们明天下午两点到静安宾馆(原市委宣传部办公地点海格大楼)403 去见他。"谈什么,了解什么,并没有说。这突兀的通知弄得我们心神不定。左思右想,我与北京没有什么联系,搞的课题、发表的文章都是古代文史内容,与现实政治也无直接关系,究竟出了什么问题呢? 之所以有这种想法,因为那时在意识形态领域还处在"乍暖还寒"的时期,一会儿"清污",一会儿"反自由化",因此,我接到通知后满腹狐疑、惴惴不安。好不容易挨到次日下午,我硬着头皮和夫人陈凤金一起到通知的地点。

我们一进静安宾馆 403 房门,便见两男一女一字排开在那里等我们:右边是时任中共上海市委宣传部部长的王元化,左边是时任上海作家协会常务副主席的茹志鹃,当中是一位瘦小老叟,我们不认识,猜想便是来自北京的"领导同志"了。见此情景,心情格外紧张,加之房间还开暖空调,因此我满头大汗。坐下后,王元化先生大概看出我紧张的窘态,首先开口说:"其锬同志,不要这么紧张嘛! 这位是张光年同志,从北京来。"他说光年老想找我们谈谈去年出版的《刘子集校》这本书的情况,他还说光年老对我们的书很重视,不仅认真看过,还做了不少批语。王元化先生一边说着一边就翻开光年老阅读过的《刘子集校》,上面确实有不少眉批和旁批。经他一说,我连忙站起向光年老欠身致意。光年老接着说:"去年你们在上海古籍出版社出版的《刘子集校》是本好书。李一氓同志很赞赏。在中央开会的时候,李老见到我(按:他们都是中顾委委员),对我说:'我们古籍整理(按:李一氓时任国务院古籍整理出版规划领导小组组长)去年出版了一本同你有关的书,叫《刘子集校》,你看过没有?'我答:'没有看过。'李老还开玩笑地对我说:'那你还当什么《文心雕龙》学会会长呀?'当天他叫秘书把你们送给他的那一本转赠给我。我翻看了一部分,离开北京又细读了一遍,我也觉得是本好书。你们为此书付出了辛勤劳动,做了大量工作,我们真要感谢你们! 今天我和元化、志鹃同志把你们找来,主要是想了解一下你们出版这本书的情况。今天我们随便谈谈。"在座的茹志鹃没有开口。只是微笑着向我们点点头。

听了王元化、张光年两位领导亲切的开场白,紧张了一昼夜的神经终于松弛下来。我向他们汇报了怎么会研究《刘子集校》以及怎么搜集版本进行校勘和考证作者的过程。

早在 20 世纪 60 年代初,当时以《光明日报》"文学遗产"为代表的各地报刊,掀起以《文心雕龙》为代表的古代文论研究和争鸣,受其影响我对《文心雕龙》产生极大兴趣。在几年时间里,我阅读了发表在各报刊的 100 多篇文章,并做了四本约 40 多万字的摘记。"文革"期间虽挨批斗,但我仍偷偷研习《文心雕龙》,并做了 700 多张卡片,并按事类编订成册,题名"刘勰《文心雕龙》资料汇编"。"文革"结束不久,我便投奔上海社科院. 为的是想进行《文心雕龙》研究。当时文学所尚未成立,我只好在经济所当期刊编辑,后又转入经济思想史研究室,进行中国经济思想史研究。在 1982 年集体完成

《秦汉经济思想史》编撰之后,所里又有编撰《魏晋南北朝经济思想史》的规划,我参与的是南朝部分,在搜集资料时又与《刘子》"遭遇"。此书有两点引起我的强烈兴趣:一是把《贵农》置于《爱民》之前,亦即将经济放在政治之先,作为安邦治国的方针;二是从两《唐书》到不少版本,都明确题署"梁·刘勰撰",这就碰触到我要研究《文心雕龙》和刘勰的神经。因此我下决心校勘、考证、研究此书。但多次申报课题皆得不到批准,而且被视为"不务正业"。强烈的兴趣和愿望使自己难以割舍,我只好在"规划外"业余进行。这自然很艰苦,一无经费,二缺时间,更重要的是无法到外地看版本。在此困难之下,时任上海作协所属《上海文学》小说编辑的陈凤金,便利用每年有一个月创作假的条件,尽力帮助我。自1982年至1985年,我们花了近四年时间,在上海图书馆馆长顾廷龙、北京图书馆副馆长李希泌等前辈支持、帮助下,搜集到40多种《刘子》版本进行集校,并且对《刘子》作者问题作了较深入的考辨,终于在1985年10月由上海古籍出版社出版了《刘子集校(附作者考辨)》。图书出版后,得到国务院古籍整理出版规划领导小组的肯定。将其与同年出版的《大唐西域记校注》、《增订湖山类稿》、《黄宗羲全集》一起,作为1985年古籍整理出版"质量也有所提高"的例证,并加评语云:"上海古籍出版社出版的《刘子集校》囊括了该书现有的所有善本。包括敦煌残卷多种、宋刻一种、明刻明抄十多种,搜罗广博,考校详审,所取得的成果大大超过前人。"(见国务院古籍整理出版规划领导小组编《古籍整理出版情况简报》第152期)。此书也获得"上海市1979—1985年哲学、社会科学著作奖"。

在汇报过程中,光年老、元化先生不时插话、提问、交谈,茹志鹃有时也同陈凤金咬咬耳朵,气氛越来越轻松。谈话持续近三个小时,最后,光年老说:"我们《文心雕龙》学会下个月要在安徽屯溪开年会,我和元化同志商量想请你们二位参加,也请其锬同志就《刘子集校》一书在大会做个发言。"我听了后下意识地冒了一句:"这行吗?我们都不是会员啊!"元化先生笑着说:"你这个人脑筋怎么转不过弯呢?我们会长当面邀请你们,还考虑什么会员不会员?"我们自然非常高兴,感到这是出乎意料、难得的奇缘!

屯溪谈话响惊雷

光年老面邀参加《文心雕龙》屯溪年会,对我们是一个难得的机遇。当我兴冲冲向研究所领导汇报并提出想去参加时,意想不到的是领导不同意,而且说"这是不务正业"。真可谓当头浇了一盆冷水。我回到研究室,心情十分沉重。只得给王元化先生打电话说明不能去的情况。王先生听了很生气,叫我直接找刚由宣传部到上海社科院任职的副院长,并要我转告:"是我王元化要你去参加的!"我深知这必然将激化我与所领导的矛盾,犹豫再三,十分苦闷。此时室里有一位身历1957年被错划遭浩劫的老先生,他十分同情我,说:"写一本书不容易,书出版后能得到社会重视更不容易。既然有此机会,为什么不去?领导不批准,你就请事假去;不给出差费,反正屯溪路也不远,你就自费去!"经他一说,我觉得有理。于是便请了事假,自费和陈凤金(她所在单位非常支持,毫无问题)一起去。

中国《文心雕龙》学会第二届年会是1985年4月15日在屯溪举行的,开幕式由王元化主持,光年老讲话。《文心雕龙》学会聚集了一大批著名的学者,都是老前辈,我们不敢造次,坐在最后排末座。当王元化先生向大会介绍我们时,我们站起向前鞠躬,大家看不见,元化先生又命我们走到前面,我们面向大家再鞠躬致意后退回后排。王先生在开场白中提及面邀我们而上海社科院经济所不批准,而我还是请了事假、自费来参加时,引起会场哗然。事后《光明日报》一资深记者还特地找我,要我提供情况准备写内参。我为避免再生新麻烦,再三恳求他不要写才作罢。

光年老开幕式讲话简要讲述改革形势和学会主要工作,之后大部分时间讲《刘子集校》和他的阅读心得,以及对《刘子》作者问题的看法。后来经他自己整理,题作《〈刘子集校〉值得一读——在〈文心雕龙〉学会第二届年会上的谈话》(以下简称《谈话》),分别发表在1986年9月13日的《文艺报》和《文心雕龙学刊》(第五辑)上。

光年老在开幕式上关于《刘子》问题的《谈话》,言简意赅,十分精辟。关于《刘子》作者,他明确表示:"我偏重于接受'刘子即刘勰'的见解,认为林、陈的考证是有根据的。我至今还没有看到强有力的确切论证，可以完全否定新、旧《唐书》，宋郑樵《通志》的明确著录，以及敦煌遗书的佐证。"我相信《刘子》与《文心雕龙》两书，很可能出于一人之手：两书在政治见解、学术见解、文艺见解、人生哲学以及文体、文风、语言等方面，都有不少惊人的相似处。"他肯定："《刘子》与《文心雕龙》同是南北朝历史巨变时代产生的、有重大历史价值和学术价值的奇书。"他认为："研究《刘子》，对于深入地研究《文心雕龙》，研究刘勰时代和刘勰思想，定会有很大的帮助。"《谈话》还突出阐述了《刘子》"因时制宜"的变法论，以及为国惜才主张选拔人才应从大处着眼、不可求全责备的人才说。他认为《刘子》"因时制宜"的变法论，同《文心雕龙》"望今制奇，参古定法"的"通变"论是相通的；认为两书"坚持改革变法，反对泥古保守，坚持通变革新，反对因循守旧"的言论，"说明两书的作者在政治思想、学术思想、文艺思想上是站在时代潮流前面的勇士"；关于《刘子》的人才思想，他认为刘子"对为国进贤、献贤、拔奇、擢能的善举，竭力表扬，而对非贤、抑贤、妒贤、蔽贤的恶行大肆抨击，乃至主张，'献贤受上赏，蔽贤蒙显戮'，都是有针对性的，是不避嫌疑、不计后果的，是勇士的语言"。所以，刘子"他所主张、他所指斥的，对于今天掌握干部政策以及推荐人才、评论人才的人们，也还是有参考价值的"。他认为《刘子》与《文心雕龙》两书思想相通的地方很多，比如《刘子》的人生哲学"自励、励人的思想在《文心雕龙》的《诸子》、《程器》、《序志》等篇中也已露出端倪"。

我们虽然也整理《刘子》、研究《刘子》，却没有光年老那样宽广而深邃的眼力。他的《谈话》高屋建瓴，洞中肯綮，揭示《刘子》和《文心雕龙》的思想根蒂及其现代价值，这是前所未有的。光年老的《谈话》在会议中产生巨大的反响，尤其是地对《刘子》作者的见解，反应尤为强烈。当天下午分组讨论中，赞成者有之，反对者有之，而多数人则由于《刘子》长期被作为"伪书"而未予置问，突然提出则难以轻易臧否，故沉默者居多。会上也有人担心："如果论者的确有依据，则对既往之《文心雕龙》研究有如爆发一次九级地震，一切都要翻一个过儿，取得一次学术研究的重大进展。如果张冠李戴、以讹传讹，则不啻于一池清水中滥施朱黄，把已经相当复杂的刘勰思想研究搅成一锅粥。"20多年《刘子》争鸣的事实证明：既没有"一切都要翻一个过儿"，更没有使"刘勰思想研究搅成一锅粥"，相反倒证实了光年老《谈话》的断言："研究《刘子》，对于深入研究《文心雕龙》，研究刘勰时代和刘勰思想定会有很大帮助。"

参加屯溪会议，聆听光年老关于《刘子》问题的谈话，对我们来说是个莫大的鼓舞。特别是光年老在《谈话》中对我们《刘子集校》的肯定，既是对我们工作的奖掖，更是对我们的勉励和鞭策。在会中，光年老还挥毫写下《题赠林其锬、陈凤金同志》诗：

> 骐骥跨层峦，志在千里外。
>
> 放眼花果山，登临成一快。

附记：林、陈夫妇以四年业余时间，成《刘子集校》一书。我深服其用力之勤，考订之精。题赠俚句，祝他们在学术研究上取得更大成功。

张光年

1986年4月18日于屯溪。

这是多么大的勉励和鞭策啊！它成为支撑我们以后30年不懈努力研究《刘子》和《文心雕龙》的力量。

俯仰天地纳万有

对于光年老屯溪《谈话》，有海外学者作这样的评价："当时会长张光年先生以'《刘子集校》值得一读'为题的专文，向与会者们郑重推荐，更以肯定的语气表示：'粗读之下，相信《刘子》与《文心雕龙》二书，很可能同出一人之手。'此语一出直如石破天惊，给当时与会的学者带来空前未有的震惊！兹不仅使千余年来久悬难决的学术公案，将得以拨云雾而见青天；就是今后有事于刘勰《文心雕龙》之役者，亦势需将研究所得为临篇缀虑的参考。"国内却有人认为张光年先生毕竟是著名的诗人和作家，而不是专门研究古代文史的学者；他同意《刘子》是刘勰所作，只是出于对刘勰的热爱、对研究刘勰和《文心雕龙》者的鼓励，而并没有专门对《刘子》的作者进行过考证和研究。

言外之意就是《谈话》只不过是凭热情随便说说的"几句话",是不必看重的。

事实究竟如何?如果我们稍微了解一下光年老的生平,以及他在发表《谈话》前后对《刘子》的关注与研究,就可以看到光年老并不像是某些人所说的"对文史并没有研究",他的讲话也不仅仅只出于对刘勰的热爱、对研究刘勰和《文心雕龙》者的鼓励。

光年老于1931年(时年18岁)"考入私立武昌中华大学中文系一年级插班生,在校期间学习努力,认真钻研古典文学,如《诗经》、《楚辞》以及古代文论、文字学等"(刘可兴《光未然生平与文学活动年表》)。1933年即依据王逸《注》和洪兴祖《补注》,参考戴东原的《屈原赋注》、龚景瀚的《离骚笺》、钱杲之的《离骚集传》和郭沫若的《离骚今译》等,着手翻译《离骚》和《九章》。虽然多因革命工作而常中断,但研究、翻译没有放弃,到了1944年、1945年,终于完成《离骚》、《九歌》和《九章》的今译(张光年《〈离骚〉今译·题记》)。1961年,又是他率先着手语译《文心雕龙》工作,前后延续40年,在2001年出版《骈体语译〈文心雕龙〉》一书。这一系列的工作和成果,如果没有深厚的文史功底和学术研究,有可能胜任吗?在20世纪50年代,他还热衷于古书版本的搜集。所以,当时担任国务院古籍整理出版规划领导小组(正部级机构)组长重任的李一氓,深知他的文史功底,"几次提议要我(按:指张光年),做他的助手",甚至在病重时,"又提了我(按:指张光年)接班的事"(见《张光年文集》第四卷183页)。这也足以佐证光年老并非对文史没有什么研究。

关于光年老《谈话》的撰写,在他留下的书信、日记中也有不少记录,足以证明是他经过认真研究、思考的结果,并不是单凭热情即兴说说而已。早在1986年1月27日他给王元化的信中就提到:"李一氓同志送我一本上海古籍出版社新近出版的《刘子集校》一书——是本书集校者林、陈二氏题赠一氓。一氓老转赠我的,今天收到。因手头有急件未搞完,只粗粗翻了一下,觉集校者用力甚勤,分析千古疑案,断《新论》为刘勰所作,也很有道理。"在《光未然生平与文学活动年表续编》中记载:"1986年2月(按:屯溪会议前),研读《刘子集校》,认为其观点、感情、文风与《文心雕龙》惊人相似,可能出于刘勰一人之手。"在 1986 年 3 月 8 日致王元化商量《文心雕龙》屯溪年会的信中又说:"前些天我陆续阅读了《刘子集校》55 篇(我怀疑其原是 60 篇,瞎猜而已),觉此书在政治、哲学、学术、文艺观点上,大部分与《文心雕龙》惊人地相似,在文风上、语言习惯上,特别是怀才不遇的悲愤上(《刘子》有许多篇),都可以与《文心雕龙》互相参证,因此我相信二书是出诸一人之手。"信中还说:"一氓老对《刘子集校》评价较高,认为是去年古籍整理工作中值得称道的收获之一。"他表示:"我急于想同你面谈,听听你的意见。""要到上海、屯溪,我先得备课。"在屯溪讲话之后,他在 1986 年 7 月 7 日致王元化的信中又说:"我不宜隐蔽自己的观点,我在会上讲过的,不要再缩回去。我固然敬佩杨老(按:指杨明照),但他在会上坚持刘昼'可能二十开外写的'之说,证明他对《刘子》一书内容未仔细研究,我看不可从。我在小组会上说过,从《文心雕龙》到《刘子》,写作时间相隔 20 年,经历了极大的历史变乱,一个人前后看法可能不尽一致(我说我们经过'文革',现在都变得自己不认识自己了)。这固然只是一种比喻,但在未发现更有力的证据之前,我宁可相信新旧《唐书》与《通志》的著录,还有《敦煌残卷》的佐证。"光年老密切关注《刘子》的研究和争鸣的进展。当他看了《中华文史论丛》1986 年第四辑刊出的周振甫先生《〈刘子〉与〈文心雕龙〉思想的差异》和我的《再论〈刘子〉作者问题》之后,在 1987 年 4 月 15 日致王元化的信中又说:"周老有些地方看得精细,但局限于书面上的简单对比,我看不解决问题。当时山河破碎,社会动乱,社会思潮与个人思想的变化,不能不在考虑之列。齐梁之际那些小皇帝们徘徊于儒释道之间,今天这样,明天那样,刘彦和这样动辄得咎的知识分子能够不受影响吗? 去年春天,我在学会年会小组会上说过,几十年来,我们这些人,虽然革命的主旨不变,但思想面貌的许多方面,变得自己认不得自己了。数百年后,有人翻我们'文革'前的某篇文章,同我们 80 年代的言论对照,硬说绝非出自一人之手,我们能首肯于地下乎? 我看了《论丛》林氏再论《刘子》作者问题,认为考据部分是站得住的,而谈思想则非其所长。听说杨老驳林文临时抽回了,不识何故。日前重读《刘子·大质》等篇,使我精神为之一振。"在 1989 年 1 月 16 日致王元化信中他又说:"我尊重这两位老人(按:指杨明照、周振甫),但二老见解实在有些过于偏执。我们这些经过毛泽东时代,特别是经历过'文革'磨炼的人,对于刘勰一类学者思想前后期的变化,以及同一时期的思想矛盾(内心矛盾与内外矛盾),是能够体会理解的。你在《创作论》谈刘勰前后期思想的变化,谈到梁武帝由道教改信佛教,认为《灭惑论》迎合上意的可能性很大,是极有见地的。要是单从字面上比照《文心雕龙》与《刘子》观点的差异而否定林说,那么,用此方法考证周扬等同志前后期一些文章观点的差异,又将得出什么结论? 在刘勰所处的时代,一国君主宗教信仰的改变,即国教的改变,在政界、学界的震动,比我们经历的只会更大,每个人都必须适应这个变化,正如适应改朝换代的变化那样。林其锬在广州会上散发的论文中,说刘勰的遁迹佛门,与昭明太子失宠有关,我认为言之有理,我也曾疑虑及此。"光年老对《刘子》资料的每一新发现都高度重视,并且感到欣慰。《刘子集校》出版后,我们遵照王元化先生的指示,寄赠给日本的《文心雕龙》学家户田浩晓等人。1986年7月25日,户田浩晓教授即来信云:"我手头有宝历八年(1758年)刊的《刘子全书》五册,在皆川淇园作的序里,断定'《刘子》刘勰所作'。在日本,自古以来便力倡'《刘子》刘勰作者'说,从来没有人对此进行研究。"光年老、王元化和版本目录学家、上海图书馆馆长顾廷龙得悉后,都非常关注,因为在我国,五卷本《刘子》在明清之际便失传,他们还商量想法引进此书进行出版。后来经联系,户田浩晓教授寄来了他家藏的宝历八年刊五卷本《刘子》书貌的影印件,我再复印寄给光年老,他于1987年4月6日给我来信说:"3月24日大札敬悉,得户田浩晓教授影印资料,使《刘子》作者问题得到进一步佐证,值得庆幸。昨告一泯同志,他也高兴。"同月15日,他又给王元化写信说:"林、陈寄来的户田浩晓教授家藏宝历八年刊五卷本《刘子》书貌影印件,值得重视。宝历八年,相当我国乾隆中叶,据说根据的是应永写本。应永相当我明初永乐年间,其底本似在明以前。日本保存古本较多,这应永写本说不定尚在东土人间,何时有便,可得访求而影传之,亦文苑快事也。"1987年1月,他去烟台休养,在读清人王琦的《李长吉歌诗汇解》卷一首篇《李凭箜篌引》注中,发现有"刘勰《新论》(按:即《刘子》):秋叶泫露如泣,春葩含日似笑"之句,他特地在日记中记下。1990 年 3 月 18 日在给王元化的信中还抄录了这段日记,并说"得知清初(康熙)学者中也有认为《刘子新论》是刘勰作。《汇解》是清代名著,出书后未见异议。"1990 年 6 月 4 日,他也特地抄录这一条资料给我,可见他的认真。2000 年 4 月,"《文心雕龙》国际学术研讨会"在镇江举行,光年老因病未能出席,他特地委托张少康先生,向大会转达他关心的三件事:一是《文心雕龙》"原道"内涵探讨;二是《刘子》作者问题;三是定林寺遗址考证。他还于 2000 年 5 月 11 日给我来信说:"我曾托张少康同志在镇江讨论会上转达我关心的三事,其中之一是《刘子》作者问题。近年研究有何进展? ……过去听你说,户田有日刻《文心》(按:当作《刘子》)古籍,署名为'刘勰著'。我曾提出希望在我国影印出书,未见下文。"又说:"倾见张少康《夕秀集》中《文心雕龙研究现状与问题》(该书 118 面)一文中提及,'80 年代中还曾有过《刘子》一书是否为刘勰所作的争议,绝大多数学者否定了《刘子》为刘勰所作的看法,肯定者也没有什么有力的根据。'我没有看到那些'绝大多数'的否定意见,不知你和凤金对那些否定的意见看法如何? 我只知杨老的意见,我认为他的意见是缺乏说服力的。又及。"可见他对《刘子》研究始终的关切。

光年老对自己《〈刘子集校〉值得一读》这篇文章是很看重的,不仅在《文艺报》发表,又在《文心雕龙学刊》第五辑刊出,后又分别收入《惜春文谈》、《骈体语译文心雕龙》和《张光年文集》第五卷。1990 年 4 月 11 日,李一泯在北京钓鱼台国宾馆 6 号楼宴请台湾学者潘重规。光年老参加宴请,还特地带了刊有他这篇文章的《文心雕龙学刊)第五辑,赠送给潘重规先生。

架起一座龙纹桥

《文心雕龙》是我国历史上第一部"体大虑周,笼罩群言"、"标心万古,送怀千载"、有完整体系的古代文艺理论巨著。虽然成书之时,"未为时流所称",得不到重视。但经隋入唐,流传渐广:跨宋历元,到了明、清以后,研究者渐多;特别在近数十年,不仅受国人重视,而且走向世界。据统计,现在已有韩、日、英、意、德、捷克六种文字全译本;已出版研究专著、文集超过 300

种;已发表论文超过 3 000 篇。有人估计,研究《文心雕龙》的文字(含专著、译著、文集、论文)总字数已不下亿万字,而《文心雕龙》原文仅 37 290 字,由此可见"文心学"不但客观存在,而且还是一门"显学"。

《文心雕龙》产生于南朝骈体文盛行时期,平行句式和辞赋用语成为当时文坛的主流书面语言,其特点就是尚华、尚整、骈偶化、讲究音律。刘勰是当时的骈文高手,他运用当时极为漂亮的骈体文写出了深刻的文艺理论巨著《文心雕龙》。骈文是美文,《文心雕龙》的语言美是美了,但同当时的口语就已经有距离;经过 1 500 多年的历史变迁,同现代人的隔阂也就更大了。特别是现代的青年,正如光年老所言,"他们戏说读原文好像'读天书'"。有鉴于此,光年老率先用现代汉语对《文心雕龙》进行翻译,他是《文心雕龙》语译领域的开拓者。

1961 年春,时任中国作家协会书记处书记、《文艺报》主编的张光年,在向作协刊物编辑部同仁和中国人民大学文学系学生讲授《文心雕龙》时,为"避免一些古典词语临时解读的麻烦",他用语体文翻译了《神思》、《体性》、《风骨》、《通变》、《定势》、《情采》等六篇,并且是"用语体骈文翻译出来"的。译稿印发给大家参阅,结果不胫而走、无翼而飞、迅速流传,而且还被珍藏。这是"文心学"新领域的开创,随后乃有郭晋稀、陆侃如和牟世金等译著的相继出现。经过半个多世纪,海内外语译蔚为大观。据统计,截至 2005 年,海内外已出版译本《文心雕龙》(含选译)达 30 多种,但是,像光年老那样独树一帜的骈体语译本,迄今为止还只有他的《骈体语译文心雕龙》。

骈体语译,也就是"用语体骈文翻译出来,力求(不能完全做到)上下句对偶相称、平仄协调,还力求(不能完全做到)一句古文译成一句语体文,不失原意"(张光年:《骈体语译文心雕龙·序言》)。骈体语译比起散体语译要困难得多,但读起来朗朗上口,更加传神,更能体现《文心雕龙》原作的神韵。当然,更重要的是要做到"信(准确)、达(流畅)、雅(美好)",这是非常不容易的。完成这样艰巨的任务,不仅要有深厚的文史功底,而且要具有诗人的才华,这自然非集学者、理论家和诗人于一身的张光年莫属。

《骈体语译文心雕龙》还有一个显著的特色——语译者创造性地运用中

国古代批评的格式。在每篇译文后面,附有长短不一的"译后记"。"译后记"紧扣文本,揭橥要旨,画龙点睛,阐发精义。同时,紧密联系当代文艺创作和批评的实际,随感而发,有针对性地提出批评、建言,指引现实文艺创作和批评的迷津。这样可以振叶寻根、观澜索源,把古代文艺的源头活水、古人智慧,直接引向现实文艺创作实践和文艺批评,从而打通古今,真正架起一座通向古文心和后来人的龙纹桥。这不仅对"文心学"的发展,也对古代文论的研究和教学,都指出一条可持续发展的光明大道。

1983年夏天,中国《文心雕龙》学会在青岛成立,光年老被选为会长。会前,黄秋耘先生从广州寄来自己珍藏的1961年5月《文艺报》印发、载有光年老当年语译的六篇《文心雕龙》译文的《业务学习资料》,在王元化、徐中玉等先生力促下,拿到上海在《文史论丛》正式发表。大家看到后,不少人都敦劝光年老早日动笔,继续完成译作。1987年光年老又开始翻译,9月译出《熔裁》、《夸饰》、《养气》、《比兴》、《事类》、《隐秀》等六篇;同年12月又译出了《总术》、《附会》两篇;1988年1月再译出《时序》、《物色》、《才略》、《知音》、《程器》;1991年11月又译出《原道》、《征圣》、《辨骚》、《明诗》、《诠赋》、《诸子》;1991年12月又补译《宗经》、《论说》、《丽辞》;1995年进入修改、润饰,又补译了《章句》。2000年3月全力投入《骈体语译文心雕龙》的编辑工作;5月撰写"译后记"及"序言"。2000年5月11日,光年老在给我的信中说:"为《骈体语译文心雕龙》出书一事,我们已经通过几次电话。现译稿与"译后记"各30篇已由我的文秘在作协复印。明日印出后寄你一份,请你和凤金看看、挑挑毛病。我希望你俩的意见,连同在京张少康、蔡钟翔、缪俊杰同志的修改意见,能在收阅后尽早(22日左右)告我,以便参酌定稿,月底将定稿及软盘寄你转上海书店。关于版式、出简体或繁体本等,我不提具体要求,能早点出书就好。希望版面大方一点,定价不太高,价廉物美,使大学文科生买得起……经过两个多月的奋斗,我此刻很感疲劳,别的事谨拜托你和凤金同志,不胜感激之至!"光年老从1961年春到2000年5月,从始译到完成,前后历经40年,他严肃认真,谦虚谨慎,以顽强的毅力,在87岁高龄完成《骈体语译文心雕龙》,终于实现了"四十年心愿",这种治学精神堪为后继者的楷模。

光年老写书心中装着读者,处处为读者特别是青年读者着想。从篇目选择、篇次安排、书的定价,都考虑读者特别是青年读者的需要、便利、可接受能力。译文文稿甫成之际,他为使读者考核、对照原文方便,想以他的"良师益友"范文澜《文心雕龙注》的白文作为语译书的附录。但是,鉴于范注本成书较早,"或有待于补正",因此向我提出:能否以范文澜注本为基础,吸收范注本之后的校勘成果,搞个新校白文本。承蒙光年老不弃,我们欣然受命。我们遵照他的意见,以范注本为底本,在拙校《敦煌遗书〈文心雕龙〉集校》、《宋本〈太平御览〉引〈文心雕龙〉辑校》和《元至正刊本〈文心雕龙〉汇校》的基础上,比勘诸家校勘成果,对范注本补正了 650 多字,撰成"新校白文《文心雕龙》"以复命,光年老遂将其作为《骈体语译文心雕龙》"附录一"刊出。我们感到,能够受命承担这一任务是我们的荣幸,也是我们的本分,是我们应该做的,所以在出版时我们认为无需另加署名,可是光年老坚持要另署我们的名字。他不仅同出版社总编辑俞子林打招呼,还通过王元化先生说服我们。2000 年 7 月 13 日,又特地写信给我:"我和你、俞子林、元化同志通过电话,主张在《骈体语译文心雕龙》附录"精(新)校《文心雕龙》白文"处署上你和凤金的名字,他俩都同意,此事大概已经解决了吧!这次精校本,你俩花了很大功夫,是一新贡献,以后可考虑出单行本。"不仅如此,他还在《骈体语译文心雕龙》"序言"中专门写了一节"关于附录新校《文心》五十篇的说明",对我们的工作给予肯定和表扬,令我们十分感动。

由于我们身居上海,光年老的书是在上海书店出版社出版的,我也有多本著作曾在该出版社出版,因而同该社的总编辑俞子林等人有交往,所以受光年老之托,协调处理出版中的一些具体事务,如排印稿校对等,这对我们来说,是学习的机会;作为晚辈,也是应尽的义务。可是光年老总是十分客气,多次电话、书信都表示感谢,令我们感到不好意思。在整个出版过程中,光年老那种一丝不苟、谦虚谨慎、严于律己、宽以待人的态度和精神是无声的身教,使我们深受教育、获益匪浅。

"化为光电耀长空"

光年老生前出版的最后一本书是《光未然脱险记》,凡读过这本书的人,莫不为他传奇般的生涯、惊险的经历而赞叹不已。他 12 岁参加"五卅运动",13 岁加入共青团,15 岁成为共产党员。1926 年才 13 岁的他,担任了中国共产党县委领导的地下国民党区分部书记,领导着许多二十几岁、三十几岁的国民党员,而且"他们都是听我领导的"。他一生从事革命文艺活动,从武汉到上海,从鄂北到延安,从重庆到缅甸,从昆明到北平,三次折臂,九次脱险,为革命、为救亡、为建立新中国、为中华民族复兴,舍生忘死,历尽艰难困苦,勇往直前奋斗终生。正如他自己在此书的《序言》中所说:"我生于 20 世纪早期的 1913 年,有幸参加 20 年代破天荒的第一次国民革命战争,三四十年代伟大的抗日战争、解放战争,直到光芒万丈的新中国成立。当然也经受了'文革'的十年。我也和广大群众一起深切感受到第二次世界大战、苏联的建国和解体的亦惊亦怒、大喜大悲的心路。"正是这个"震古烁今的历史巨变"时代,塑造了像光年老这样具有传奇色彩的杰出人物。

光年老好学深思,多才多艺,统革命家、作家、理论家、学者于一身。他以代表作《黄河大合唱》和《五月的鲜花》成为当代大诗人而闻名天下,但一个方面的耀眼光芒往往会掩盖其他方面的成就,特别是他作为一个学者对古代文史研究方面的成就和贡献往往被人们所忽视。在这方面,他基于常人难以企及的广阔领域而又曲折复杂的人生阅历和丰富的文艺创作及理论研究实践经验,加之年轻时就打下的坚实文史基础,能够形成他自己独特的文史视野和研究方法。他重视"读活书",主张"在多读、多听、多看、多比较中增强自己的视力、听力、辨别力"(《骈体语译文心雕龙·知音篇译后记》),在研究古人作品时,重视古人"在当时环境之下的创作心理的分析"(《离骚今译·题记》)。他还认为研究要面向现代、面向实际、面向世界,通过研究汲取精华,联系实际融汇古今,进行理论创新。他晚年在《文心雕龙》、《刘子》方面的研究成果就是他在理论实践的收获。

"十载金光已浪掷,争分夺秒惜春时"(《惜春时·七绝》)。光年老在"文革"之后,不顾自己年事已高,"载笔天涯作壮游",手不释卷,思如潮涌,走到哪里,写到哪里,留下许多美文和丰硕成果,是我们学习的楷模。他坚持真理,提携后进,可谓不遗余力。我感同身受,深受恩泽,永难忘怀。

值得告慰他在天之灵的是,自他《谈话》之后,《刘子》的研究已有很大的发展。据统计:从 1924 年至 1984 年,《刘子》研究专著七部,论文八篇;从 1985 年至 2012 年,《刘子》研究专著 11 部,论文 95 篇;一部 130 万字的敦煌西域九残卷、日本宝历五卷本《刘子集校合编》,也已在华东师范大学出版社出版。他生前关注日本宝历八年刊五卷本《刘子》,"希望在我国影印出书"的愿望也在此书中实现。他的母校华中师范大学(前身为"武昌中华大学")为纪念他的百岁诞辰。也再版了他的《骈体语译文心雕龙》。光年老在 1986 年 10 月 23 日《过巫峡》诗中云:"鬼斧神工十二峰,都被前人勾画穿。留得千山万壑水,化为光电耀长空。"光年老神奇的生涯,正如巫峡"鬼斧神工十二峰",他的丰功伟绩也似"留得千山万壑水',这一切也都将"化为光电",永远照耀着我们中华民族历史的长空! 张光年同志将永远活在人民心中!

六、 透风漏月室诗词稿

弁言

古人有"诗言志"之说,我则有"以诗纪事"的习惯:遇事起兴,随境而发,记录心声。几十年写了不少,但也随写随丢,除个别被友人公之报刊外,都没有发表过。2011年,因清理书刊、旧稿,发现一袋诗词剩稿,恰好友来访,见到很感兴趣,建议加以整理,还表示可以帮助电脑打印。于是以此为基础,扩及日记、其他笔记本所录加以结集,竟得不下千首(包括白话诗)。于是从中选取古体诗词288首,分类编成八集:《旅思集》、《驼铃集》、《物色集》、《感吟集》、《兰亭集》、《鹤鸣集》、《时思集》、《哀吊集》,由友人打印成册,命之为《透风漏月室诗稿》。之后,旧习不改,仍有新作,又先后混编成《夕照集》、《夕照续集》,总共十集,计391首(诗339首,词52首)。虽然有多位好友建议再精选出版,但自己认为多不合仄,作为心声记录资料尚可,作为文学作品则有距离,所以只能心领而未遵行。

(一)《旅思集》

序

见境生情,借境抒情,乃诗词之所由生。数十年终日碌碌,偶有机会,或参访、或会议、或聚游，有感而发，留下心声。北宋范仲淹《苏幕遮》有："黯乡魂，追旅思，夜夜除非、好梦留人睡。"今录旧作七十七首，题作《旅思集》，聊资追怀也。

夜过汨罗江怀屈原

午夜驱车过汨罗，思接千古悲沉河。

忠肝义胆路反绝，云遮雾罩多妖魔。

代代凭吊屈夫子，年年端午响舟锣。

雄黄艾草赶魑魅，浩气长空诵《离骚》。

一九六四年六月十六日零点卅分

登武汉长江大桥

一桥镇蛇龟，人工惊神鬼。

吞吐南与北，横梳长江水。

茫茫楚天阔，哪见黄鹤飞？

人间留彩虹，引得世人醉。

一九六四年六月十九日下午

榕城诗抄

一九七九年出差闽东，后返福州，阔别二十余载，访山、访水、访亲、访友，风物巨变，感慨万千。

（一）西江月 　*沪榕机上*

脚踩万朵素莲，翼鼓两道清风。

云海茫茫起奇峰，仙乡兀自空蒙。

拨开云头俯看，八闽山水画中。

廿年相思几回梦？千里归程匆匆。

一九七九年十一月六日上午

（二）七绝　　返母校福一中

碧云黄叶已深秋，惊涛骇浪过中流。

旗鼓无声闽江语，重返家山忽白头。

一九七九年十一月七日晚于一中陈光池师家

[注] 旗鼓：旗山、鼓山。

（三）五绝　　老同学西湖聚会

故友相见喜，岁月流逝悲。

韶华何处觅，江山多妩媚。

一九七九年十一月十日晚

（四）重游鼓山喝水崖

摩崖有碑刻，山水留知音。

子期与伯牙，千载赢泪盈。

一九七九年十一月十二日携老同学游鼓山

（五）如梦令　　老同学宴请航校老友聚会

榕树常青如油，故友情深似酒。

二载共起居，廿年南北分走。

回首，回首，花开花落知否？

一九七九年十一月十四日晚

（六）七律　　谒戚公(继光)祠

戚公留下征东饼，吃饼谁复念戚公？

平远台上望江水，醉石崖畔觅旧踪。

英雄平倭功赫赫，好汉寂寞心重重。

千载中华脊梁在，犹留古榕舞东风。

一九七九年十一月十五日傍晚

（七）登于山定光塔

自塔穿云端，榕城尽收揽。

苍茫暮色里，烟霭浮远山。

一九七九年十一月十五日傍晚

（八）闽江恋　别诸友

绿水绕青山，蜿蜒向远方。

青山意缠绵，绿水情深长。

一九七九年十一月十六日于福州火车站

过三峡

四月应邀参加重庆师大海峡两岸共撰《中华民族史》学术研讨会，会后顺流作三峡游。

人生难得共一舻，巴山蜀水长江路。

瞿伟巫秀西陵险，谁解庄生南华书？

一九九三年四月于三峡船上

孟春游龙华

流光三十去匆匆，携侣重来觅旧踪。

当年文物今何在，千古宝塔仰高风。

一九八三年五月六日

莫干山留咏

一九八三年九月，上海社科院安排赴莫干山休假，预期两周，但因马伯煌教授突生急病，提前护送下山回沪。休养期间，撰有组诗，今选两组外一首。

（一）芦花荡白睡莲

素华翠盖映清波，不招蜂蝶临风坐。

点缀秋光身自许，何需过客吟咏多。

一九八三年九月八日

（二）忆江南四首

绿

莫干绿，碧玉万千杆。

倾波倒浪翠欲溢，幽径闻音不相望。

明灭似海洋。

·115·

凉

莫干凉,林密蔽日光。

绿风片片侵肌骨,一泓清泉水生烟。

萧丘在此见。

清

莫干清,如洗无纤尘。

带露晨风涤肺腑,凡思滤尽一身轻。

潭影空人心。

静

莫干静,远山夜深沉。

岚光空寂婆娑影,万籁唯余竹涛声。

幻入三清境。

一九八三年九月十日

(三) 莫干山剪影三首

塔山

莫干第一峰,放眼尽葱茏。

秋深春不改,心静洗碧空。

怪石角

怪石并不怪,少见自多怪。

放远千层目,青山独可怀。

莫干雾

一夜风雨狂,晨雾满山岗。

相闻不相见,滴叶响空山。

一九八三年九月十一日

南京五首

(一) 石头城

断垣虎踞石头城,人道"鬼脸"曲径深。

春风杨柳江南路,犹记孙郎拓荒人。

一九八三年十二月十六日

[注] 南京城始建于三国东吴,史称"石头城",今遗残垣一段,当地人称"鬼脸",鲜为人知。

(二)谒中山陵

钟山仰止天下公,我今来谒探大同。

春兰秋菊空自许,敢问桃源路何通?

一九八三年十二月十六日下午

(三)吊明孝陵

开基堪称豪,功臣碧血多。

补天终难久,留得凤阳歌。

一九八三年十二月十八日

(四)谒雨花台

人道无情最有情,以血代墨写汗青。

娲皇不炼五色石,水满东南天犹倾。

一九八三年十二月十八日

(五)莫愁女

莫愁怎不愁?少小依他乡。

弃富求佳婿,恶棒打鸳鸯。

一九八三年十二月十八日

苏州灵岩山二首

(一)藏经楼读经

为求真经藏,二上灵岩山。

佛门行方便,我心自有禅。

一九八三年十二月二十三日

(二)灵岩探古

灵岩何处觅西施?吴王井下玩花池。

凄凉峰顶琴台月,人去台空悲风嘶。

一九八三年十二月二十三日

[注] 为撰《中国古代大同思想研究》,得悉灵岩山有《龙藏》,与陈正炎先生一起二上灵岩山,得明学大和尚支持,不仅得读《龙藏》,且意外发现《灵岩饭僧田碑》,记载农禅实况,后我据此撰成"西方净土"与"一日不作,一日不食"一节。

武汉二首

(一) 游东湖行吟阁兼吊三闾大夫

行吟悲千古,心逐云梦涛。

屈子今何在?精魂化《离骚》。

一九八四年四月二十二日

(二) 古琴台

高山流水识知音,龟山从此留美名。

琴毁台空人不见,千秋韵事系人心。

一九八四年四月二十二日

长沙二首

(一) 岳麓山

山深藏英杰,树矗仰高风。

丹心写青史,碧血呕大同。

一九八四年五月四日雨中登山

(二) 谒先贤墓

唯楚多才非虚说,此山英杰又独多。

慷慨悲歌豪气在,头颅换得好山河。

一九八四年五月六日再登岳麓山

永遇乐　鄂、湘、粤三省行

乘虚御风,驾虬驭龙,铁马迅捷。

鄂渚泽吟,琴台人空,听曾侯短笛。

马王堆尸,船山庭院,岳麓山深藏英杰。

路迢迢,黄红花岗,倦客凭吊先烈。

滔滔黄河,滚滚长江,流淌多少血!

繁华声里,香丘何处? 但无语凝噎。

觅觅寻寻,影影绰绰,只有镜花水月。

望神州,云海茫茫,江山明灭。

一九八四年五月二十一日于穗沪航机

[注] 曾侯短笛:湖北随州曾侯乙墓出土竹笛二支,均七孔,一反中国古代仅有五音说。

八闽行三首
(一) 登鼓浪屿日光岩

日光岩上沐天风,海际茫茫不相同。

雨浸浪蚀石头碎,英雄当让郑成功。

一九八五年四月七日

(二) 游南普陀寺

五老峰下南普陀,千年古刹香客多。

西装革履牛仔裤,心求元宝念弥陀。

一九八五年四月十一日

(三) 游莆田西天尾紫霄

携侣上紫霄,心作少年游。

怪石未足奇,却喜径通幽。

一九八五年四月十三日

登黄山

削地凌空竞争奇,莲花远眺天都低。

劲松挥手招勇士,阎王壁下百丈梯。

一九八六年四月二十四日

[注] ①一九八六年四月十五日至廿日在安徽屯溪召开中国《文心雕龙》学会第二届年会,承正副会长张光年、王元化厚爱,邀我和陈凤金与会,并在大会作《〈刘子〉的流传及其家数》的发言,会后游黄山。②莲花峰为黄山最高峰,天都峰为黄山最险峰。正面上山,登百丈梯最陡,过阎王壁最险。

访茅山　夜宿大茅峰上宫

觅迹访道上茅峰,山风残月夜朦胧。

虔诚善男与信女,箫鼓思神烟霭中。

一九八八年四月二十三日夜于九霄宫

[注] 访茅山正值香期,各地香客云集,神殿人满,通宵道场不停。

海宁观潮

海宁八八潮无双,一线闪光天地宽。

隐隐雷鸣人攒动,卷地银山万马欢。

一九九〇年农历八月初八

游新加坡光明山

一九九一年九月、十月应新加坡东亚哲学研究所之邀,访问新加坡,有幸结识诸多同乡。十月九日,陈立铭先生宴请,驾车夜游光明山,谒普觉寺,旁有自度庵,夜深未进。

更阑驱车普觉寺,山门紧闭自度庵。

幸遇灵山接引者,登堂合十共参禅。

[注] 普觉寺为新加坡最大佛寺,庙宇辉煌,肃穆静谧,佛像庄严。当夜月明星稀,风凉心爽,如入灵山。

一九九一年十月十九日夜

杭州三首

（一）九溪烟树

山色空蒙树绕烟，故地重游卅五年。

人生犹似九溪水，九回九转十八涧。

一九九五年四月十四日

（二）花溪留影

花开令人喜，花落使人愁。

花随流水去，何处有香丘？

一九九五年四月二十二日

（三）孤山竹径

竹径通幽，梅鹤为友。

梅谢鹤去，孤山永久。

一九九五年四月二十二日

武夷杂咏三首

（一）九曲溪

碧水丹山赞武夷，大王峰傍玉女立。

天上人间多情种，衷肠回荡九曲溪。

一九九五年八月六日

（二）天游峰

天游峰上看人生，九曲弯弯叹华年。

熙熙攘攘皆蚁聚，岿然不动唯青山。

一九九五年八月七日

（三）玉女峰

玉女亭亭立，倩影映清流。

碧水绕丹山，白云去悠悠。

一九九五年八月八日

西江月 并序

丙子冬日,杏山之友,时隔半纪,聚首榕城。忆童稚之纯真,叙友情之绵长。西子湖边,流连忘返,留影人间,山高水长。

六桥、杏山、钟麟,湖光、山色、云影。

长别短聚忆童年,历历宛如流星。

苍穹、大地、人生,绵邈、无垠、梦境。

蓦然回首崎岖路,苦辣酸甜盈盈。

[注] ①六桥:闽侯上街乡别称。②杏山、钟麟:皆上街小学所在地。③西子湖:福州西湖。

一九九六年十一月二十九日

游无锡

车绕太湖行,沿山十八弯。

浩森烟波阔,撒满金银光。

一九九七年一月五日

姑苏访游二首

(一) 访西园寺

冒雨访西园,高僧说禅宗。

劳禅并均力,百丈有遗风。

一九九八年十二月二十三日

(二) 北寺塔揽胜

千年古刹塔九层,冬日暮云我独登。

姑苏景色尽收揽,夕照太湖水粼粼。

一九九八年十二月二十四日

香江游(二首)

一九九九年三月、五月,先后应邀赴台参加道教、"文心"学术会议,途经香港而作。

(一)

东西合璧造繁华,铁血泪诉鞭舆枷。

百年屈辱浪游子,而今怒放紫荆花。

一九九九年五月二十日

(二)

夜登太平山,脚下星光灿。

流动铜锣湾,明珠闪闪亮。

一九九九年五月二十日

唐多令　台北行

一九九九年五月中旬,应台湾师范大学之邀,参加"《文心雕龙》国际学术研讨会",会后参观诸多名胜,并到桃园石门水库旅游。临别,台师大王更生教授三位女弟子联名赠诗,因填此词回赠。二零一零年台湾出版《〈文心雕龙〉国际学术研讨会论文集》,在卷首影印了此词手稿。

冲天凌云飞,呼啸跨浩淼,少长咸集皆风流。

彦和《文心》魂犹在,历千古,播五洲。

唇舌战未休,欢伯歌《水调》,学异心同争上游。

水库情深人俊美,今离去,思悠悠。

一九九九年五月十九日

[附]王门三弟子赠诗

亲爱的林老师

那一天

你离去了

遥远的思念

环绕我

特别不舍的足迹

何曾离开过呢?

而我

何曾梦失

学生　刘渼　林淑云　徐夏连

一九九九年五月十八日

[注] ①少长咸集:与会者除海峡两岸尚有美、韩、新加坡等四十余人。②欢伯歌《水调》:宴会上台师大王更生教授唱苏东坡《水调歌头·明月几时有》。

游浙西大峡谷

两山夹清流,空蒙雨中游。

云间隐民居,桃源堪逍遥。

二〇〇一年五月二十九日

北行纪游

二〇〇二年八月十六日至二十三日,在保定参加《文心》第七届年会,会后随镇江钱永波主任车,从五台山经雁门关至大同,复东进游北戴河、山海关,再南下经日照、莒县、淮安、扬州、镇江返沪,此行跨越五省,全程三千余公里,沿途山川壮丽,名胜无数,感触颇深,故作《纪游》。

赤县神州风物多,机缘巧遇访山河。

五台云岗礼灵佛,莒国来浮赞郁娑。

两上雄关吊英烈,再临大海诵诗歌。

《文心》化桥原有意,千里迢遥一日过。

二〇〇二年八月二十三日

[注] ①莒国来浮:山东莒县来浮山,有千年古杏树。②两上雄关:雁门关、山海关。③再临大海诵诗歌:诵北戴河毛泽东诗碑。

烟台二首

（一）游蓬莱

浊浪拍空两千年，疯狂世界有济癫。

莫道人间人皆醉，蓬莱又聚活八仙。

二〇〇二年九月二十三日

（二）夜游金海湾

壬午中秋月儿圆，偕侣携朋金海湾。

遥望水天波潋滟，心在海上片云间。

二〇〇二年九月二十四日

[注] 二〇〇二年九月下旬，应邀参加国侨办、山东侨办联合举办的"旅韩华侨华人恳亲大会论坛"，开会期中恰逢中秋节。

忆南山

镇江南山文苑公园以《文心雕龙》为主题，建有文心阁、雕龙池、知音亭、文心碑。此外，还有镇江名人馆、文化长廊。人文荟萃，光彩夺目。落成时与王元化、王运熙先生一起应邀参加开幕式，后又多次往访，印象深刻。

南山几度游，文苑最风流。

古今人荟萃，伟业播千秋。

二〇〇三年一月一日

新西兰二首

（一）西江月　　新西兰奥克兰月亮湾

蓝天、白云、阳光，碧海、风涛、帆船。

极目天舒清一色，心随海鸥飞翔。

翠树、绿篱、红花，雕廊、粉墙、黛瓦。

茵茵绒毯铺天涯，鳞次栉比人家。

二〇〇三年四月十三日

[注] 二〇〇三年三月与凤金同赴新西兰探亲,林木夫妇带小女孩妞妞一起同游月亮湾,这里是奥克兰消闲的好地方。

（二）夜游伊甸山

夜步区间道,满月上树梢。

碧空无纤尘,稀星对人笑。

伊甸山朦胧,万籁寂且静。

此地称净土,Ki Wi 难升空。

二〇〇三年四月十六日于奥克兰

[注] ①伊甸山是死火山,顶上凹如锅,环山青翠,风景优美。登顶可环视奥克兰市区,林木家在山麓,登顶仅需廿分钟。②Ki Wi:新西兰国鸟,绒毛无翅,胆小夜出,只会奔走。

福冈樱花

古稀喜作扶桑游,千载《文心》化为桥。

天公善解人间意,大放绚彩樱花笑。

二〇〇五年四月五日于日本福冈

[注] ①二〇〇五年四月,应日本福冈大学之邀参加"《文心雕龙》国际学术会议",恰樱花盛开,五日夜晚宴毕,与会者同游舞鹤公园,仕女如云,携眷带侣,席地赏花,盛况空前。②扶桑:日本古名。

送旧

大箕山笼雾,茫茫向太湖。

径幽人不见,林密听鹧鸪。

二〇〇五年十二月三十一日下午于无锡华东干部疗养院大箕山好望角

[注] 大箕山:华东干部疗养院所在地,原是太湖一小岛,在无锡鼋头渚对面,疗养院建成后有长堤与大箕山相通。

登锡山龙光塔

无锡偏要名锡山，为图出头建龙光。

独上高层看风景，暮蔼运河几道弯？

二〇〇六年一月八日

[注] 在无锡华东干部疗养院即将出院时，下午三时独上锡山，登龙光塔，据介绍：龙光塔乃风水塔，因无锡从无状元，为图出头，特在锡山顶建龙光塔。塔七层，登高俯览市区，只见古运河苍茫蜿蜒消失于建筑物之中。

春末　桃林

桃李芬芳梅花落，梁燕归来春已末。

悠悠柳棉何处着？和雨化泥培新萼。

二〇〇六年三月三十日

台湾行三首

二〇〇六年十一月九日至十七日，应台湾中山大学、高雄道德院之邀，赴台参加"仙道文化首届国际学术讨论会"，会后到高雄、台南、台中、南投等地旅游，参观名胜古迹多处，尤以鹅銮鼻、日月潭、赤嵌楼、天后宫、高雄港印象尤深。

(一) 游日月潭二首

湖光山色真迷人，朝晴暮雨忽又阴。

日月潭水深千尺，不及两岸同胞情。

二〇〇六年十一月十五日

红叶不扫待知音，仙女无言蕙兰心。

西山日落东山月，朦胧山色夜沉沉。

二〇〇六年十一月十五日

（二）纪行

足驾祥云万朵，仙侣陪我同行。

俯视浩淼烟波，冉冉按落蓬瀛。

西子湾畔论道，道德院里谈经。

日月潭中泛舟，鹅銮鼻头留影。

二○○六年十一月十七日

[注]①西子湾：台湾中山大学所在地。②鹅銮鼻，台湾岛最南端。

登浙江仙都鼎湖峰

十二月十九至二十一日，参加上海作家协会古典文学组参访团，赴浙江武义、潜源参访，游郭洞村、鼎湖峰、步虚山、黄帝祠、芙蓉峡、铁城、小赤壁、倪翁洞、独峰书院等名胜。同行有陈诏、周锡山等八人。

步虚山上话步虚，抚今溯古说龙驭。

俯看好溪八卦图，鼎湖峰下是仙居。

二○○七年十二月二十日于仙居

[注]①龙驭：传说黄帝自鼎湖峰驭龙升天，今峰下有黄帝祠。②好溪：鼎湖峰下溪名，俯看似太极。

西江月　游桂林公园

戊子重阳节前夕，有老同学从福建来，上海同学相约同游桂林公园，恰今年暖秋，桂花迟发，近日方凉，桂子飘香，良辰美景，大家心旷神怡，遂填此阕以纪游。

玉枝、金粟、天香，广寒、嫦娥、吴刚。

小桥流水意无穷，浓荫洗尽尘缘。

人间真情难得，心有灵犀相通。

离却今宵无好梦，逍遥神驰苍穹。

二○○八年十月四日

访台诗录

二〇〇九年一月上旬,应邀参加台湾中山大学"《道德经》与道教文化学术研讨会",有感而作。

(一) 西江月　沪港机上

脚踩素莲万朵,眼前千道霞光。

大鹏驮我向何方? 祖国宝岛台湾。

灵鹫庄严国土,紫宵飘渺仙乡。

琼楼玉宇不胜寒,人间"五缘"路宽。

二〇〇九年一月五日上午

(二) 忆江南　港高(雄)机上

望台湾,咫尺路漫漫。

一水相隔骨肉离,万年金瓯劈两半。

怎不黯神伤?

二〇〇九年一月五日下午

[注] 路漫漫:因政治分隔,不能直飞,需香港转机。

(三) 冬游阿里山

层峦相叠山重山,游龙蜿蜒几道弯?

登高饱览青黄紫,白云深处有仙乡。

二〇〇九年一月八日

[注] 游龙蜿蜒,承蒙厚爱,高雄道德院特派二道友用轿车送我上下山,沿山道路曲折,车如游龙疾驰。

(四) 赠道友

莲台有素心,人间真性情。

鸿飞千里远,犹不失知音。

二〇〇九年一月九日

游锦溪二首

（一）锦溪古镇

湖光秀丽景天成，街巷逶迤桥纵横。

陈妃水冢烟波里，莲院钟声起禅心。

二〇一〇年二月十九日

（二）题陈妃墓

莲池禅院五保湖，五保湖中陈妃墓。

水冢天下称第一，人间真情传奇书。

二〇一〇年二月十九日

[注] 锦溪古镇因溪得名，已有两千五百年历史，南宋孝宗陈妃殒此，水葬镇南五保湖中，诏改陈墓，后又恢复原名。古镇河道纵横，路由桥通，又是古砖瓦生产祖地，故有"三十六座桥，七十二只窑"之说。

元宵访梅

元宵访梅花已残，有心寻香不肯香。

觅得枝头数蓓蕾，留与梅痴仔细看。

二〇一〇年二月二十八日

南浔留影

携侣踏青乘春时，小河清漾映绿丝。

凭舷凝眸何所寄？情洒江南相思地。

二〇一〇年四月七日

重游姑苏寒山寺

日访寒山寺，夜读《寒山诗》。

梵钟警欲海，诗剑斩痴迷。

跋：一九五八年游寒山寺，迄今已五十三年。沧桑巨变，今非昔比。为旅游经济驱动，今日寒山寺规模扩大，金碧辉煌，但市井气弥漫，清静、庄严全失，已非佛门圣境矣。

二〇一一年二月四日辛丑春节

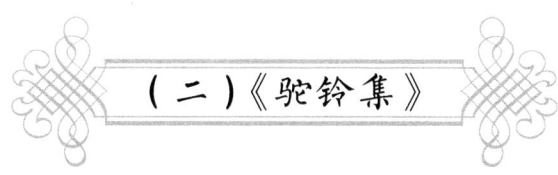

（二）《驼铃集》

序

屈原《离骚》："路漫漫其修远兮，吾将上下而求索。"学术就是求索，学术旅途犹如骆驼跋涉沙漠。以下四十六首即驼铃留声也，故命之曰《驼铃集》。

辛卯仲秋林其锬题

心归曲　归队

心归心归，百折千回。

心归心归，鸟向林飞。

心归心归，一线光辉。

心归心归，期有所为。

一九八〇年九月二十九日

抒怀

炎夏挥汗雨，伏案写《农家》。

篇成添一瓦，汗雨润心花。

一九八一年七月二十五日

[注]《农家》：指"西汉农业生产与农家经济思想"，为《秦汉经济思想史》书之一章。

偶题

身居闹市耳不嚣，故纸堆中觅琼瑶。

有心作茧甘自缚,素丝一缕酬春秋。

一九八二年二月五日上图古籍阅览室校《刘子》

感遇

昨遇事,无寐,起作。

弯弯山道行,崎岖又泥泞。

狂风泼瓢雨,交瘁还攀登。

一九八二年三月三十日晨

送凤金赴京校《刘子》

几多风雨几多泪? 望断梅魂春始归。

高天铅重寒流急,地面醒苏暖风吹。

崎岖山道峻且险,泥泞小路步履迥。

先驱有幸是长者,沾露后生仰朝晖。

一九八二年五月五日

恋芳春　调经济思想史研究室

黄浦江边,寂寞大院,几多枯叶飘扬?

恰遇天高气爽,窗透阳光。

乍寒时带来一丝温暖,新希望顿生力量。

暗思量,山山水水路长,难关再闯。

一九八二年十月八日

《刘子集校》初成感咏(三首)

(一)

此道本坎坷,风多雨也多。

谷秕姑勿论,三百五朝暮。

一九八二年十二月十六日

（二）

山高疑无径，水阔独叹息。

幸逢先行者，指路赐舟楫。

一九八二年十二月十六日

（三）

短生如石火，况已逝者多。

今犹学龟步，朝夕防蹉跎。

一九八二年十二月十六日

纪事

去年国庆战《农家》，今岁中秋始刊发。

稽古钩沉探源流，披荆斩棘攀枝花。

一九八三年九月二十日

[注]《略论农家源流及其在中国经济思想史中的地位》乃首篇公开发表的经济思想史论文，刊于《中国社会经济史》一九八三年第三期。

蝶恋花 《中国古代大同思想研究》外调归途

六朝遗踪古吴都，江南胜迹，堪称天下无。

石头城下寻旧物，吴王宫里访娇姝。

喜得方便遇活佛，藏经楼上，焚香读古书。

学海拾贝忘寒苦，几度风雨得龙珠。

一九八三年十二月二十四日

纪事 《刘子集校》复审交稿

半生了一事，苦乐诋自知。

来年花结果，共话无眠时。

一九八四年三月二十九日下午

[**注**] 半生：今年三月三十日，恰是余虚度五十周岁也。

元旦

元日年年有，今年意义殊。

冰霜满半百，精气凝一书。

匆匆人生过，漫漫事业路。

后焰非前焰，竞驰驾白驹。

一九八五年一月一日

长风忆旧

难得偷闲踏春草，银锄湖畔赏碧波。

击水争流廿年事，人满百岁书作歌。

一九八五年三月二十九日

[**注**] 一九五九至一九六四年我与凤金同在华师大读书，常到长风公园坐在银锄湖边休息，距今恰已廿余年矣。明、后天正是我同凤金半百生日，今年将出版合著《刘子集校》，今日重游旧地，感慨万千。

题《刘子集校》样书

百岁成一书，谁知其中苦？

是非任评说，敝帚珍也无。

一九八五年九月九日

[**注**] 两人半百，合而百岁。

题《再论〈刘子〉作者问题》稿后

华盖顶上遮，带枷长街行。

蹒跚人生路，雪泥留鸿印。

一九八六年五月三十一日下午

《大同》书出怀陈正炎教授

与陈正炎教授合著《中国古代大同思想研究》经近三年撰写、修改,终于一九八六年七月十日在上海人民出版社出版。陈正炎教授却不幸于七月四日凌晨二点四十分突发脑溢血逝世,未能亲见成果,而我也顿失良师益友。呜呼,痛哉!

利剑齐挥披棘荆,心血共流结此晶。

壮志未酬身先去,哭奉《大同》祭英灵。

一九八六年七月十日

题《大同》

八月十九日,《中国古代大同思想研究》正式上架发行,是作。

千秋万代歌大同,水月镜花总是空。

心寄光明消长夜,人盼普天太阳红。

一九八六年八月十九日

《刘子集校》获奖

得通知:《刘子集校(附作者考辩)》获"上海市一九七八——一九八五哲学社会科学优秀成果著作奖",不胜感慨。

犹记蝉声躁,忽闻桂花香。

俗议若浮云,风物放眼量。

一九八六年九月

生辰

《敦煌遗书刘子残卷集录》、《敦煌遗书文心雕龙残卷集校》(《中华文史论丛》抽印本)清样接踵而至,一个多月不分昼夜赶校,恰在今日下午完成。林红、林木捧绍兴酒与古典音乐录音带来贺,方知今日是我五十三岁生辰也。

迎了梅花接山茶,敦煌双姝落我家。

休管蜂狂与蝶舞,二女妆成喜无涯。

一九八八年三月三十日夜

书获奖怀故人

《中国古代大同思想研究》,在上海社会科学院建院三十周年大会宣布获一九八八年优秀著作奖。无限怀念合著者陈正炎教授。

书列榜首思故人,墓木已拱草青青。

京陵荒郊访石城,灵岩山上读古经。

黄花岗前悲寂寞,高山流水叹知音。

漫漫悠悠几多路,朝朝暮暮无限情。

一九八八年九月七日

广州《文心》盛会

"《文心雕龙》'88国际研讨会"于十一月十一日至十五日在广州珠岛宾馆召开,与会者有中、日、苏、意、瑞典等国家和地区的学者,其中正式代表四十四名,列席代表十四名,会上成立《文心雕龙年鉴》编委会,余被推为副主编,实际负责《年鉴》工作。

肤色不同会群星,研讨《雕龙》聚羊城。

唇枪舌剑相诘难,脸笑颜欢携手进。

国有边界亦无界,文无私心却有心。

彦和泉下当欣慰,五洲盛赞古《文心》。

一九八八年十一月十五日夜于珠岛宾馆一二三二房间

随感

去岁社科院评职,研究员二十六名,余在其中。今日副院长总结云:"此次评正高有三特点:有成果、有特色、有影响。"并以余为例,突出"五缘文化"说。现实是:近二百位副高竞争,"五年评一次,一次评五年",几家欢喜几家愁? 虚名何益!

面壁重重壁,破关处处关。

烟云眼前过,不老是青山。

一九九二年一月七日

盼春潮并序

　　一九九三年十月六日,国务院发展研究中心国际技术经济研究所上海分所率先建立"五缘文化与华人经济研究室";一九九五年十二月九日,又扩大成立"上海五缘文化研究所"。同时,举办了来自北京、上海、西安、福州、厦门等地共六十多位多学科著名学者参加的"五缘文化与改革开放"学术研讨会,收到论文四十多篇。会议气氛热烈,圆满成功。心受感动,特书俚句致谢并寄期望。

满场齐唱"五缘"歌,谁知会下多辛苦?

仰仗诸君费心力,春潮共赏洞庭波!

一九九五年十二月九日下午于浦东川沙

和朱荣林教授贺诗

　　一九九五年十二月九日,"上海五缘文化研究所成立暨五缘文化与对外开放学术研讨会"在川沙举行,全国各地一百二十多位学者与社会人士参加,朱荣林教授赋诗祝贺,遂和而答谢。

千里一遇应有缘,匡庐不识缺知音。

春风满面岂净友?梅开五瓣方见心。

一九九五年十二月十九日

[附]朱教授诗:缘分——贺五缘文化研究所成立

千里相逢似无缘,咫尺不识却有音。

相逢何必曾相识?十指连心五线牵。

朱荣林
一九九五年十二月九日写于荣竹斋

倾杯　贺福建省五缘文化研究会成立

"福建省五缘文化研究会成立暨五缘文化与对外开放学术讨论会"于十一月二十四日至二十五日在福州举行。福建电视台也录制了《文化新视点——五缘文化》专题片，"五缘文化"研究翻开了新篇章。

右旗左鼓，三山五虎，闽水开辟新路。

浦江腾涌，湄洲乍起，漳州首布。

凭栏远眺罗星塔，正是临风处。

海峡离愁，望断眼，尚有五洲亲属。

为架五色彩桥，齐心协力，何计险与阻！

想华夏裔孙，遍布全世界，千辛万苦。

聚合纽带，沟通桥梁，前进有通途。

群策群力，勇开拓，光我民族。

[注] ①鼓山、旗山、三山、五虎山皆福州市内、市郊名山。②湄洲：福建莆田湄洲岛，妈祖祖庙所在地。③漳州首布：五缘文化首篇论文于1989年4月17日在福建漳州举办的"纪念吴本诞辰1010周年学术研讨会"上提出。④罗星塔：福州马尾闽江入海处古航标塔。

一九九六年十一月于福州

回顾

三百六十五周天，星月轮转又一年。

《新校》、《合编》、《五缘论》，留待后人说短长。

[注]《新校白文文心雕龙》，唐、宋、元《文心雕龙集校合编》和《五缘文化概论》三部书稿皆在二〇〇一年交出。

二〇〇二年元旦

唐、宋、元《文心雕龙集校合编》出版感咏(三首)

(一)

躬耕《雕龙》二十年,寂寞孤灯照无眠。

春华秋实喜有获,且贻人间论短长。

二〇〇三年九月三十日

(二)

追思先贤怀张敬,《合编》出世感中明。

梅花化泥香犹在,为报中华拳拳心。

二〇〇三年九月三十日

(三)

《合编》有幸系众心,两岸师友费精神。

秘籍旧刻蒙相赠,赏花不忘护花人。

[注]癸未季秋丁未(二〇〇三年九月十日)收到台湾暨南出版社寄来的唐写本、宋《御览》、元刊本《文心雕龙集校合编》十六开本,八三六页(含目录、序),分精、简装。此书由张光年题签,王元化、王更生作序,得美国林中明博士支持,由"张敬国学基金"资助,王元化赠伦敦藏唐写本微缩胶卷,王更生赠大正十五年铃木虎雄《校勘记》复印本。

二〇〇三年九月三十日

南望

蜗居高楼望南天,神驰鼓浪思翩跹。

忽报两书千里到,心潮澎湃翻新篇。

[注]福建省五缘文化研究会邀参加在厦门鼓浪屿召开的"海峡两岸五缘关系学术研讨会",因病未能赴会,但今日收到《五缘文化概论》和《海峡两岸五缘论》二书,前者乃我和吕良弼教授共同主编,见书问世,喜极。

二〇〇三年十二月七日

乔迁

自一九九八年后从南京西路一五三七弄九号迁至打浦路海丽花园三号楼丽都阁27C,至二〇〇四年十月十八日再迁浦东羽山路三零八弄陆家嘴花园,六年旧居,临迁依依,一夜无眠,寅夜成章。

六年有余丽都阁,斗室临窗亦洒脱。

《文心》、《五缘》此耕作,暮看晚霞亦自乐。

二〇〇四年十月十八日寅夜于海丽丽都阁书房

"迟到的议论"压文诗

常州中国古代管理思想研究会成员,退休的老企业领导人,组织"企业体制改革跟踪调研组",对借改革之名"自卖自买"、"贱卖贱买","昨日书记、厂长,今日大亨老板,大量国有资产流失,少数人暴发暴富"的事实,写了多份调研报告,翔实生动,读后为之动容,遂撰"迟到的议论"一文在《古代管理思想研究》发表,文末诗云:

天道尚变,江河奔流。

泥沙俱下,谁主沉浮?

二〇〇六年九月十日

即兴

苍茫大地变万千,花开花落又一年。

雪泥鸿爪任评说,二化会通费寻言。

[注] ①二化:《刘子·九流》"九流之中,二化为最",二化指儒、道二家也。②因应台湾中山大学"《文心雕龙》国际学术研讨会"之邀,在病房中撰《魏晋玄学与刘勰思想——兼论〈文心雕龙〉与〈刘子〉的体用观》,明儒道会通之义。

二〇〇七年三月三十日

蝶恋花 五缘路

寻寻觅觅五缘路,走遍天涯,期与同道遇。

崎岖曲折无说处,梦中梦醒几回误?

欲尽此情书尺素,托与雁鱼,翔游找仙居。

有朝四海成通衢,潜龙跃起擎天柱。

二〇〇八年八月二十八日戊子霜降后五日雨中

《刘子集校合编》付稿(二首)

《刘子集校合编》于二〇〇五年十二月三日在无锡华东干部疗养院病房动笔,历三年又二月,于昨日在仁济医院西院病房付稿,由华东师范大学出版社出版。此书溯源可追于一九八二年,迄今已二十八年有余矣。书稿既交,浮想联翩,既感欣慰,又觉惆怅,遂成俚句二首。

(一)

辛苦遭逢起一书,廿载蓄积三年述。

六十万言杀青稿,病房开篇病房付。

二〇〇九年二月四日

(二)

过客短生如石火,大千世界纷纭路。

既许往圣继绝学,何惜此身精血枯?

二〇〇九年二月四日己丑立春于仁济西院病房

抒怀

一九八五年四月十七日,在福建漳州发表《五缘文化与纪念吴本》,首倡"五缘文化"说,历二十年,传播渐广。今年四月十七日、十八日,上海市政府侨办和上海社科院、上海五缘文化研究所联合举办"纪念五缘文化研究二十周年暨华人社会学术研讨会",在上海社科院召开,有上海、北京、福建、四川、陕西八十余位学者参加,会议圆满成功,作俚句抒怀。

"五缘"耕耘二十年,几多曲折几艰辛?

聚散无常同道在,花开内外叶青青。

二〇〇九年四月二十一日

题《刘子集校》赠黄曙辉先生

《刘子集校》起波澜,是非毁誉声不断。

飞鸟比翼车对轮,风云搏击有华章。

己丑孟夏五月十五日于仁济东院病房

题牡丹纪念盘

在纪念"五缘文化研究廿周年"会上,福建省五缘文化研究会赠德化瓷工艺浮雕牡丹纪念盘,乃题。

水声山色春复秋,过客匆匆本多愁。

人间无计挽春住,笑倚牡丹晚照留。

二○○九年五月十五日

题镇江《文心》碑

二○○四年镇江市政府在南山文苑公园建"《文心雕龙》国际学术研讨会"纪念碑,碑体选用元刊本《文心雕龙》和《敦煌遗书文心雕龙残卷集校》,倍受鼓舞。

标心送怀有《雕龙》,已身疏才但雕虫。

何见文苑容《集校》,知音亭畔望星空。

二○○九年五月三十日

[注] 文苑公园除《文心》碑,尚有文心阁、雕龙池、知音亭。

贺《文心雕龙辞典(增行本)》出版

细雨润物悄无声,山泉汩汩日夜鸣。

一树参天成大典,水流千里两岸青。

贾兄锦福积多年之功,独立完成巨著,至感至贺。

庚寅中秋林其锬

[注] 此诗撰于二○○○年九月二十二日,后被影印刊于山东《日照日报》(二○一○年十一月六日)。《辞典》附录二,全录余之《新校白文文心雕龙》。

里程

上海五缘文化研究所于一九九五年十二月九日成立,迄今满十五年。十二月十一日举行"纪念上海五缘文化研究所成立十五周年暨《五缘文化:寻根与开拓》发行座谈会"。与会者六十多人,有不请自到者。百感交集。

漫漫人生去已多,十五年头倏忽过。

野火春风草渐滋,且付后人细评说。

二〇一〇年十二月十三日

即兴

遭逢经半纪,开篇三十年。

日看人白眼,夜守孤灯前。

字字心滴血,汩汩涌山泉。

《文心》偕《刘子》,终成姐妹篇。

辛丑春分后十日校毕《刘子集校合篇》、《增订文心雕龙集校合编》初排稿,时值七十六岁生日。

二〇一一年三月三十日

随感

沿习五十载,积功三十年。

三次病房交,心寄两《合编》。

[注] 两《合编》:开笔在病房,交稿在病房,交校样又在病房,此乃冥冥安排乎?

二〇一一年四月十一日于仁济东院干保病房五楼六床

中秋　　两《合编》终校

月华如水逝悠悠,卅年闪身又中秋。

一泓山泉日夜鸣,两杯醇酒酹中流。

二〇一一年九月十二日辛卯中秋

（三）《物色集》

序

刘勰《文心雕龙·物色》云："春秋代序,阴阳惨舒,物色之动,心亦摇焉。"又云："岁有其物,物有其容,情以物迁,辞以情发。一叶且或迎意,虫声有足引心,况清风与明月同夜,白日与春林共朝哉!"触景生情,睹物兴情,本是自然;题景咏物,亦系此属。今录二十一首,题为《物色集》。

林其锬题辛卯立秋

游豫园二首

（一）题鱼乐榭

朱栏半露绿荫深,波光曲影照红鳞。

幽池小鱼恋勺水,哪晓风光在沧溟?

一九六四年七月十五日

（二）题点春堂

点春堂上点义兵,一捍红旗虎狼惊。

今人已酬前人愿,还看大同世界新。

一九六四年七月十五日

咏松

根扎悬崖干拔山,风刀霜剑只等闲。

剖心但见年轮密,放眼乱云战犹酣。

一九六五年三月中旬

杂咏四首

(一) 远山行

千里驱车几重山？迎面清溪几道弯？

日见云山相逐路，夜听涧曲声不断。

一九六五年八月十五日

(二) 湖边

对岸杨柳垂绿阴，隔山黄鹂叫好音。

清风吹皱湖面水，荡漾一片白云影。

一九六五年八月十七日于和平公园

(三) 初秋

枕席初凉秋风吹，蓝天一片云徘徊。

枝头寒蝉声声切，衡阳征雁几时回？

一九六五年八月十九日

(四) 梦

千山一霎燕归来，姹紫嫣红满园开。

万顷银波扁舟子，原是月光照窗帏。

一九六五年八月二十三日

颂兰

潭水清如镜，光照崖上影。

婷婷玉高洁，千里闻素馨。

一九八〇年元旦

水仙花

仙子凌波兮妙舞翩翩，翠带逶迤兮体态盈盈。

玉脸半窥兮谁能解语？檀心暗溢兮送我知音。

一九八〇年元宵(三月一日)

水仙别

舞姿时将阑,美容残何堪?

匆匆来复去,惨淡添惆怅。

一九八〇年三月九日

雪

纷纷鹅毛雪,茫茫野无路。

寒气侵心骨,酒家知何处?

一九八一年二月

咏兰

尘嚣伊自静,终岁叶常青。

芳馨真君子,留作千秋吟。

一九八二年三月五日

偶见北京圆明园油画有感

断柱残垣忆当年,御辇华簇赛神仙。

一代骄娇今何在? 闲花野草犹争妍。

一九八三年五月十三日夜

咏牛

献无遗力,食唯青草。

任劳任怨,人间瑰宝。

一九八七年十月

咏菊

争妍斗艳他人来,清露变叶我独开。

霜天偏把春光点,为伴红枫遍山崖。

一九八七年十一月十七日

观梅

老干新枝绽红蕾,数株奋勇争先开。

残雪堆根犹肃杀,寒风难阻故人来。

二〇〇八年二月九日

江南好　世纪公园

东风早,风筝竞放高。

鸟兽虫鱼齐上天,童稚老翁拽线跑,

春意闹。

二〇〇九年二月十五日

梅胎

赏花已来迟,望子我占先。

晶莹露欲滴,景在无中言。

二〇〇九年二月二十一日

桃林春景

近看树染胭脂,远眺枝挂红霞。

凤尾翠彩相映,恍若误入仙家。

二〇〇九年二月三十日

湖景

一夜西风紧,晨起满湖冰。

天鹅自凿潭,黄鸭困冰上。

[注] 湖水结冰,数只黑天鹅不断用嘴凿冰,用身体搅动湖水,形成可以游动的小潭。而黄鸭只能蜷缩于冰上。此中颇给人以启迪也。

二〇一一年元旦

惊赏冬梅

下周已是惊蛰,但今年天寒,梅花大多仍蓓蕾未开。世纪公园从四川农家购移三十八株冬梅(蜡梅)梅桩,古拙枝干,黄花盛开,幽香沁脾,可谓梅缘眼福也。

寒天春迟花始开,惊蛰将至我才来。

心喜冬梅幽香在,原是西蜀农家栽。

二〇一一年二月二十七日

(四)《感吟集》

序

《文心雕龙·明诗》云:"人禀七情,应物斯感,感物吟志,莫非自然。"多年感事起兴,以诗纪言。今选录五十二首,命之为《感吟集》。

林其锬题

辛卯处暑二〇一一年八月二十三日

自嘲

自知不是中流砥,更非登高振臂人。

位卑偏作杞人忧,万里江山万里程。

一九七五年十月

无题

无眠起三更,飕飕报秋声。

思接十载事,功罪谁与评?

一九七六年十一月

叹春

三九盼春华,春到喜万家。

何期春雨晦,仲春已落花。

一九七九年二月

重看《五朵金花》

廿年重相见,空留貌如花。

零落水流红,何处觅韶华?

一九七九年四月

清平乐

瀛洲何处? 浩淼烟波路。

锣鼓喧天帆旗舞,风里雨中飘浮。

波横水眼盈盈,峰聚黛眉青青。

三十余年成一梦,此身虽在犹惊。

一九八〇年八月

迎春

光阴荏苒,愿春常在。

生也有涯,心寄千载。

一九八一年春节

即兴

潇湘钓客,东西南北。

寻鲸觅鳌,风清月白。

一九八一年三月五日

感兴《小冉冉》出世

凤金短篇小说《小冉冉》出世,刊于《福建文学》一九八一年第三期"女作者专栏"。今日收到,读后喜甚,感而命笔。

呱呱《小冉冉》,怀胎几多难?

精血育馨儿,更期子绵绵。

一九八一年三月十二日

蝶恋花

脚蹬彩霞上九霄,空海茫茫,眼底乱云流。

琼楼玉宇何处有?仙踪神迹尽缥缈。

寂寞高寒不胜留,梦魂萦绕,万里古神州。

几多憧憬几多笑?几多风雨几多愁?

一九八二年三月十四日

偶题

春江日夜流,逝者去悠悠。

岸边何所见?凤尾尽萧萧。

一九八三年四月中

西江月

墙内寂寞庭幽,墙外市廛尘嚣。

把酒消愁仍无绪,偏又雨打芭蕉。

人比一溪郎月,何忍踏碎琼瑶?

寻寻觅觅访仙都,此心难得逍遥。

一九八二年五月十九日夜

南浦　抒怀

潇潇雨歇,春去也,零落乱纷纷。

点点残红流水,斑斑似啼痕。

游子搔首无绪,心随行云,却羡鹰长空。

回首坎坷路程,到而今,觅处还惊魂。

奈何过客匆匆,朝暮忙相送。

为挽婵娟同住,献殷勤,犹恐成清梦。

纵美酒千觞,怕留怨笛到黄昏。

一九八二年六月十八日

辞旧迎新

新旧交替,白驹奔驰。

逝者依依,来者当惜。

涛江浪海,拼死搏击。

生也有涯,丹心望寄。

一九八二、八三年之交一瞬

风雨夕见落花

灼灼复灿灿,风雨花天伤。

狼藉香作泥,君莫低头看。

一九八三年六月四日

屋漏歌

　　一家四口,一间二十三平米,兼吃、睡、读、写功能于一体。为安置二小孩,自搭茅屋六平米,遇雨即灾,寅夜转移,自愧自叹,无奈之极。

半夜雨倾盆,茅屋漏如注。

心惊披衣起,仓促移睡铺。

·151·

书生无书桌,两小何栖处?

巍巍高楼立,不禁思杜甫。

[**注**] 唐杜甫有《茅屋为秋风所破歌》。

一九八三年六月二十五日凌晨

诞辰　虚岁五十携凤金游龙华

一双半百学偷闲,两碗阳春庆诞辰。

踏青已是少年事,觅得旧踪乐自生。

一九八四年三月三十日

霜天晓角　竹

风雨霜雪,朝朝暮暮寒磨折。

强按弯腰不屈,直衷肠,自有节。

清澈,向谁说?知心有明月。

劝莫单道湘妃,瘦硬骨,会须别。

一九八六年九月十七日中秋前夕

春日

火树银花把春迎,骎骎迅足日日新。

先焰后焰明者见,春花秋月总关情。

一九八七年二月二十九日

纪事

欲求抽身众难违,欢送宾客怀铅归。

满架典籍心已许,颓头何堪载高盍。

一九八七年三月十四日

兰陵王　残冬

笔频搁,孤灯人影书桌。

窗帘外,朔风寒浸,嘶嘶呖呖雨夹雪。

无绪思难遏,野马脱缰离辙。

人如舴,急流夜航,几处险滩惊魂魄?

人如过路客,雪剑复霜刀,雹打新萼。

孟婆冷心妒花恶!

奈心许神州,龙潭虎穴,强取明珠践盟约。

尚留一腔血!

寂寞,叹冷漠!

人间正沧桑,何处黄鹤?

碧海丹心天地隔。

神游九重天,仙山琼阁。

梦里偷欢,醒来怕,难忘却。

一九八九年一月二十日

送儿

林木四月十日出国留学,凑不足路费,只好四处借贷,心甚哀伤。

弃家去国走他方,云水茫茫望眼断。

家贫唯赠珍重语,安身立命靠自强。

一九八九年四月十日

自叙

人生若朝露,弹指五十五。

变幻风云天,茫茫迷津渡。

为探骊龙珠,光阴敢虚度?

・153

搏击分秒间,何曾辞辛苦?

荆棘布满道,霜刀雪剑舞。

汗水湿衣裳,血泪咽入肚。

早衰披银发,心力为之枯。

形甚草水脆,冰心寄金石。

《刘子》集以校,《敦煌》姐妹妹。

《农家》与《五缘》,《大同》亦可附。

雪泥留鸿爪,无计追玉兔。

邈邈未来世,寸草一滴露。

[注] ①《刘子》:《刘子集校(附作者考辨)》。②《敦煌》:《敦煌遗书刘子残卷集录》、《敦煌遗书文心雕龙残卷集校》。③《农家》:《简论中国古代农家学派管理思想的特点》。④《五缘》:《五缘文化与未来的挑战》。⑤《大同》:《中国古代大同思想研究》。以上皆拙著。

一九九〇年三月三十日

悲猫

猫名眯眯,喂养二年,虎背熊腰,憨态可掬;颇通人意,全家宠物;鼠患既除,四邻皆喜。八月十九,横灾降临,小人掠去,生死难卜;恍惚无绪,不禁悲吟。

晨昏倚门盼尔归,杳无踪影心沉膻。

落入小人虑安危,伤命乖寒人德亏。

一九九〇年八月十九日

陋室铭

非释非道华盖运,自说自话讨人嫌。

每有新帽必先试,透风漏月一线天。

透风漏月室主人题
一九九一年三月三十日

奉和仙游郑元畏先生《春节抒情》

武帝当年决胜筹,云蒸龙变古神州。

九里湖边石竞秀,麦斜岩下人风流。

"五缘"有道招远客,四海无涯任放舟。

炎黄儿女团聚日,华夏振兴占上头。

一九九〇年五月二十五日

[附]郑元畏《春节抒情》

如履薄冰费运筹,欢歌笑语满神州。

风和日暖花争艳,雪化冰融水竞流。

鸿业千秋怀壮志,黄河九曲荡飞舟。

春怜芳草天涯路,立马昆仑最上头。

六十自勉

坎坷一甲子,风雨六十年。

当学天行健,自强写春秋。

一九九五年三月三十日晨

送春

风雨送春归,孑孓独徘徊。

暮暮复朝朝,花落催人泪。

一九九三年六月一日

无题

云遮雾暗景自消,花自飘零水自流。

碧海丹心夜夜月,难寻旧梦怕登楼。

一九九四年四月二十日

送儿(二首)

(一)

飞鸿六载一回头,乍离时节声唧啾。

晨起朔风又南去,两地相思两地愁。

一九九六年二月三日

(二)

人生聚难别更难,那堪叶落百花残?

性灵不居草木脆,几回蓄泪送儿郎。

一九九六年二月三日

生日

年过花甲忆华年,落花流水事如烟。

我为苍生长叹息,桃花源里无耕田。

[注] 各地大行"土地财政",拼命批租耕地,农民被剥夺无地可耕。

一九九六年三月三十日

卜算子 丁丑春节

百年催人老,形甚草木生。

若要潇洒走一回,肝胆照汗青。

富贵烟云过,制作可腾声。

树德建言逾金石,千古浩然心。

一九九七年二月七日晨

庆回归

百年阴霾一扫开,炎黄裔孙尽舒怀。

神龙飞舞珠归日,勿忘强敌今犹在。

一九九七年七月一日零点香港回归升旗之时

听琴

《二泉映月》萦心怀,《梁祝》柔情结难开。

更有悲吟《江河水》,《良宵》一曲燕归来。

一九九八年十月五日中秋

沉思

转眼少年白了头,睡时甜蜜醒时愁。

借问此生何处去? 苦觅方舟浪里走。

一九九九年一月十九日

心愿

游子归家日,宝岛更悬盼。

但愿五彩虹,化桥通两岸。

[注] 游子归家,十二月廿日澳门回归。

一九九九年十二月二十一日

江城子 千禧元旦寄老友

岁月匆匆走泥丸,喜相逢,晋千年。

昨夜梦回携侣游杏山。

燕去梁空今不识,五十载,两茫茫。

沉浮聚散小儿郎,闪转身,满头霜。

人生万绪,勿须论短长。

行云流水春去也,真性情,金不换。

[注] 杏山,上街小学所在地。

千禧元旦参加龙华撞钟宿于园林宾馆

大白猫二首并序

大白猫十二年前为富民路一老太所赠。老太爱猫,心地善良,母猫生小白猫,送与贩鱼商,鱼商常外出,照顾不周,老太惜猫遂索回。林红路过见之可爱,请求抱养,老太细诘家居环境,是否全家爱猫。林红一一实禀。老太见小孩有诚心,家居环境尚宜,乃告之:叫你大人来。于是凤金携林红登门,获允抱回。越月余,老太亲访验证,看到小白猫生活环境安适、生长良好,遂放心离去,从此不再见矣。白猫喂养十二年,由小到大,从南京西路到打浦路,由底层到二十七层,既通人性,全家爱宠。不料上周五(十月十一日)凌晨,在阳台为扑飞过白鸽,坠楼重伤,送宠物医院急救无效而亡。林红送猫尸到华师大生物系制作标本,可惜标本狰狞,已非原来憨厚之貌,只得含痛火化之。大白猫虽属异类,但亦是生灵,饲养既久,不啻家之一员,怎不痛哉?

(一)

黑色星期五,猫咪坠楼故。

形影十二年,悲我小白虎。

二○○二年十月十八日由榕城归来

(二)

朝夕十二载,诀别送上路。

切莫再倚栏,那是伤心处。

二○○二年十一月二十二日大白猫标本火化

七绝

朝花夕拾看晚霞,白云深处是吾家。

桃源虽美难久住,此心本属大中华。

二○○三年五月二十五日于奥克兰

小圣乐　归途

绿叶阴浓,藏粉墙黛瓦,露红紫白花。

芬草青青,绒毯直铺天涯。

鸥鸟高飞低翔,有鸣禽悦人对话。

骤雨过,东干西湿,彩虹天挂。

寰宇周览,唯小国寡民,素朴无华。

桃源堪羡,"白云故乡"是客家。

而今乘风归去,望万里烟峰。

且思量,故国山川日月,心境难画。

二〇〇三年五月三十日下午写于奥克兰至香港 N2T1 航班飞越赤道(印尼)上空之时

元旦

年届古稀惊回首,风雨苍茫度春秋。

既无缚龙伏虎力,蜡炬成灰亦风流。

二〇〇四年元月一日

水调歌头

古稀惊回首,往事知多少?

落地碧水丹山,少年不知愁。

三牧老榕苍苍,龙华雏燕翩翩,丽娃春妖娆。

共命双飞鸟,鞍山岁月稠。

风雷急,乌云低,雨泼瓢。

欲觅一叶方舟,此生复何求?

廿年孤灯冷凳,百折千回无悔,击楫誓中流。

杜宇啼春归,余心寄绵邈。

[注] ①碧水丹山:福建。②三枚:福州三枚坊,福州一中所在地。
③龙华:上海航校地址。④丽娃:丽娃河、夏雨岛皆华东师范大学景点。
⑤鞍山:鞍山四村,为上海航校职工家属宿舍,余与凤金结婚时寓所。

二〇〇四年三月三十日虚岁古稀

雨霖铃　伤逝

宇宙绵邈，乌飞兔跑，岁月飘忽。

壮志凌空如鸢，方品人生，流光已逝。

半纪重逢把握，惊沧桑凝噎。

长空万里看河山，暮霭沉沉残阳血！

飞鸿踏雪留迹，身如草，何物逾金石？

熙熙攘攘都是梦，醒来时，只残月。

真性情，冷眼看富贵虚设。

悲欢离合少年事，霜鬓从头越。

二〇〇四年九月二十八日

浪淘沙　元旦

碧云曜晴光，残雪依然。

昨日夜归辞旧岁，三人加一猫，沽酒尝鲜。

二九骤寒天，寂寞医院。

日历翻新叹流年，但期春回花更好，凭窗远望。

二〇〇五年元旦于仁济西院七楼干保病房二病区三十九床

元宵

普天共一月，难得此心同。

短生炯然过，贻爱舞东风。

二〇〇五年二月十六日

偶感

夜雨园中静，清心湖心亭。

投饵鱼来聚,饵尽无踪影。

归去心惆怅,《二泉》撩心弦。

代代无穷已,悲欣弹指间。

二〇〇五年十一月十日深夜

端午

丙戌端午,上海五缘文化研究所宴请顾问著名学者徐中玉、钱谷融、张仲礼、夏禹龙、林炳秋五老,特献俚句。

举杯敬五老,采艾咏《离骚》。

缘本天然生,弘道赖贤豪。

二〇〇六年六月十二日

七十感言

古稀难得一日闲,人生自有天外天。

煤炭成灰苍生暖,但留清白在人间。

二〇〇五年三月三十日

闯关

心脏左前降枝堵塞达百分之九十九。临出院幸得老主任医生细查发现,及时安装支架,逃过一劫。

千钧悬一发,阴阳反掌间。

妙手挽春回,欣闯鬼门关。

二〇〇八年二月二十六日于仁济东院十五楼干保病房

浪淘沙　庚寅元旦

雨雪频敲窗,春步蹒跚,一片混沌路茫茫。

金蛇狂舞歌升平,烟花空放。

独上寒江船,满头凝霜,时思恰似八节滩。

161

韶华已随流水逝,无限思量。

二〇一〇年二月十六日

七十五自寿

苟活七十五,巧逢老君诞。

心旷神亦怡,生当法自然。

[注] 今日农历庚寅二月十五日太上老君圣诞。

二〇一〇年三月三十日

(五)《兰亭集》

序

上海航校五五届同学,友谊年老弥深。自一九八零年始,至二零一零年间,先后十次聚会;余虽不才,留有十四首诗词记其事。今录之题为《兰亭集》,留作纪念可也。

林其锬题辛卯春于沪上

纪程兼咏怀 调寄夜半乐

欣闻在榕同学将在福州西湖聚会,庆祝上海航校"五五"届毕业二十五周年。抚今追昔,感慨良多,心向往之,而身不能与焉。特填此阕以飨诸友。

威旗鼓,雄五虎,三山秀美,风韵算西湖。

烟雨晴都好,景物如图。

长堤卧波,开化古寺,官家村渔火,荷亭香拂。

新来恰逢佳节,张灯结彩,银花火树。

狂欢夜,"找呀找",通宵舞。

心在蓝天,志向四方,两载朝朝暮暮,何辞辛苦?

汽笛鸣,高歌上征途。

别时五五,聚又五五,沧桑几度?

水流急,浪萍难驻。

人老大,一代青春知何处?

日当午,漫漫天涯路,还待诸君写新赋!

[注]①旗、鼓、五虎、三山:皆是福州市山名;西湖:乃福州西湖;开化古寺、官家村、荷亭:皆是西湖景点。②新来恰逢佳节:一九五三年九月三十日国庆前夕到上海航校(时在龙华机场报到)。③"找呀找":20世纪50年代流行的青年集体舞,首句歌词为"找呀找呀找呀找,找到一个好朋友"。④别时五五,聚又五五:五五年毕业,二十五年后又聚。

一九八〇年九月二十日于上海

沁园春　一九五三至一九九三

今年国庆,为上海航校"五五"届福建同学由闽到沪四十周年福州同学聚会,因路遥未能参加,填《沁园春》寄贺。

鸟聚星散,人生几度,弹指四十。

赖同窗交情,绸缪友好,白发丛生,千里相知。

遥想西湖,谈今忆昔,慷慨悲怆皆心驰。

日西移,叹韶华如水,难觅新诗。

劝君当惜良时,学少年开怀畅饮之。

想利名粪土,荣辱儿戏,分外逍遥,其乐何及?

君不见:世态翻覆雨,尘嚣谁辨东与西?

路漫漫,不须回首,自招痴迷。

一九九三年九月二日于沪上

福州鼓岭聚会　上海航校毕业四十周年有感

江湖四十秋，浮沉随大流。

故知无少年，新聚皆白头。

流星透疏木，落叶惹情愁。

人生崎岖路，得道方逍遥。

一九九五年十一月二十六日于福州鼓岭

"五十年一聚"南北湖　调寄桂枝香

时隔半纪，又桂子飘香，凉风渐起。

山海色宜人，湖水涟漪。

欢声笑语夕阳里，佳丽地，旧事频提。

花季少年，白发翁妪，容颜依稀。

忆往昔，南北东西，聚龙华圣地，满怀壮志。

仰望蓝天神驰，雄鹰展翅。

怎奈是风雨无情，霜打繁花草凄迷。

日落波平，南柯一梦，最关友谊。

癸未清秋二〇〇三年十月十五日于浙江海盐南北湖度假村

永遇乐　寄航校"五五"届在榕同学泉州聚会

凭栏眺望，云断南天，人在何处？

清源山下，刺桐城中，传来欢声笑语。

魂飞驰，嫦娥起舞，吴刚献酒，良宵共度。

蓦然回首，灯火阑珊，五十年来去。

一代风骚，意气骏发，迈青春脚步。

如今憔悴，霜鬓雪发，晚霞印桑榆。

人间难得真性情，莫再辜负！

　　[注]①清源山：泉州市北郊外，有古石刻老君巨像，为泉州标志性景点。②刺桐：泉州市古名。

甲申国庆、二〇〇四年十月一日于上海

寄语扬州聚会诸学友

　　上海航校"五五"届同学，继南北湖之后，又在扬州聚会，因病住院未能参加，不免戚戚。谨以俚句奉献。

"五五"天地数，大衍四十九。

送爽又金秋，相聚在扬州。

半纪多少事？欲说且还休。

风烟眼前过，闲看长江流。

　　[注]《易传》："大衍之数五十，其用四十有九……凡天地之数五十有五。"航校五五年毕业，今满五十，正合天地、大衍之数。

乙酉中秋、二〇〇五年于上海仁济医院东院干保病房

蝶恋花并序　　上海航校"五五"届同学武夷山聚会

　　丙戌中秋，上海航校"五五"届福建八百学子赴沪报到五十三周年，一百五十六位年逾古稀学友、家属不远千里聚首于武夷六六峰下、三三水边，共叙流金岁月，友谊弥坚。

重逢"五三"岂天意？万岁翁妪，金秋会武夷。

九曲清溪烟水秀，三十六峰拔地起。

月满云山金鸡啼，大王玉女，心恋身相离。

阴晴圆缺人无计，鸿飞难得踏雪泥。

　　[注]①万岁：与会同学总岁数超万。②大王、玉女相恋，神话传说为铁板鬼陷害变石而分离。

二〇〇六年九月二十八日于武夷山交通大酒店

·165·

西安古城会留咏

二〇〇七年五月十九日至廿五日,上海航校"五五"届再次聚会西安,总数超百人,尽兴尽情堪称盛会。

(一) 望长安

武夷聚罢望长安,百余银发来四方。

借问君心欲何寄? 美仑美景桃花潭。

[注] 李白有诗:"李白乘舟将欲行,忽闻岸上踏歌声,桃花潭水深千尺,不及汪伦送我情。"桃花潭遂成友谊象征。

二〇〇七年五月十八日赴西安途中

(二) 黄帝陵

桥山巍巍柏森森,沮水环流黄帝陵。

四海同归谒始祖,心香一瓣儿女心。

二〇〇七年五月二十一日

(三) 华清池

骊山风雨半朦胧,华清池畔榴花红。

子规啼血春不再,人间天上美梦中。

二〇〇七年五月二十三日

(四) 乾陵无字碑

乾陵因有坤名扬,无字碑比有字香。

几多权贵成粪土,不朽丰碑人心上。

[注] 乾陵:乃唐高宗与武后合葬陵,其扬名实因武则天也。无字碑:为武后所立,上无一字,远比凭借权力、为自己滥戴美誉高冠高明。

二〇〇七年五月二十四日

(五) 芙蓉楼

芙蓉楼起曲江池,登临遥想鱼玄机。

翩翩才调越千古,悲恨绵绵无绝期。

[注] 鱼玄机:唐代三大女诗人之一,才华出众,命运可悲,二十五岁惨

遭杖毙,留诗五十首,后人集为《唐女郎鱼玄机诗》传世。

二〇〇七年五月二十五日

江城子　寄上海航校"五五"届沈阳聚会

瓜果飘香岁巳秋,思悠悠,几时休?

五十五载,犹记百步桥。

龙山红楼当年事,浦江水,空自流。

韶华不为少年留,转白头,恨悠悠。

格上苦行,终日困高楼。

闲云野鹤最逍遥,齐举杯,都进酒!

[注] ①五十五载:今年恰是进航校五十五年。②进酒:酒、九谐音,古人称九十岁为"进九"。③百步桥:通往龙华机场桥名。④龙山红楼:上海航校龙山路新建教学楼。

二〇〇八年八月二十八日于上海

寄贵州聚会诸学友

航校福建及贵州五位同学来沪,特设薄宴招待,上海两位参加。他们即将赴黔参加上海航校"五五"届同学聚会,因困于书稿,心羡而未能同往,特寄俚句以心参与。

黔岭山水秀,夜郎古国幽。

同窗又聚首,再作逍遥游。

此心慕已久,可叹不自由。

陋室成牢笼,俚句寄风流。

二〇一〇年六月二十一日于沪上丰收日大酒店

• 167 •

序

《周易·中孚》九二爻辞:"鹤鸣在阴,其子和之。我有好爵,吾与尔靡之。"此以鹤和鸣比兴,舒己友情。余得师友助益良多,铭感于心,时有赠答。今录四十首,取《中孚》爻辞意,题作《鹤鸣集》。

辛卯寒露前林其锬题

留别

故友相见喜,临别复依依。

情牵千里外,何时是归期?

一九六九年十一月十九日下午于福建南平西芹

七律二首赠友

(一)

雾暗浦江蝇蟹伏,滓泥翻滚变鳌鼍。

诡施阴计布矰缴,故弄玄虚设网罗。

木直先招锋锯解,桂香反引利斧柯。

朋辈相亲难相问,心声寄处泪滂沱。

戊午(一九七七年)新春

(二)

巍巍蔚岭狂风起,扫尽阴霾见嵯峨。

冷看螃蜞魂入釜,笑嗤屑小意如何?

黄蟥剔骨珠玑在,兰蕙焚烬馥郁多。

留得梅花精神好,长江不废万年歌。

戊午(一九七七年)新春

蝶恋花　寄友

春风杨柳故园亲，玄女怨笛，声声无限情。

花落花开暗复明，青山着意留知音。

如剑霜风吹鬓影，惆怅岁月，别语愁难听。

劝君且惜玉精神，春满汀洲花似锦。

一九八〇年元旦凌晨

题友人赠墨兰

沪上仲春得幽花，诗情画意自堪嘉。

千里闻香喜望外，半生浮沉走天涯。

一九八一年四月初

迎春乐　寄友人

一生能有几春秋？忆前时，少年游。

萍踪浪迹水上漂，人倚间，思悠悠。

燕归巢，是春宵。江南绿，花正俏。

堪摘直须摘，君不见，雨潇潇。

一九八一年四月十九日

南歌子　寄友人

春来催花发，春去催花落。

若问东君厚与薄，物自有期长短费评说。

堪羡梅开早，莫怨菊来迟。

只惜花好人不知，惆怅月上栏杆花影移。

一九八一年五月十一日

答友人

少小离家老大归,长歌当哭聊相慰。

一代风骚流水去,蠶丝忍看落花飞。

[注] 小学同窗,本是二十世纪五十年代大学生,近来函称:因遭冤案,劳教二十余载,今始平反回家,但年已半百,孤身一人,只能为人烧锅炉度日。

一九八二年五月十九日

中秋寄友(二首)

(一)

天公几度把镜磨,万古长空照山河。

吴刚若擦婆娑影,留与人间光更多。

一九八二年十月一日国庆兼中秋

(二)

弹指三十年华去,盘棋未了卒马车。

朋辈星散岁半百,遥看青山无重数。

一九八二年十月一日国庆兼中秋

赠侄女林燕

花开时节燕归来,斜风细雨两翼开。

但愿东君常照拂,冲气穿空飞天外。

一九八四年五月二十日于广州

踏莎行　寄杏山学友

六桥同宗,钟麟同窗,千山万水访君难。

卅年音隔两茫茫。

桃园路遥,曲曲弯弯,风骤雨稠步履艰。

梦觉对镜满头霜。

[**注**] 六桥林氏乃上街大姓，小学多林家子弟。

一九八五年四月二十五日

呈昌老

北京中国人民大学郑昌淦教授，系福州一中学长，承蒙厚爱，惠赠大作，感而奉呈。

纵贯千古横西东，丹书绿牒皆妙文。

面聆教诲恨拜晚，愿求长缨缚苍龙。

一九八五年十一月

赠友三首

（一）旧地重游

旧地重游感慨多，年华似水无声过。

古塔临风睁冷眼，龙华桃花几度落？

一九八七年三月十八日

（二）宵谈

回首少年意气豪，可怜憧憬飞黄鹤。

花落自有花开时，最悲新鬼已渐多。

一九八七年三月十八日

（三）迎送

君来君去落帽风，朝迎暮送太匆匆。

甜酸苦涩都休问，细雨敲窗夜朦胧。

一九八七年三月十八日

卜算子　赠友人

犹忆屯溪水，更思黄山奇。

千峰竞秀削地起，艰难百丈梯。

·171·

有女握灵珠,妙语惊世俗。

宵谈胜读十年书,顿悟得真知。

一九八七年四月十九日

沁园春　寄福州上海航校诸学友

金风送爽,驱车北上,三十有四。

想同学初聚,青春年华,百里挑一,冲天豪气。

西湖泛舟,闽江夜航,憧憬前程多瑰丽?

谁曾料,"君子"竟变脸,重诺如纸。

水流浮萍东西,朝飞暮卷,物换星移。

叹岁月无情,清露变叶,寒蝉抱树,严霜紧逼。

我生时代谁欺谁误? 且留后人细评理。

到而今,登高再眺望,还靠自立。

一九八七年九月十八日

怀友人

每逢佳节思悠悠,犹忆携侣上紫霄。

身隔千里情怀在,梦魂常绕径通幽。

[注] 紫霄,福建莆田西天尾山上景点。

一九八八年二月十六日

永遇乐　赠友

日可销金,焰风似火,人在何处?

望断归燕,蜻蜓点水,奈文朋诗侣。

申江无缘,运河有情,相召宝马香车。

遗惆怅,勉力打坐,偏又意马驰驱。

西子湖畔，彭泽古吴，不知曾见子胥？

虞山胜迹，石头旧垒，谁能探莫愁女？

漫漫征途，尘土飞扬，睁眼还怕蔽目。

不如乘朗月风清，听人夜语。

[注] 友人乃新华社记者，经上海，冒暑沿运河采访。

一九八八年八月

寄其标兄长

两望三千里，难得一相逢。

人生如石火，少小忽龙种。

春花不再觅，秋菊犹可供。

愿留青山在，长看逐行云。

一九八八年十一月十九日于穗沪列车过韶关时

寄友人

春燕今何在？秋雁复南归。

霜叶飘零后，又是雪花飞。

一九八九年八月二十七日

致友人

未有豪情似旧时，秋风瑟瑟吹我衣。

岁月蹉跎别回首，丹心不改莫笑痴。

一九八九年十月一日

蝶恋花　赠老友伉俪

古往今来多传奇，千里飞情，一锤定音稀。

双燕比翼春天里，鸳鸯交颈相思地。

风狂雨骤皆有计，同心博击，生死好夫妻。

多少落花随流水，人间长诵痴情诗。

[注] 航校老同学毕业后分配在沈阳飞机总装厂，1956 年春节回家探亲，在火车上同家住石家庄但也在沈阳工作的女青年相遇。两人彼此都产生好感，临别腼腆只留姓名，未直接留地址。老同学回到福州，朝思暮想，夜不能寐，遂向另一同学吐露。经商量，由另一同学陪同，直接奔赴石家庄，从公安局查询，在几十个同姓名地址中，逐一寻访，终在第三天傍晚找到。女方全家也深受感动，遂建立恋爱关系，最后结成夫妻，数十年相亲相爱，生儿育女，美满幸福，堪称传奇。

一九九〇年五月

寄友

人生难作逍遥游，不到长城死不休。

天回日转飞如矢，恐负韶光叹川流。

一九九〇年六月十五日

赠友人

幽谷留清影，四德自飘香。

芳馨遗远者，名重春申江。

一九九二年冬

春日寄友

小学老学友吴绍垫，春节清晨，由福州快递贺卡、鲜花，感而有作。

春浓怎似友情浓，千里快递兴匆匆。

韶华流水满头雪，犹是杏山两学童。

[注] 杏山，上街小学所在地。

一九九四年二月二十三日

卜算子　赠友

人生难满百,生死一条路。

欲问荣华与富贵,冥冥皆尘土。

寒去暑又往,无计留春住。

立德、功、言三不朽,身没香如故。

一九九六年八月四日

卜算子　元旦寄友人

湄洲水波横,三山人峰聚。

东方明珠戏蛟龙,海阔天空舞。

调色写丹青,只恐春归去。

梦魂惊断东逝水,何计留春住?

一九九七年一月一日

送友人伉俪赴美国

人生难得逍遥游,伉俪同飞西半球。

冷眼向洋看世界,探得骊珠返神州。

一九九七年五月

赠台湾小道友

因缘访道过海隅,道德院里听清虚。

人间三岛何处觅? 心存五真即仙居。

[注] ①因缘:神缘乃"五缘"之一,因"五缘"而结缘。②三岛:道教谓海中有三神山,乃蓬莱、方丈、瀛洲。③五真:全真妙理谓真心、真意、真情、真言、真行。

一九九九年三月十三日于台湾高雄

寄台湾友人

龙年正始花飞来,凌波仙子伴梅开。

共赴蓬莱有大道,一片冰心寄南陔。

二〇〇〇年二月九日

寄美籍华人陈怀东

陈怀东先生乃台湾《华侨经济年鉴》主编,著述颇丰,定居美国。前年同著名史学家黄大受教授来访问,而黄教授已仙逝,陈君元旦寄来贺卡,遂题俚句回赠。

"岁月飘忽,性灵不居。"

身隔天涯,常怀相思。

故国君子,时时来去。

"形甚草木",唯情不渝。

[注] 引号三句皆《文心雕龙·序志》语。

二〇〇二年一月十八日

致友人

仰天长啸是耶非? 山川满目泪沾衣。

横江但见风波恶,厚貌深颜最难知。

二〇〇三年七月十二日

赠青年友人

人生似水逝长江,自强不息天地宽。

莫怨山高路难走,笨鸟先到花果山。

二〇〇五年一月五日

赠友

人生自有天外天,酷暑蝉噪心自闲。

塞翁失马安知福？柳暗花明春更妍。

二○○五年七月十五日

赠藏僧札唐活佛藏尼罗绒曲珍(二首)

住院期间,得识云南香格里拉水边寺札唐活佛和藏尼医护书松尼姑寺罗绒曲珍,及侍卫僧水边寺札释曲觉、鲁茸根干等。活佛赠我宗喀巴《普提道次第广论》,我回赠《五缘文化概论》,临出院他们赠我哈达,并合影留念,我题诗以赠。

(一)

黄桃僧帽红袈裟,虔心礼赞宗喀巴。

因缘际会由病遇,感君赠经献哈达。

二○○九年六月二日于仁济东院

(二)

汉藏原本是一家,普提清净法无涯。

光大发扬待传人,教弘四海佛拈花。

二○○九年六月二日于仁济东院

赠莒县博物馆老馆长

山东莒文化高层论坛暨莒县博物馆开幕,应邀与会,老馆长鉴古功深,会上有人誉之为"国宝活熊猫"。

野外风雨不辞劳,藜光照夜费细考。

观摩千剑方识器,赢得美誉"活熊猫"。

二○○九年九月十三日

赠友

感君意拳拳,同窗情谊深。

旧作承关照,留与后人评。

[注] 航校老同学王淞泉,自告奋勇,辛苦打印诗稿铭感之至。

二○一一年七月十三日

· 177 ·

序

屈原《离骚》有"长太息以掩涕兮,哀民生之多艰"。而郑板桥却说:"难得糊涂。"前者乃伟大胸襟,后者是修炼境界,俗人皆不可及也。宋黄庭坚诗:"花气薰人欲破禅,心情其实过中年;春来时思何所似?八节滩头上水船。"似更切实际。今录以下十五首,题为《时思集》。

辛卯寒露林其锬题

行路难

行路难,行路难,一步一卡步步关。

把关元帅高高坐,行人心焦他自闲。

行路难,行路难,鬼门九滩十八弯。

人道江面风波恶,却信人间行路难。

一九八〇年九月二十三日

无题

锯齿钩喙莫如谗,奸佞为己造是非。

捣鬼有术终有限,可怜侏儒难成魁。

一九八三年三月二十四日

随感

一意孤行究可哀,行尸犹筑阎王台。

无灯小屋藏鬼蜮,阳光照处尽尘埃。

一九八四年十二月二十五日

重看《舞台姐妹》

舞台上悲欢离合,人世间幕启幕落。

见的是风刀霜剑,叹人生去日苦多。

一九八六年一月十日

书愤

涸浊多蔽美,虎陷犬相欺。

谁解尤诟辱,世人莫我知。

一九八六年一月三十日

元宵

爆竹烟花闹元宵,几家欢乐几家愁?

几人腾飞成新贵,几多沦落为旧鬼。

一九八六年二月二十三日

随感

和而不同同不和,各人心事各唱歌。

流水落花本自然,漫敲木鱼念弥陀。

一九九一年十二月十四日

游拙政园兼叹王献臣

明御使王献臣不谙官场,被贬回家,经营十六年,乃成此园。园成人逝,不肖好赌,一夜易主。可叹也夫!

占地四万米,苦营十六年。

家出不肖子,一夜名园倾。

一九八五年三月三十日于苏州

感怀

当年豪气冲九霄，黄河九曲向东流。

而今澎湃浊浪急，歌舞升平风萧萧。

二〇〇一年七月一日

冬日

梧桐叶落树悬铃，朔风东阳不相亲。

漫步长街寒彻骨，宝车招摇新贵人。

二〇〇二年十二月二十日

随感记事

车水马龙称繁华，高楼深处藏黑鸦。

勾心弄权善用嘴，外笼一层薄面纱。

二〇〇九年八月二十一日

月上瓜洲　感时

叶落又见晚秋，惹人愁，何处是神州？

高楼影斜，龙华血，雨花泪，水东流。

纸迷灯醉，歌舞几时休？

二〇〇九年十一月九日

读报

偶得旧报，载爱国青年自发勇闯钓鱼岛，令人感动。

千里争先奔驰来，雪花飞到钓鱼台。

人人称赞气如虹，铁马从容杀敌回。

二〇〇九年十二月四日

烟花

呼隆巨响冲云霄,五彩缤纷逗人笑。

刹那灰飞烟灭了,昏天黑地景依旧。

二〇一〇年十一月八日

樱花感事

鲜艳美如霞,靓丽一刹那。

不耐风雨力,惆怅看落花。

二〇一一年四月十二日

(八)《哀吊集》

序

《文心雕龙》有《哀吊》专篇。云:"哀者,依也。悲实依心,故曰哀也。"又云:"吊者,至也。"《诗经》云:"神之吊矣。言神之至也。"至亲朋师友辞世,心悲之极,哀思神至也。录悼亡二十三首,题《哀吊集》。

辛卯季秋林其锬题

悼张志新烈士

碧海浮明月,流光万里明。

浩气贯长空,丹心照汗青。

一九六九年七月一日

清明

无雨泪亦落,创业艰难多。

丹心耀红日,忍看花朝过。

一九七九年四月五日

悼慈父

父亲林植蕙因患胃癌,于今日凌晨二时病逝,享年八十三岁,哀泣以献。

劳碌一生多辛苦,泥土中来复归土。

灰石煤炭自平凡,清白温暖留千古。

一九八四年十月五日

悼孙师楷第先生

霾传朔方文星落,仁凝玄天心荒漠。

未拜音容教诲在,高风亮节世楷模。

[注]孙师楷第于今日凌晨逝世,终年八十八岁。虽无缘拜见,但经顾廷龙先生介绍,得以书信往来,多承对《刘子》研究给予关怀、鼓励、指导,尤其两次病中长信,没齿不忘。

一九八六年六月二十三日

扶灵歌

七月十二日上午,陈正炎教授遗体告别仪式在上海龙华火葬场大厅举行,十一时结束,同家属一起护送入火化室,送他最后一程,肝肠为之断裂。

送君终程肝肠裂,亡友形骸自此灭。

笑貌音容长相忆,梦中再见当泣血。

一九八六年七月十二日下午

哭慈母

一九九七年五月十三日上午十时,母亲在嘉定病逝,享年九十有二。母亲一生劳苦,未报慈恩于万一。得噩讯,即赶去,但遗体已移至嘉定火葬场,不禁心碎肝裂。

天崩地裂,慈亲永别。

儿未尽孝,心碎泣血。

一九九七年五月十二日

送慈亲

五月十七日下午在嘉定殡仪馆举行慈母遗体告别,随即火化。从此只有梦中拜见了。

亲去房空无限哀,逝者如斯永不回。

茫茫生死阴阳隔,天光云影心徘徊。

一九九七年五月十七日返途中

怀彭松涛先生

松涛先生乃新加坡闽籍华人,著名老报人,新加坡颐年学会创建者、领导人,著述颇丰。一九九一年访新有幸相识,过往甚密。近悉仙逝,不胜哀伤,时萦于怀。

狮城有幸仰高风,所见中华一般同。

耄耋拳心连广宇,春秋当录此尊翁。

一九九八年六月五日

哭光年老

晚六时,得李子云电话,著名诗人、《黄河》大合唱词作者、中国《文心雕龙》学会创会会长张光年(光未然)于今天下午逝世。噩讯传来顿感伤悲。

一代风雷百代惊,《黄河》一曲见精神。

无语凝噎哭师友,中华天空陨巨星。

二○○二年一月二十八日夜

遥送光年老

今日上午九时三十分,在北京八宝山举行"张光年同志遗体告别仪式"。未能亲往,除发唁电外,只有遥望北天,道声:"光年老走好!"

忽报陨落文曲星,黄河心悲水亦停。

感君交谊十六载,泣血北望送君行。

二○○二年二月七日上午十时

悼汪公道涵

举世送汪公，声名天下重。

海峡破坚冰，汪辜建首功。

魑魅掀恶浪，乱云仍从容。

心解骨肉情，统一说"五缘"。

微笑蕴内智，大勇藏其锋。

而今骑鹤去，天籁响空中。

[注] 统一说"五缘"：一九九七年一月，汪公为《五缘文化与对外开放》书题签；一九九七年十一月十七日台湾《联合报》报道：海协会会长汪道涵接见台湾新同盟会会长许历农时说，"两岸共有五种缘……更应共同迈向统一"。

二〇〇五年十二月三十日于无锡华东疗养院

悼亡(三首)

二〇〇六年五月十六日晨，胞兄其标突然心肌梗塞，救治无效逝世，享年八十一岁，心哀不已，多日难释，作悼亡三首。

(一)

蓄泪凝噎伫南窗，苦雨凄风白茫茫。

本期共剪西窗烛，而今阴阳不相逢。

五月二十五日

(二)

昨夜相逢在梦中，谈吐仪态旧音容。

共约金秋回故里，频频顾盼道珍重。

五月二十六日

(三)

斯人今西归，功名当永垂。

南天亦有情，倾盆泪雨飞。

五月二十七日其标兄遗体在广州火化之时暴雨

[附挽联] 贫家儿励志读书乞贷四方经受多少世态炎凉；

建广厦遍栽桃李呕心吐胆甘作人梯一生奉献。

[注] 其标兄一生从事建筑研究，长期执教中山大学建筑系（后改为华南工学院、华南理工大学），颇有建树，曾获全国科学大会奖，享受国务院特殊津贴。

悼王元化先生

五月九日晚十时四十分，一代哲人、著名学者因癌症不治逝世。十日得噩讯，恍惚不知所措；至今日神方稍定，顿感心悲。

铁骨擎广宇，浩气壮山河。

斯人骑鲸去，长留《离骚》歌。

二〇〇八年五月十三日

祭"五一二"遇难者

五月十二日下午二时十八分，四川汶川发生七点八级特大地震，伤亡惨重，惊动世界，万民同悲。

天何不仁兮，发此淫威。

地裂山崩兮，路陷屋毁。

生民何辜兮，横尸成堆。

凄惨哀号兮，亿万心碎。

生命长逝兮，逝者难追。

奋起抗震兮，众志难催。

输血献金兮，心心相随。

神州鼎沸兮，环宇同诛。

二〇〇八年五月十八日

怀念王元化先生

朔风乍起雨敲窗，孤灯伴影心自寒。

斯人骑鲸已远去,沧海何处觅征帆?

二〇〇八年十一月二十九日

清明

空蒙雨中天,孑孓园中行。

落花流水地,心香祭先灵。

二〇〇九年四月四日己丑清明

怀蔡钟翔兄

屯溪识荆廿三年,温文尔雅君谦谦。

承教多多编《综览》,墨迹点点留人间。

[注] 蔡钟翔,中国人民大学教授,中国《文心雕龙》学会副会长。自一九八六年四月屯溪《文心》第二届年会认识,交往二十余年,在编撰《文心雕龙学综览》中,承教多多,心心相印。二〇〇八年十月廿八日,因癌症而逝。心哀痛,送挽联云:"温文尔雅,行美无累;严己宽人,思绩功多。"

二〇〇九年十一月一日

祭祖二首

林木夫妇携女儿自新西兰回来探亲,一起到苏州镇湖镇西华塔祭祖,留有照片,因题纪念。

(一)

巍巍西华塔,临湖水盈盈。

肃穆庄严地,九层供祖亲。

三代同叩拜,一片游子心。

勿忘祖遗德,绵绵子孙情。

二〇〇九年十二月十九日于西华塔

（二）题照片

巍巍西华塔，太湖水之滨。

九层供祖灵，祭拜子孙心。

二〇一〇年一月八日

诉衷情　悼王更生教授

台湾师范大学王更生教授乃《文心》学知名学者，余之好友。不幸患胰腺癌，于七月二十九日晚十时逝世，闻讯不胜悲痛，填此阕拜托美国林中明先生赴台参加追悼会时代祭。

乙亥京华识荆州，宝岛听《水调》。

相订西塘煮酒，忽报君西游。

《龙》精雕，彦和笑，捐九霄。

此际魂销，悲泪难收，思悠悠。

[注]　①乙亥：一九九五年北京"《文心雕龙》国际学术研讨会"认识。②听《水调》：二〇〇〇年台湾师范大学举办"《文心雕龙》国际学术研讨会"，王更生教授在宴会上唱苏东坡《水调歌头·明月几时有》。③西塘煮酒：王更生教授在浙江西塘建有别墅，曾相邀往访，未期而逝。

二〇一〇年八月十日

怀江一新兄

江一新，余之好友，得癌症已不可治，诸妹自京、穗来探，相见唏嘘，不数日逝世。

往日不可追，铅云压心碎。

生离与死别，霏雨真如泪。

二〇一一年三月二十日

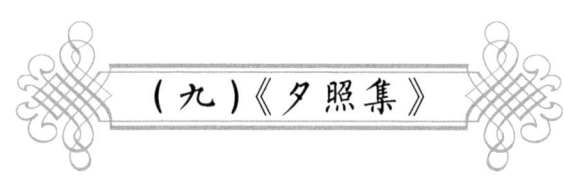

序

刘勰《文心雕龙·序志》云"岁月飘忽,性灵不居"、"形甚草木之脆"。《刘子·惜时》亦言:"人之短生,犹如石火,炯然以过。"余届八旬,验之以实,彦和之语非虚也。雁过有声,人行有迹,"腾声飞实,制作而已"。此刘子之所以有"霭袂于未来","染意于松烟"者也。余也不才,以诗纪事,时有感吟。辛卯(二〇一一年)春秋间,遵友人建言,从数十年近千首诗词誊稿中选录,分印八册。题曰《旅思集》、《驼铃集》、《物色集》、《感吟集》、《兰亭集》、《鹤鸣集》、《时思集》、《哀吊集》,合而名之为《透风漏月室诗词稿》,虽芜杂粗俚,不甚合仄,亦心声也。此后继有新篇,近因病住院,闲理所积,复选录四十七首。今年三月,余与老伴进八,儿女孝心,专程带我们作苏、杭游,曾寓杭城汪庄,有《汪庄暮色》之咏,中有"身倚夕照面西湖"句,故题之为《夕照集》。

林其锬甲午仲夏

长相思·梅　悼友人

红似血,白如雪,冬梅香销随冷月。

花朝伊独缺。

情切切,思切切,高山流水音不绝。

飘零凄风喧。

壬辰二月十五日

冬梅

仙子妙手栽,亮黄腊花开。

清香暗浮动,疑是幽人来。

二〇一二年二月十八日

悼老友

天气初凉人西游,梅魂竹魄梦中留。

碧水丹山长相忆,黄浦江流永不休。

二〇一二年九月二日

寄高伟浓博士

深夜来远客,病房温馨生。

宵谈忆往事,星洲蓬莱情。

[注] 暨南大学教授高伟浓博士访美归来,路过北京,闻余因病住院,特转道上海,晨三时到仁济东院探望,宵谈两小时,回忆星洲初见、蓬莱同游,百感交集,不胜感慨。

二〇一二年十月二十九日于仁济东院干保五楼十九床

见《刘子集校合编》样书感咏

《刘子》《文心》书,三十载寒暑。

谁知个中味?字字皆辛苦。

二〇一二年十二月十九日

《刘子集校合编》出版首发暨手稿捐赠座谈会(三首)

二〇一三年一月二十九日,上海图书馆、华东师范大学出版社、上海五缘文化研究所联合举办"《刘子集校合编》出版首发暨手稿捐赠座谈会",会上以"为往圣继绝学"为题发言,以三首俚句表达心情。

(一)

《刘子》《文心》三十年,搜奇选妙喜空前。

三孤、九残、五卷本,往圣绝学汇一编。

二〇一三年一月二十九日

[注] ①三孤:《文心雕龙》唐、宋、元三大孤本。②九残:《刘子》敦煌西域九种残卷。③五卷本:日本宝历八年刊五卷本《刘子》。

(二)

曲折崎岖路险艰,翻山越岭赖众贤。

《合编》三卷聊相报,身沐雨露思缠绵。

二〇一三年一月二十九日

(三)

人生似水水东流,一片白云去悠悠。

瓜熟时节花已谢,"悲欣交集"喜复愁。

[注]"悲欣交集",弘一法师圆寂留笔,借用其句。

二〇一三年一月二十九日

题"妙笔青铜塑像"

《增订文心雕龙集校合编》、《刘子集校合编》上下卷手稿入藏中国文化名人手稿馆,获颁"妙笔贡献奖",赠"妙笔青铜塑像"有感而作。

登临望尽天涯路,志在刘郎两部书。

为伊憔悴都不悔,终见灯火阑珊处。

[注] 借用《人间词话》三境界笔意。

二〇一三年癸巳元旦

惜春

桃花灼灼樱花艳,柳暗花明又一年。

赏花当惜青春时,芳树落英在眼前。

二〇一三年三月一日

暮春

两岸草青青,芳树花飘零。

片片随水流,心归在沧溟。

二〇一三年四月十九日

题赠仁济医护

埋头不知老已至,心梗方惊命悬丝。

华佗妙手挽春住,"青铜妙笔"功在医。

二〇一三年六月十二日

读稿感吟

在病房,"五缘文化与现代文明"丛书稿至,为不误印刷,抓紧审改,下午发生低血糖虚脱,医生批评,实感力不从心。

终日埋头《五缘》书,自叹有心力不如。

搜肠拾缀补庳漏,犹恐画蛇复添足。

二〇一三年七月二十四日

晨步林中有感

人生几度秋? 今又闻知了。

"知了"声盈耳,谁悟"真知"了?

二〇一三年七月二十七日

和鞠国栋老《一九九六端午抒怀(二十一)》

满城金甲绽黄花,南山东篱采奇葩。

静水澄心明如镜,诗翁遍体放彩霞。

[注] 黄巢《不第后赋菊》有"满城尽带黄金甲"句;陶渊明《饮酒》有"采菊东篱下,悠然见南山"句。鞠老早年从军,长年从政,晚年工诗,创诗词学会,成果累累。原诗云:"送暖春风绽百花,晚晴园里放奇葩。山光潭影明如镜,万里江天满彩霞。"

二〇一三年七月二十七日

读《五杨清平书屋》诗画

熙熙攘攘避喧嚣,苟苟营营不逐流。

瘦竹挺天虚心在,丛兰背谷真境幽。

二〇一三年十月四日

纪念五缘文化与华人经济研究室成立二十周年

问道不嫌贫,只求学理真。

书生情何寄? 送怀民族兴。

[注] 一九九三年十月六日,国务院发展研究中心国际经济技术研究所上海分所率先成立五缘文化与华人经济研究室;一九九五年十二月九日扩大成立上海五缘文化研究所。

二〇一三年十月六日

偶得

人生不满百,常怀苟活忧。

今日啲西山,岂敢逍遥游?

二〇一三年十一月三日

浪淘沙　步韩湖初教授韵

挚友赠诗篇,同道比肩。

辨诬解惑清"龙"坛。

《刘子》蒙尘越千载,当雪沉冤。

任岁月流年,协力攻坚。

艰难险阻万万千。

一朝学林心归飑,龙马加鞭。

二〇一三年十一月十九日

[附]浪淘沙　谢林其锬、陈凤金先生寄《刘子集校合编》

《刘子》谱新篇,伉俪比肩。

一双玉璧献龙坛。

泉下彦和应含笑,得雪沉冤。

求索数十年,历久弥坚。

遍查典册逾三千。

功在学林人赞颂,老骥挥鞭。

二〇一三年十一月二十三日

元旦

歌舞升平新年钟,五彩缤纷大家梦。

过客匆匆欲何往?尽头香丘问苍穹。

二〇一四年一月一日

早春寻梅(外一首)

红梅绽蕾腊梅香,红梅花开腊梅残。

一二蜜蜂穿蕊忙,不辞辛苦不畏寒。

二〇一四年一月三十一日

外一首

日暮人稀园幽静,云天漾影湖如镜。

水鸟出没任逍遥,去尽喧嚣境空灵。

二〇一四年一月三十一日

和林中明兄《辛巳旧句》

倭寇侵华烽烟起,秀才投笔争从戎。

林家好男丹心系,英雄郁没志未终。

河山泪忘尤可恨,败虏降刀祭星空。

二〇一四年三月十日

[注] 美籍华人中明兄乃父林文奎,清华高才生,抗战投笔从戎。一九四五年日寇投降,受命首赴台湾受降,任台北空军司令。后受孙立人案牵

·193·

连,遭受迫害,抑郁而终。家藏台湾日酋降刀两把,乃台湾回归祖国铁证。经我联系,无偿捐赠南京中山陵抗日航空烈士博物馆。

[附]林中明《辛巳旧句》

芦沟烽烟平地起,清华三杰争从戎。

崇诲出云立人系,林公文奎郁没终。

自古英雄多遗恨,夜看流星划星空。

二○一四年三月十日

游园

远观红浪漫,近看花已残。

何需空惆怅? 梅子藏其间。

二○一四年三月十四日

感吟

女推稚儿男推老,桃红李白花正好。

樱花灿烂能几时? 劝君赏花当行早。

二○一四年三月二十一日

苏杭游六首

今年三月,余与风金年届八十,儿子林木特地从新西兰归来,同女儿林红一起,带我们作六天苏州、南浔、杭州游,过了六天"天堂"生活,此为平生首次。途中得诗六首,录之以为纪念。

(一) 扫墓

三月二十九日,林红驾车冒雨出发,首先奔苏州镇湖镇西华陵塔,祭扫父母亲灵骨。

空蒙太湖道,西华塔陵高。

亲恩植心田,阖家恭祭扫。

二○一四年三月二十九日

（二）生日

人间八十尽天年，弹指韶光似云烟。

愧对苍生少作为，空螳梁黍暗自惭。

二〇一四年三月三十日于南浔赏玉阁

（三）汪庄暮色

身倚夕照面西湖，水光山色已模糊。

南屏晚钟宛然在，东坡诗意有也无？

［注］夕照：夕照山，雷峰塔在其上，汪庄在其下。

二〇一四年三月三十一日于汪庄六号楼

（四）虎跑泉

岁月匆匆走泥丸，五十六年一挥间。

水逝韶光何处觅？对镜翁妪满头霜。

［注］一九五八年余与凤金婚后回福建莆田探亲，返沪途中曾在杭州逗留游虎跑寺，在虎跑合影。今旧地重游，景物已非，不胜感慨。

二〇一四年四月一日

（五）西溪悦榕庄

槛外迎春花，室内聚一家。

悠然忆往事，共品功夫茶。

二〇一四年四月三日于杭州西溪湿地公园悦榕庄

（六）灵隐怀旧

灵隐踏月忆当年，大师风范现眼前。

胸怀苍生悲人文，冷泉亭空独怅然。

［注］一九九九年十一月，王元化先生八十高寿，邀其弟子、好友赴杭州避寿，寓灵隐寺附近作家协会创作之家，约法三章：不入市区；不对外通电话；食宿各人自理。大家相聚，各抒胸臆，但以学术为主。晚上乘月，在灵隐寺前冷泉亭古道散步闲谈，先生向大家荐读美国思想家史华慈《中国当今千禧主义——太阳底下的一桩新鲜事》，对消费主义、物质主义在全球蔓延导致人文偏枯而深感忧虑，充满着对人类前途的关怀。余此次杭州之行，最后

一天恰寓灵隐古道之永福古村落。晚上,古道道空人静,独至冷泉亭,追思当年,缅怀先生,益感先生襟怀开阔、思想深邃。

二〇一四年四月三日夜于永福古村落苍月

琼花

远看似玉盘,近观八朵团。

中心百花簇,静谧沁幽香。

二〇一四年四月十五日

读《刘子·惜时》

藏山今形非前形,停灯先焰非后焰。

火易山移人不觉,石火短生寄松烟。

二〇一四年四月二十二日

晨步偶得

冬去春来似水流,鹅黄嫩绿若浸油。

万紫千红能几时? 问君何计挽春留?

二〇一四年四月二十三日

哀琼花

盛开似玉盘,盘碎花已残。

零落狼藉地,蕊焦不忍看。

二〇一四年四月二十九日

剽窃者

不思求真绩,只想图浮华。

剽窃蒙骗抢,猎取镜中花。

二〇一四年四月三十日

重温《文献对话》怀顾廷龙、李希泌二先生

二老论文献，弹指廿八年。

双双驾鹤去，音容留人间。

[注] 一九八五年十一月二十七日下午，应李希泌先生之邀，同赴顾廷龙先生寓所。二老就"文献"问题展开对话，余作记录，后整理成文在《文献》发表。今见文思人，无限怀念。

二〇一四年五月四日

初夏即景赠友人

鱼翔湖水清，鸟语绿叶阴。

石榴花始苞，枇杷果尚青。

和风拂面爽，煦阳暖心灵。

人生几回聚？何况真性情。

二〇一四年五月七日甲午立夏后

颂顾廷龙先生

哲人虽逝，风范永存。

山泉不竭，千里河润。

[注] 今年是顾廷龙先生诞辰一百周年，应上海图书馆之邀，为《纪念文集》撰《流到前溪无半语，在山做得许多声——怀念顾老，学习顾老》文，此颂为文之结语。

二〇一四年五月十二日夜

悼闵惠芬

低徊呜咽《江河水》，缓操轻揉入精微。

人间多少哀怨客，借君弓弦抒心扉？

[注] 报载二胡演奏家闵惠芬因脑溢血逝世，她的《江河水》感人肺腑，

特赋此悼念。

二〇一四年五月十三日

初夏三首

（一）即景

石榴花开枇杷黄，满眼青翠竹千竿。

船过西溪好风景，童稚风筝冲霄汉。

二〇一四年五月二十一日

（二）即兴

长忆莫干山，绿海竹万竿。

林深闻鸟语，空寂话清凉。

二〇一四年五月二十一日

（三）雨后

骤雨暴风龙斗虎，栈桥成舟水漫湖。

花落叶重压枝低，林暗通幽疑无路。

二〇一四年六月一日

三山行四首

六月七日，福建闽江学院"五缘文化研究中心成立暨五缘文化学科建设座谈会"在福州大学城举行。上海六位学者应邀出席，会后余逗留数日，走亲访友，得俚句四首。

（一）贺闽江学院五缘文化研究中心成立

天地存正气，人间有五缘。

纽带与桥梁，和谐正能量。

二〇一四年六月七日

（二）感事

碧水丹山杠自多，小民无奈昏官何。

争染红顶滥朱紫,可怜千古好山河。

二〇一四年六月十三日

(三) 感怀

驱车揽胜闽江边,天上人间分外明。

老眼昏花思杜甫,千年难释诗圣心。

二〇一四年六月十四日

(四) 赠林怡教授

书海探骊本志坚,飒爽英姿赞华年。

真山真水真性情,临风不染更鲜艳。

二〇一四年六月十四日于榕城

(十)《夕照续集》

序

甲午(2014)仲夏,继《旅思集》、《驼铃集》、《物色集》、《感吟集》、《兰亭集》、《鹤鸣集》、《时思集》、《哀吊集》之后,复编《夕照集》合而名之《透风漏月室诗词稿》。步入耄耋,体衰病多,但以诗纪事抒情旧习不改,见境生情,即兴吟咏,又积数十首。今录五十六首作狗尾之续,名之《夕照续集》。

辛丑元旦林其锬题

荷花

翠盖婷婷护红衣,香腮粉颈风摇曳。

凌波婀娜娇欲语,玉骨冰心出淤泥。

二〇一四年七月七日世纪公园风荷桥

梧桐影

南京中山陵邀请与台湾林中斌洽谈举办首达台湾受降将领林文奎生平事迹展览会，因病住院，未能应邀前往。不克夜梦好友林中明（林中斌之弟）、黄雅纯伉俪携乃父所遗台湾日酋献降日本宝刀来见，喜极梦醒是作。

秋已深，夜将阑。

故人今宵入梦来，笑谈降虏刀心欢。

二〇一四年十月二十七日凌晨于仁济干保病房

悼外滩踩踏事件遇难者

新年钟声音沉重，万民心头阴霾浓。

如花生命无辜逝，浦江呜咽泣西风。

二〇一五年元旦

悼念潘承烈先生

学林折木风萧萧，大寒惨凄君西游。

穿溪越涧山泉在，江河不废万古流。

[注] 潘承烈教授是当代杰出的管理学家，是中国古代管理思想研究会创会会长、中国管理咨询业的开拓者、运用中国古代管理思想推动现代管理的倡导者和先行者。他一生不断探索有中国特色的管理与管理科学，著作丰硕，贡献巨大，被推为20世纪中国知名管理学家之一，事迹载入《20世纪中国知名科学家学术成就概览》。

二〇一五年一月六日

晨练

园静剑独舞，鸟语心情舒。

早梅迎日笑，鸳鸯戏平湖。

乙未春节（二〇一五年二月十九日）

南北湖三首

二〇一五年三月二十八日,由复旦大学施忠连教授发起,上海外国语大学武心波教授主持,上海五缘文化研究所主办,上海外国语大学中国学研究所和上海太清宫、三元宫协办,"《庆祝林其锬教授八十岁论文集》出版暨学术思想研讨会"在太清宫举行,来自北京、福建、辽宁、山东、湖北和上海的六十多位学者和中国侨联等各界人士参加。为答谢外地与会学者,由我个人招待到浙江南北湖参观访问。好友相聚,人生一快,留有俚句三首。

(一) 谭仙岭

谭仙岭上谒谭仙,《化书》六卷史空前。

时人不解谭谈义,错把谭仙作谈仙。

[注] 谭峭,字景升,泉州(今福建泉州)人,是五代著名道士和道教学者,传说在此山得道,著《化书》六卷,故称此山为"谭仙岭"。今岭下有"谈仙岭"石碑,"谭"和"谈"二字虽可通假,但为古人改姓,改"谭仙"为"谈仙",义异实谬矣。

二〇一五年三月二十九日

(二) 云岫庵论道

携侣驱车上鹰窝,空濛鸟瞰景泼墨。

云岫庵幽好论道,道儒释归刘彦和。

[注] 三月三十日登鹰窝顶,游云岫庵,值阵雨,从鹰窝顶鸟瞰南北湖,景色空濛,如泼墨画。到云岫庵,大雨,大家在那里讨论刘勰《文心雕龙》的"原道"之道内涵,一致认为:刘勰心中之"道",非道、非儒、非释,实乃三家融合,反映了齐梁时代"儒道会通"、"佛学玄化"、"三教连衡"的时代思潮。

二〇一五年三月三十日

(三) 游湖

阳春三月,远山青黛,岸柳飘拂,湖水涟漪,湖光山色,风景如画。

轻舟游弋南北湖,四面青山浮天绿。

阳春三月江南好,人在画中精神舒。

二〇一五年三月三十一日

寄友人

黄叶飘零已入冬,鸿飞杳杳思茫茫。

江潮易得人南北,长望雅集与君同。

二〇一五年十一月二十三日

贺友人七八寿

红梅花开迎春兰,安时处顺星斗换。

松柏常青人长久,梅魂兰魄共清香。

二〇一五年十二月十九日

题同林中明伉俪等合影照片

缘生俱有因,忘年交心印。

齐力成一事,终不负艰辛。

[注] 美国华人学者林中明,与余因《文心雕龙》而结缘,乃父林文奎,是抗战时期同孙立人、沈崇诲一起号称"清华三杰"之一,一九四五年被任命为台北第二十三战区空军司令,于同年九月奉命率第一批机群首先到达台湾受降,得日酋两把献降宝刀。后因孙立人"通共"冤案牵连受到审查、监视,郁郁而终。降刀被转移至美国,由次子林中明保管。一九九八年余与林中明一起参加中国《文心雕龙》学会第七届年会参观芷江日本投降纪念馆时,林中明偶然透露家藏此刀。乃思此乃日本投降、台湾回归中国铁证,遂起动员其捐赠家藏宝刀,开始做林中明工作。二〇〇七年《文心》第九届年会在南京中山陵举行,通过文物处副处长周菊萍,同中山陵管理局领导许国庆建立联系,一起开展日本降刀回归工作,最终在二〇一五年十月二十五日,即台湾回归七十周年之际,于中山陵南京抗日航空烈士纪念馆举办的"林文奎先生生平史迹展"开幕式上,由林文奎长子林中斌、次子林中明,将其父亲遗

下的两把台湾日酋献降宝刀无偿捐赠该馆,此事终得圆满结果,前后跨度达十七年之久,真是感慨万千。

二〇一五年十月二十五日于南京

谒李白烈士就义处

寂寞身后事,淡泊对琼花。

相望默无语,丹青留奇葩。

[注] 李白就义处在世纪公园,塑有铜像,面对一株琼花,时正盛开。

二〇一六年四月五日

蝶恋花　为友人代拟"丙申中秋同学毕业三十周年"聚会

三十三度过中秋,东西南北,离别一何久?

人道山高水流长,难得一聚乐悠悠。

青春韶华不曾留,鸿雁南飞,衡阳不长留。

往来一万三千里,当与诸君醉方休!

[注] 友人乃东北人,在南方工作。

二〇一六年八月三十日

秋暮

残荷池边桥梦湖,万籁俱寂人独伫;

洗尽铅华洁藕在,退却尘嚣心境舒。

[注] 梦湖桥,世纪公园桥名。

二〇一六年九月二十二日

重访石头城

乍到钟山携友游,重访石头雨潇潇。

今非昔比怀故人,秦淮河水情悠悠。

·203·

[注] 三十三年前(一九八三年),为撰《中国古代大同思想研究》,同陈正炎先生一起到南京搜集资料,曾寻访石头城旧址,当时偏僻荒凉,鲜为人知,经老农指点,民间称"鬼脸城",步行近两小时才找到。今已开辟为旅游景点,环境、交通大为改观。余此次应邀参加"纪念孙中山一百五十周年诞辰学术研讨会",上午初到,下午即由中山陵周菊萍女士陪同前来重游,恰遇下雨,往事历历,不禁心生对陈正炎先生的缅怀之情。

二〇一六年九月二十二日于南京

和李旭东先生赠诗

山东威海李旭东先生,雅好藏书,购得余之旧作《刘子集校》,托人代求题签。余应所请,题曰:

《刘子》梁东莞刘勰著,"取镕《淮南》,自铸其奇",言修身治国之要。古今有"汉魏子书第一"和"重大历史价值和学术价值的奇书"美誉。《刘子集校》为余三十年前旧作,承蒙垂青,并嘱题签,略赘数语恭请

李旭东先生雅正

丙申季秋(二〇一六年十一月)林其锬

后他又有诗见赠,遂和之:

治学不言艰,素心慕前贤。

才疏追往圣,唯恐负苍天。

[附]李旭东:《赠林老》

校勘何其难,明辨追前贤。

落笔惊四海,浩气冲九天。

二〇一六年十一月十日李旭东

悼菲德尔·卡斯特罗·鲁斯

虎口拔牙力拔山,中流砥柱挽狂澜。

心怀平民劳动者,人杰鬼雄唯君当!

二〇一六年十一月二十七日

[注] 古巴革命领袖卡斯特罗于十一月二十五日晚病逝,享年九十岁。他于一九五九年领导起义,推翻专制统治,建立了拉美第一个社会主义国家。他一生逃脱美国中央情报局六百三十八次暗杀行动,在异常困难的环境中向平民劳动者提供了最高的医疗和卓越的教育。他于二〇〇一年获诺贝尔和平奖提名,被认为是二十世纪世界标志性人物。

咏梅　怀南京兄

冬至枝吐蕾,铁骨干难摧。

昂首迎飞雪,繁花报春归。

[注] 周南京教授祖籍福建,出生于印尼,归国侨生,在北京大学毕业后留校,从事华侨史研究,著作等身,为人正直,一身豪气。

丙申冬至

冬晴

云淡风停波不兴,青松翠竹不凋零。

阅尽人间万般景,晚霞映照分外明。

二〇一七年一月二十一日

丁酉元旦

风和日丽过暖冬,梅花锦簇沫东风。

惜春偏是花开早,花魂鸟魄总匆匆。

二〇一七年一月二十八日

赠友

繁华似锦艳如霞,独钟素梅一枝花。

纤尘不染玉精神,红蕊骨香岁月遐。

二〇一七年三月三日

昙花

难见绽昙花,艳丽一刹那。

匆匆皆过客,何处觅韶华?

二〇一七年三月十七日

咏梅子

昨日上海五缘文化研究所实现了领导班子新老交班,卸下挑了二十多年的担子,了却十多年的心愿,欣喜之至,留此俚句。

春深花谢衣护胎,青豆点点盼将来。

黄熟累累一朝见,老干新枝抒壮怀!

[注] 梅花谢后现梅子胎,有两瓣残花如衣护子,古有"始青青而如豆,旋楚楚而怀仁"咏梅子,黄熟正是梅子成熟之时。

二〇一七年三月二十四日

初夏赏荷(二首)

(一)

初夏雨方霁,园林清如洗。

舒卷伴彩笔,绿盖藏红衣。

二〇一七年六月十二日于世纪公园梦湖桥

(二)

仙子凌波舞,红褪芳心苦。

梦湖桥上行,君子归何处?

二〇一七年六月十二日于世纪公园梦湖桥

悼钱师谷融先生

"文学人学"本真理,一批二斗不讲理。

淡泊名利自逍遥,九九归元世亦奇。

[注] 钱谷融先生于二十世纪五十年代(一九五七年)提出"文学就是人学","文学是写人的,是表现人的,影响人的,是对人的判断,讲人道主义"。却被无理批斗数十年,受压当了三十八年讲师。但他坚持真理,淡泊名利,寄怀秋水,心胸坦荡,为人楷模。他支持五缘文化研究,担任上海五缘文化研究所顾问。后辈深受恩泽,永世难忘。他是在九十九岁生日(九月二十八日)逝世的,九九归元亦是奇事。

二〇一七年十月一日

哀小咪(二首)

(一)

三人共一猫,相伴十五载。

人猫情相通,生命有共爱。

猫老绝症生,猫痛人悲哀。

诀别日益仄,仰天叹无奈!

二〇一七年十月八日

(二)

潮起汐落本有时,有情何堪永别离?

含悲哀送安乐去,憨憨虎威长相忆。

[注] 猫名陈小咪,种属美国短毛,喂养十五年,性温和,通人性,不啻家中一员。突发现患乳腺癌,迅速扩散,有人以为猫龄已高,患此绝症可弃之。我们心中不忍,认为猫虽异类,亦是小生命,理应善待。为挽救它,两次手术,无法回天,后期四肢浮肿,饮食呼吸困难,为减其痛苦,只得遵医嘱送它安乐。临行,全家唏嘘,留影诀别。

二〇一七年十月八日

二〇一八元旦

东方曙色迎新年,日暖风和艳阳天。

窗前掠过和平鸽,寰宇何期息硝烟?

二〇一八年一月一日于仁济医院西院干保一病区三十三床

立春

乌龙探头走金鸡,镜天湖皱水涟漪。

乍暖犹寒园寂寞,槛里梅花长相忆。

[注] 戊戌为狗年,乌龙乃狗之别称;去岁为丁酉乃鸡年。

二〇一八年立春

戊戌元旦

昨夜案头水仙盛开,正与天竹童子盆景相映成趣,心喜偶得。

一夜仙子来,洛神舞翠带。

童子竹下坐,静心向如来。

二〇一八年二月十六日晨

和台湾林安梧教授戊戌贺年诗

春来惊雷非等闲,环宇无处不硝烟。

杞人忧天土狗辈,苍生心盼太平年。

二〇一八年二月十六日戊戌春节

[附]台湾林安梧教授戊戌年贺诗

春来雷动岂等闲,寒尽天青起炊烟。

变法犹须土狗辈,维新更越戊戌年。

林安梧二〇一八年春节元旦台湾震后

[注] 戊为土,戌为狗,是为土狗。狗者,意志忠诚,秉其天命也;土者,五行居中,行中道。

叹落英　伤逝

花雨缤纷叹落英,昨日招展今飘零。

芳魂恋春春不语,身逐流水水无情。

二〇一八年四月一日

八十三岁生日(二首)

(一)

灼灼桃红璀灿樱,东君抖袖花飘零。

斗转星移非人力,踏石留痕靠定心。

二〇一八年三月三十日

(二)

般若绝景观自在,历尽千劫证如来。

激流不见非无流,金刚百炼上九垓。

二〇一八年三月三十日

贺《闽台文化大辞典》出版

好友吕良弼教授实际主持、有多学科学者参与、费十年之功编撰、收辞一万五千余条十卷本的《闽台文化大辞典》,终由商务印书馆公开出版。规模宏伟,意义重大:用翔实史实,展现闽台一体,不能分割,不失为反"台独"利剑。

十年铸一剑,出鞘鬼怪惊。

神龙现真形,日月照汗青。

二〇一八年九月十九日

中秋致老友

碧海清辉夜,香溢桂花酒。

能有几回醉?但愿人长久!

二〇一八年九月二十二日

寒露

蓬黑叶焦荷已残,红粉归去岁将阑。

老藕深居待来夏,美人重返溢清香。

二〇一八年十月八日

重阳

九九重阳节,登高看世界。

世浊人多伪,潜奸有笑靥。

二〇一八年十月十七日

己亥春节

今年春节,城市人口大量返乡、出游,市区车稀人少,上海进入"十大空城"之列。上午独访世纪梅林,清静环境中,梅花尤显精神。

城空园更静,梅花自精神。

人花相对看,无语已会心。

二〇一九年二月五日

感时　己亥上元

最近,美国总统特朗普,高举"美国优先"旗帜,挥舞"极限施压"大棒,无端发动对中国贸易科技战高额征税,打压华为5G,指使加拿大非法抓人。国务卿蓬佩奥四处煽风点火,围堵中国。一些"美粉公知",也应声配合唱衰中国,散布"中国必败"论。黑浪翻滚,大有"黑云压城城欲摧"之势。

己亥元宵盼月圆,五洲儿女共婵娟。

恶煞遍布乌云阵,梅花岂惧风雪寒?

二〇一九年二月十九日

一探梅

年年开花年年新,寂寞无主待知音。

槛里梅花槛外人,乌云苍茫贵初心。

二〇一九年二月二十六日

二探梅

仕女如云花似霞,独有临水疏影斜。

鱼翔浅底香浮动,离却尘嚣现媮娴。

二〇一九年三月十九日

读史偶得

近重读沙文汉遗著《中国奴隶制度的探讨》。他提出中国原始公社转入奴隶私有制是经过"主公经济"的"蜕变",诚为卓见。

沧海横流谁天下?主公宰制鸡变鸭。

浊浪滚滚东流去,历史长卷血泪画。

二〇一九年五月二日

初夏

含烟带露荷花塘,尖尖小荷舒成盘。

微风晃动真珠颗,淑女嫣然出闺房。

二〇一九年五月十一日

夏至赏荷

凌波仙子亭亭立,粉腮翠盖出淤泥。

幽杳不招蜂与蝶,美在人间总是诗。

二〇一九年六月十七日

己亥中秋致耄耋老友

转眼又中秋,月圆倍思友。

·211·

仰望嫦娥舞,举杯同进酒。

二〇一九年九月十二日

[注]"酒"和"九"谐音。

读福一中老学友《有话说》

犹显巾帼气,不减三牧风。

碧海悬清辉,榕老仍从容。

[注]榕老,福州一中三牧坊老校大操场,有一排百年老榕树,历尽风雨今犹苍劲繁茂,显示百年老校风姿。

二〇一九年九月十七日

节后漫步世纪公园

芦花盛开缘枝老,人稀园旷碧空高。

镜天湖底白云移,临水惆怅风荷桥。

二〇一九年十月九日

[注]①镜天湖:乃世纪公园人工湖。②风荷桥:在世纪公园荷塘。

春息

己亥访梅早,大雪节未到。

满园皆萧瑟,春早已含苞。

二〇一九年十二月四日("大雪"前三日)于世纪梅园

望梅

连日阴雨,疫灾天降:新冠肺炎在武汉爆发,迅速蔓延。为防疫情扩散,公共场所关闭。为减少接触,寓居在家。

年年探梅不误期,而今宅家两相离。

离怀别苦凭窗望? 梦中对语人笑痴。

二〇二〇年一月二十五日庚子元旦

误梅

近日新冠疫情得到控制,公园重新开放。急访世纪梅林,但已误花期,仅见梅子如豆。

迟到梅林过花期,只见梅子不见伊。

脉脉相望留寂寞,切切默语待春时。

二〇二〇年三月二十六日

庆双节

国庆中秋双节稀,家国民族融一体。

百年沧桑临巨变,暴风骤雨龙跃起。

二〇二〇年十月一日

贺湖南邵阳学院五缘文化研究所成立

湖南邵阳学院五缘文化研究所由胡克森教授领军,在昨日挂牌成立,为五缘文化增添了一支生力军,闻讯喜极,欣然命笔。

春梅寒枝方吐蕾,冬梅破腊已含苞。

遥望梅林霞一抹,漫天飞雪摧花俏。

二〇二〇年十二月九日

迎新年

勇驱疫鼠迎金牛,万众齐心写春秋。

黑云摧城屹不动,暴雨泼身当汗流。

风刀霜剑只等闲,万水千山不回头。

挣脱鼻上无绳索,复兴中华不可收。

二〇二〇年十二月三十日

迎春贺卡

金牛驱疫鼠，莺啼众绿新。

寒雪梅中尽，竹翠松常青。

二〇二一年二月五日

辛丑元旦

牛劲牛力驮春来，幼竹破土红梅开。

翠彩相映好风景，更上层楼抒襟怀。

二〇二一年二月十二日农历初一

结束语

　　学术道路是一条崎岖曲折、布满荆棘的道路,需要定心、恒心、专心和虚心。也就是要有志趣和追求,把学术作为自己的生命来定位。还要有"沙漠之舟"骆驼的精神,不计劳苦、专心致志、锲而不舍地向既定的目标跋涉前进。同时要明白:"宇宙绵邈,性灵不居",知识无限,智慧难攀,个人所得,极为有限。因此要自知浅陋,永不自满,得始终保持旺盛的求知欲望,才能"苟日新,日日新",在知识海洋的滩涂上,拾得几片鲜艳的贝壳,从中得到"苦中有乐"的人生满足。

　　特定的历史环境决定了我的特定人生经历,使我所走的学术道路有点特殊:从工科技术专业转向社会科学,从教学再转向理论研究。在理论研究中,从对中国传统文化——中古时期的文论兴趣,又折向中国经济思想史和管理思想;再到涉外的华侨华人经济社会文化。研究内容从文到经、从古到今、从中到外、跨界面宽,因而形成了立足社会实践、经济与文化互动、古今互动、中外互动的综合研究思维方式。上海俚语有"猪头肉三不精"的说法,"广而浅薄"这是我自己深深感到的不足,我虽然在刘勰《文心雕龙》、《刘子》研究、中国经济思想史和管理思想以及"五缘文化"等研究领域获得一些成果,并得到社会的肯定,但也是拜改革开放时代之所赐,借助众力,积渐而成。所以,我对诸多提携、支持、帮助过我的学术前辈、社会贤达和朋友,都心怀感激、终身不忘。我也要感谢我的老伴和儿女对我的理解和支持。自我踏上学术道路,一切家务全由老伴陈凤金承担了;在我学术研究最困难的时候,也是她挺身而出、牺牲自己所爱的文学创作,协助我搜集版本资料。女儿林红工作之后买了房子,特地为我安排了一间独用书房,使我摆脱了集吃、睡、读、写功能,全家共住一间房的环境,有了自己独立安静的学术小天地,这无疑给我创造了很好的工作条件。家人的理解、关心和支持,让我无后顾之忧,得以心无旁骛、全力投身于研究工作。所以,在我获得的学术成果中,也融进家人的心力和贡献。

如今我已迈入耄耋之年,虽然经过几十年努力,获得一些成果,但毕竟有限。回顾平生,仍然可用自己八十岁时留下的俚句《生日》作为结语:

人间八十尽天年,弹指韶光似云烟。

愧对苍生少作为,空蝗粱黍暗自惭。

在上海社会科学院建院 60 周年之际,承蒙领导关爱、大家不弃,忝添首批院老科研人员口述史之列,历经四年:从 2017 年病房采访、《史林》单篇刊出,到《岁月无痕,学者无疆——上海社会科学院老专家口述历史》文集出版,再进而扩充内容由复旦大学出版社出版个人口述历史专著。在此过程中,上海社科院历史研究所"老专家口述历史"课题组、老干部办公室、复旦大学出版社的同志都付出了辛劳,特别是本书编著者张生副研究员和本书责任编辑梁玲编审付出的心力尤多。在此我谨向上述有关单位领导和张生先生、梁玲女士表示衷心感谢!

林其锬

二〇二一年四月二十五日

时年八十有六

附录

附录一　著述目录

例　言

① 本目录时限为 1981 年至 2021 年 6 月。

② 本目录分著作、论文与文章、学术综述与动态通讯三个部分。

③ 本目录均按出版、发表时间为序,著作分著作与主持编著、参与编著(集体编著)两部分。论文、文章采取系年编辑;学术综述与动态通讯则以发表时间为序。

④ 著作、论文、文章、综述动态目录署名悉依发表时所署,包括所用笔名皆不变动。

⑤ 出版、发表之著述,凡被转载或获奖者则加注说明。

(一) 著作

1. 编著或主持编著

［1］《刘子集校(附作者考辨)》,林其锬、陈凤金集校,上海古籍出版社,1985 年 10 月。此书 1985 年获上海社会科学院"1985 年度科研成果奖",1986 年获上海市"1979—1985 年哲学、社会科学著作奖"。

［2］《中国古代大同思想研究》,陈正炎、林其锬著,上海人民出版社,1986 年 5 月初版。香港中华书局,1988 年 1 月修改版,韩国汉城大学,1989 年 5 月韩文版(译者: 李成珪);此书 1988 年获上海社会科学院"1988 年度著作奖"。

［3］《敦煌遗书文心雕龙残卷集校》(抽印本),林其锬、陈凤金集校,上海古籍出版社,《中华文史论丛》,1988 年 9 月。

［ 4 ］《敦煌遗书刘子残卷集录》，林其锬、陈凤金辑校，上海书店出版社，1988 年
10 月。

［ 5 ］《江海奉献的土地》，吴强主编，林其锬等副主编、撰稿人，上海书店出版社，
1990 年 8 月。

［ 6 ］《敦煌遗书文心雕龙残卷集校(附宋本〈太平御览〉引〈文心雕龙〉辑校)》，林其
锬、陈凤金集校，上海书店出版社，1991 年 10 月。此书 1993 年获上海社会科
学院"1991—1992 年度著作奖"。

［ 7 ］《五缘文化论》，林其锬著，上海书店出版社，1994 年 11 月。

［ 8 ］《文心雕龙学综览》，杨明照主编，林其锬执行副主编、撰稿人，上海书店出版
社，1995 年 6 月。

［ 9 ］《元至正本文心雕龙汇校》，林其锬、陈凤金校，周振甫主编，中华书局，《文心
雕龙辞典》，1996 年 8 月。

［10］《新校白文文心雕龙》，林其锬、陈凤金校，张光年，《骈体语译文心雕龙》，上海
书店出版社，2001 年 3 月。

［11］《唐写本、宋〈御览〉、元刊〈文心雕龙〉集校合编》，林其锬、陈凤金校编，(台
湾)暨南出版社，2002 年 12 月。

［12］《五缘文化概论》，林其锬、吕良弼主编，福建省人民出版社，2003 年 12 月。撰
写"绪论"，"总论"，"实践"第十一章、第十三章，"分论"第六章 1、2、3、4、5、6
节部分，第七章 1、3 节部分，第八章 1、3、4、5 节部分，第九章 1、2、4、6 节部分，
第十章 1,2 节部分，"实践"第十二章 2、3 节部分。

［13］《文心雕龙》(白文)，林其锬集校，贾锦福主编，《文心雕龙辞典》(增订本)附录
二，济南出版社，2010 年 4 月。

［14］《五缘文化·寻根与开拓》，林其锬主编，同济大学出版社，2010 年 9 月。撰写
"内容简介"、"前言"、"孙中山文化思想与五缘文化"。

［15］《增订文心雕龙集校合编》，林其锬、陈凤金撰，华东师范大学出版社，2011 年
8 月。

［16］《敦煌遗书刘子残卷》，林其锬辑，内部刊行，2012 年 7 月。

［17］《刘子集校合编》上、下册，林其锬撰，华东师范大学出版社，2012 年 9 月。此
书获 2012 年度全国优秀古籍图书二等奖。

［18］《五缘文化与现代文明》系列丛书，林其锬主编，施炎平副主编，同济大学出版
社，2013 年 9 月。共五册：《五缘文化与中华精神》(施炎平)，《五缘文化心理
研究》(蒋杰)，《五缘民俗学》(郑土有)，《五缘性华侨华人社团研究》(赵红英、
宁一)，《五缘文化：中华民族的软实力》(施忠连)。撰写"总序言"。

［19］《庆祝林其锬教授八十岁论文集》，武心波主编，(香港)现代书局，2015 年
3 月。

［20］《五缘文化与中华民族复兴》，林其锬、武心波主编，同济大学出版社，2015 年
11 月。

［21］《孙中山文摘》，子木(林其锬)摘编，菊萍校对，南京中山陵管理局印行，2016
年 10 月。

［22］《新校白文文心雕龙》(修订本)，林其锬、陈凤金校，张光年译述，《骈体语译文
心雕龙》附录一，华中师范大学出版社，2017 年 4 月。

[23]《探骊与求索——管理探源与经营谋略》,林其锬著,中国国际文化出版社,2019 年 10 月。

2. 参与编著

[1]《中国经济思想史论文集》,林其锬编委、撰稿人,上海社会科学出版社,1986 年 5 月。此书 1988 年获上海市哲学社会科学联合会“1986—1987 年度优秀著作奖”。

[2]《中国古代管理思想》,何奇等主编,林其锬主要撰稿人,企业管理出版社,1986 年 10 月。

[3]《经济社会管理知识全书》,马洪、孙尚清主编,林其锬“中国古代经济思想”主要撰稿人,经济管理出版社,1988 年 12 月。

[4]《秦汉经济思想史》,陈正炎主编,林其锬主要撰稿人,中华书局,1989 年 7 月。

[5]《中国近代经济思想史》,马伯煌主编,林其锬主要撰稿人,上海社会科学出版社,1992 年 4 月。

[6]《文心雕龙研究荟萃》,饶芃子主编,林其锬编委、主要撰稿人,上海书店出版社,1992 年 8 月。

[7]《经济大辞典——中国经济史卷》,陈绍闻主编,林其锬编委、主要撰稿人,上海辞书出版社,1993 年 3 月。

[8]《中国学术名著提要(经济卷)》,叶世昌主编,林其锬主要撰稿人,复旦大学出版社,1994 年 9 月。

[9]《亚太地区经济合作与中国亚太经济战略》,夏禹龙主编,林其锬撰稿人,上海人民出版社,1996 年 12 月。

[10]《五缘文化与对外开放》,林其锬主编、撰稿人,上海交通大学出版社,1997 年 8 月。

[11]《诸子百家鉴赏辞典》,林其锬撰稿人,上海辞书出版社,2003 年 9 月。林其锬撰写《夷夏论》《文心雕龙·序志》《刘子·心隐》《刘子·适才》,洪亮吉撰写《治平篇》《生计篇》。

[12]林其锬撰写《文心司南·绪篇——刘勰和〈文心雕龙〉其人其书》,《文心司南》,涂光社主编,江苏人民出版社,2004 年 9 月。

(二) 论文与文章

1981 年

[1]《调整产品结构、面向轻工市场》,田雨林,《经济学术资料》,1981 年第 6 期。

[2]《党的财政经济政策的一次伟大胜利》,林其锬、严宁康,《经济学术资料》,1981 年第 7 期。

[3]《上海牌 495A 型柴油机是怎么夺魁的》(调查报告),林其锬,《经济学术资料》,1981 年第 8 期。

1982 年

[1]《关于中国经济思想史研究中的若干问题》,林其锬、陈正炎、丁文辉,《经济学术资料》,1982 年第 2 期。

［2］《略论西汉农业生产及其发展原因》，林其锬，《经济学术资料》，1982年第11期。

1983年

［1］《略论农家源流及其在中国经济思想史中的地位》，林其锬，《中国社会经济史研究》，1983年第3期。此文为中国经济思想史学会首届年会论文，收入《中国经济思想史学会首届年会会刊》(1982)，并收入《中国经济思想史论文集》，上海社会科学出版社，1986年5月出版。

1984年

［1］《王禹偁的经济、政治改革主张和文学改革实践》，林其锬、陈正炎，《兰州学刊》，1984年第6期。

［2］《一种未被著录的〈刘子〉敦煌残卷(附校记)》，林其锬、陈凤金，《敦煌学辑刊》，1984年第6期。

［3］《刘向的"富国安民"经济思想》，林其锬，《上海经济科学》，1984年第11期。

1985年

［1］《论〈刘子〉作者问题》，林其锬、陈凤金，《文献》(总20期)，1985年2月。

［2］《古代管理思想的产生》，成启绍，《上海工业经济报》，1985年4月4日。

［3］《先秦时期的市场管理》，成启绍，《上海工业经济报》，1985年4月11日。

［4］《〈考工记〉中的技术管理》，成启绍，《上海工业经济报》，1985年4月25日。

［5］《从汉高祖的经验想到的人才管理》，成启绍，《上海工业经济报》，1985年5月6日。

［6］《我国最早的生产成本核算》，成启绍，《上海工业经济报》，1985年5月16日。

［7］《西周的金融、信贷管理》，成启绍，《上海工业经济报》，1985年5月20日。

［8］《古老的医药卫生管理》，成启绍，《上海工业经济报》，1985年5月23日。

［9］《"尊贤"、"尚贤"与"尊君废贤"、"绝圣弃智"》，成启绍，《上海工业经济报》，1985年5月30日。

［10］《西周时期的土地和人口管理》，成启绍，《上海工业经济报》，1985年6月3日。

［11］《〈四民月令〉中的劳动管理》，成启绍，《上海工业经济报》，1985年6月13日。

［12］《"量入以为出"——古代财政管理的一个重要思想》，成启绍，《上海工业经济报》，1985年7月11日。

［13］《选将才与用将才》，成启绍，《上海工业经济报》，1985年7月29日。

［14］《〈刘子〉两抄本考索》，林其锬、陈凤金，《文献》(总25期)，1985年7月。

［15］《从〈孙子兵法〉的运用看中国古代管理思想的多功能性》，成启绍，《上海工业经济报》，1985年8月5日。

［16］《都江堰水利工程建设中的系统思想》，成启绍，《上海工业经济报》，1985年8月22日。

［17］《信息网络的雏形——古烽火台》，成启绍，《上海工业经济报》，1985年9月5日。

［18］《最早文字记载的交通管理》，成启绍，《上海工业经济报》，1985年9月5日。

［19］《荀子的"性恶"说与西方的"x"理论》，成启绍，《上海工业经济报》，1985年9月19日。

[20]《"天下从事者不可以无法仪"——墨子的管理系统思想》,成启绍,《上海工业经济报》,1985 年 10 月 10 日。

[21]《"民无食不能使,功不利人不能劝"——"可能"是出发点,"效益"是目标》,成启绍,《上海工业经济报》,1985 年 11 月 4 日。

[22]《"私积与公家为一体"的财政论》,成启绍,《上海工业经济报》,1985 年 11 月 18 日。

[23]《王禹偁的经济思想》,林其锬,《中国经济思想史学会第二届年会会刊》,1985 年。

1986 年

[1]《〈刘子〉人才管理思想初探》,成启绍,《上海经济研究》,1986 年第 1 期。

[2]《从弓箭的生产看先秦时期的质量管理》,成启绍,《上海工业经济报》,1986 年 1 月 6 日。

[3]《果断、通达、才能——孔子谈管理者应有的资质》,成启绍,《上海工业经济报》,1986 年 1 月 30 日。

[4]《"刑防其末,礼防其本"》,成启绍,《上海工业经济报》,1986 年 3 月 31 日。

[5]《"以劳殿赏,量功而分禄"》,成启绍,《上海工业经济报》,1986 年 4 月 17 日。

[6]《"将能而君不御者胜"》,成启绍,《上海工业经济报》,1986 年 6 月 19 日。

[7]《司马迁的经济放任主义》,成启绍,《上海工业经济报》,1986 年 7 月 3 日。

[8]《〈刘子〉影宋抄本辨正》,林其锬、陈凤金,《文献》(总 29 期),1986 年 7 月。

[9]《三人共牧一羊,羊不得食,人亦不得息——管理的精简原则》,成启绍,《上海工业经济报》,1986 年 8 月 28 日。

[10]《桑弘羊的宏观经济控制》,成启绍,《上海工业经济报》,1986 年 9 月 4 日。

[11]《从图书馆工作角度谈文献——顾廷龙、李希泌两先生的一次对话》,林其锬,《文献》,1986 年第 3 期。

[12]《"适才"与"均任"是用人之道的主要内容——〈刘子〉人才思想》,林其锬,《兰州学刊》,1986 年第 3 期。

[13]《再论〈刘子〉作者问题》,林其锬、陈凤金,《中华文史论丛》,1986 年第 4 期。

1987 年

[1]《历史成功经验的启迪》,子木,《上海机械报》,1987 年 1 月 1 日。

[2]《两轮之轴心》,子木,《上海机械报》,1987 年 1 月 12 日。

[3]《尊贤与弃智之争》,子木,《上海机械报》,1987 年 1 月 26 日。

[4]《黄乃裳和他创办的〈福报〉》,林其锬,《文献》(总 31 期),1987 年 1 月。

[5]《"为国入宝不如荐贤"》,子木,《上海机械报》,1987 年 2 月 12 日。

[6]《聪明莫贵乎知人》,子木,《上海机械报》,1987 年 3 月 13 日。

[7]《〈刘子〉作者到底是谁?》,林晨,学林出版社《中国文化之谜》第 3 辑,1987 年 3 月。

[8]《"峻极之山非一石所成"》,子木,《上海机械报》,1987 年 3 月 30 日。

[9]《贵在"未有功而知其贤者"》,子木,《上海机械报》,1987 年 4 月 20 日。

[10]《贤就是德、才就是能》,子木,《上海机械报》,1987 年 5 月 25 日。

[11]《才苟适治,不问世胄》,子木,《上海机械报》,1987 年 6 月 1 日。

[12]《〈刘子〉思想初探》,林其锬、陈凤金,《文史哲》,1987 年第 6 期。

［13］《智苟能谋,奚妨粃行》,子木,《上海机械报》,1987 年 7 月 27 日。

［14］《"八观六验"和"六戚四隐"》,子木,《上海机械报》,1987 年 8 月 17 日。

［15］《刘劭的"八观""五视"》,子木,《上海机械报》,1987 年 9 月 14 日。

［16］《"不用干将,奚以知其锐"》,子木,《上海机械报》,1987 年 11 月 2 日。

［17］《熔技术、管理、政策于一炉——简论中国古代农家学派管理思想的特点》,林其锬,上海社会科学院《学术季刊》,1987 年第 4 期。

1988 年

［1］《因事施用,仍便效才——用人的"适才"原则》,子木,《上海机械报》,1988 年 1 月 18 日。

［2］《量才而授任,量任而授爵——用人的"均任"原则》,子木,《上海机械报》,1988 年 1 月 25 日。

［3］《人之通犹水之通——人才的流通》,子木,《上海机械报》,1988 年 2 月 1 日。

［4］《〈松下经营哲学〉简介——值得厂长、经理一读的书》,子木,《上海机械报》,1988 年 4 月 4 日。

［5］《〈福报〉和戊戌变法宣传》,林其锬,《社会科学报》,1988 年 4 月 14 日。

［6］《土光敏夫与他的〈经营管理之道〉》,子木,《上海机械报》,1988 年 5 月 23 日。

［7］《关于敦煌遗书〈文心雕龙〉残卷》,林其锬,《古籍整理出版情况简报》(国务院古籍整理出版规划领导小组),1986 年 6 月 10 日。

［8］《马斯洛的人类需求层次论》,子木,《上海机械报》,1988 年 7 月 4 日。

［9］《〈文心雕龙〉与〈刘子〉思想比较》,林其锬,《文心雕龙》国际研讨会论文。此文后被收入《文心雕龙研究荟萃》,上海书店出版社,1992 年出版。

［10］《麦格雷戈的"X 理论—Y 理论"》,子木,《上海机械报》,1988 年 9 月 5 日。

［11］《日本能,我们为什么不能?》,子木,《上海机械报》,1988 年 9 月 19 日。

［12］《中国古代管理思想与现代化》,子木,《上海机械报》,1988 年 9 月 19 日。

［13］《科学管理与文化环境》,子木,《上海机械报》,1988 年 10 月 17 日。

［14］《传统管理思想的四个层次》,子木,《上海机械报》,1988 年 10 月 24 日。

［15］《管理主体与三维研究法》,子木,《上海机械报》,1988 年 10 月 31 日。

［16］《傅增湘过录的两种敦煌〈刘子〉残卷》,林其锬,《古旧书讯》,1988 年第 5 期,1988 年 10 月。

［17］《〈大系〉应重视选收海外华人作品》,林其锬,《中国近代文学大系编辑工作信息》,1988 年 11 月 10 日。此文后被收入《中国近代文学大系争鸣录》,范泉主编,上海书店出版社,2012 年 7 月出版。

［18］《道教在中国历史中的地位》,林其锬,《上海道教》,创刊号,1988 年 11 月。

［19］《谭峭及其〈化书〉》,子木,《上海道教》,创刊号,1988 年 11 月。

［20］《黄乃裳经济思想简论》,林其锬,《中国经济问题》,1988 年第 6 期。

1989 年

［1］《赏罚分明能功功惩过》,子木,《上海机械报》,1989 年 4 月 6 日。

［2］《董传宵的"百里一日运粮术"》,子木,《上海机械报》,1989 年 4 月 20 日。

［3］《范仲淹的救灾妙计》,子木,《上海机械报》,1989 年 5 月 11 日。

［4］《听其言还要观其行》,子木,《上海机械报》,1989 年 5 月 18 日。

［5］《举贤受赏,毁才当罚》,子木,《上海机械报》,1989 年 6 月 1 日。

[6]《陈乃乾和〈刘子〉》,林其锬,《古旧书讯》,1989 年第 2 期。

[7]《人是企业凝聚力、生产力、竞争力的核心》,子木,《上海机械报》,1989 年 7 月 6 日。

[8]《企业素质与企业家》,子木,《上海机械报》,1989 年 7 月 13 日。

[9]《不贪为宝是企业家的美德》,子木,《上海机械报》,1989 年 7 月 27 日。

[10]《漫说"合格的企业家"》,子木,《上海机械报》,1989 年 8 月 10 日。

[11]《企业家与职工群众》,子木,《上海机械报》,1989 年 8 月 24 日。

[12]《应该梳理出近代文学的主流、支流、逆流与回流及其在互动消长中的地位与作用》,林其锬,《"中国近代文学大系"编辑工作信息》第 42 号,1989 年 8 月 25 日。此文后被收入《中国近代文学大系争鸣录》,范泉主编,上海书店出版社,2012 年 7 月出版。

[13]《企业家的价值取向》,子木,《上海机械报》,1989 年 9 月 7 日。

[14]《"做事论理、论法,私交论情"》,子木,《上海机械报》,1989 年 9 月 28 日。

[15]《不能将兵而善将将》,子木,《上海机械报》,1989 年 10 月 19 日。

[16]《企业家与智囊团》,子木,《上海机械报》,1989 年 11 月 2 日。

[17]《企业家要有使命观念来经营事业》,子木,《上海机械报》,1989 年 11 月 16 日。

[18]《"吟成一卷缘情作,待到千秋尚爱渠"——读〈唐女郎鱼玄机诗〉》,林其锬,《古旧书讯》,1989 年第 4 期。

[19]《五卷本〈刘子〉和日本古代学者的论述》,林其锬、陈凤金,《文献》,1989 年第 4 期。

[20]《穷则思变,长袖善舞》,子木,《上海机械报》,1989 年 11 月 30 日。

[21]《管理与哲学》,子木,《上海机械报》,1989 年 12 月 4 日。

[22]《管理新潮:企业文化》,子木,《上海机械报》,1989 年 12 月 28 日。

[23]《等身宏著,诗史长存　纪念李公印泉诞辰 110 周年》,林其锬,《腾冲文化》,1989 年增刊。

[24]《五缘文化与纪念吴夲》,林其锬,《上海道教》1989 年 3—4 月合刊。此文首次提出以亲缘、地缘、神缘、业缘和物缘为内涵的"五缘文化"说。首先是在 1989 年 4 月 17 日至 20 日在福建省漳州市召开、有海峡两岸学者参加的"纪念吴夲诞辰 1010 周年学术讨论会"上宣读,后被收入由张国举主编、漳州吴真人研究会于 1989 年 5 月编成,并由厦门大学出版社于 1990 年 10 月出版的《吴真人学术研究文集》。

1990 年

[1]《爱才如命者兴》,子木,《上海机械报》,1990 年 1 月 11 日。

[2]《今年企业文化、乡土文化和海外文化研究将是一个热点》,林其锬,《社会科学报》,1990 年 1 月 18 日。

[3]《鸟激则能翔青云》,子木,《上海机械报》,1990 年 1 月 24 日。

[4]《五缘文化与未来的挑战》,林其锬,《亚太研究》,1990 年第 1 期。此文在 1990 年 5 月获国务院侨务办公室"全国首届侨务工作研究论文评选"二等奖(一等奖空缺),并被收入由国务院侨务办公室《侨情》编辑部编、1990 年 6 月出版的《侨务工作研究论文集(一)》。同年 5 月改题"五缘文化与亚洲的未

来"，在上海社会科学院《学术季刊》第 2 期发表，《新华文摘》1990 年第 9 期转载。1993 年 3 月获上海市哲学社会科学联合会"1998—1991 年度优秀学术成果奖"。后以原题"五缘文化与未来的挑战"被收入上海华侨历史学会和新加坡南洋学会编、于 1990 年出版的《上海侨史论丛》第二辑，1993 年《华商世界》第 1 期、第 2 期也以原题"五缘文化与未来的挑战"连续转载。1992 年以"五缘文化与亚洲的未来"为题，被译成英文收入 *Sass Papers*（4），上海社会科学院出版社，1992 年 7 月出版。

[5]《把人心聚起来》，子木，《上海机械报》，1990 年 2 月 15 日。

[6]《走效益发展之路》，子木，《上海机械报》，1990 年 3 月 1 日。

[7]《企业家与科学决策》，子木，《上海机械报》，1990 年 3 月 15 日。

[8]《马年说牛》，子木，《上海机械报》，1990 年 3 月 22 日。

[9]《从〈隆中对〉说起》，子木，《上海机械报》，1990 年 4 月 19 日。

[10]《使之以权，动之以利，晓之以义》，子木，《上海机械报》，1990 年 5 月 10 日。

[11]《严要求是治乱的良策》，子木，《上海机械报》，1990 年 5 月 31 日。

[12]《开发即经营》，子木，《上海机械报》，1990 年 6 月 14 日。

[13]《〈刘子〉写本、钞本考察》，林其锬，《中华文学史料(一)》，百家出版社，1990 年 6 月出版。

[14]《充分估计华人经济在新世纪中的地位和振兴中华的作用》，林其锬，《华人经济研究》第 3 期，1990 年 6 月。

[15]《他离不开这块土地》，林其锬，《解放日报》，1990 年 7 月 8 日。此文后在上海电台配音播出。

[16]《侨务工作口号应该切合海外已经变化的华人社会实际》，林其锬，上海社会科学院《新问题　新建议》，1990 年第 7 期。

[17]《了解需求"萌芽"——YKK 发展秘诀》，子木，《上海机械报》，1990 年 7 月 12 日。

[18]《对自己的产品"要缠到底"》，子木，《上海机械报》，1990 年 8 月 2 日。

[19]《"五缘文化"：华族的纽带和桥梁》，林其锬，《社会科学报》(理论专版)，1990 年 8 月 2 日。

[20]《要有打破砂锅问到底的精神》，子木，《上海机械报》，1990 年 8 月 23 日。

[21]《信誉是立业之本》，子木，《上海机械报》，1990 年 9 月 6 日。

[22]《要树立与现代建设相适应的价值观》，子木，《上海机械报》，1990 年 9 月 20 日。

[23]《关于现代管理与传统文化的几个问题的思考》，林其锬，《管理思想探源——中国传统文化与现代化企业文化建设》，新华出版社，1990 年出版。

[24]《增强适应时代变化的经营意识》，子木，《上海机械报》，1990 年 10 月 18 日。

[25]《春卷走向世界的启示》，子木，《上海机械报》，1990 年 11 月 8 日。

[26]《立足致用，吸取营养，融会新知》，子木，《上海机械报》，1990 年 11 月 29 日。

[27]《古老的原则，新鲜的经验》，子木，《上海机械报》，1990 年 12 月 6 日。

[28]《吸取营养古为今用》，子木，《上海机械报》，1990 年 12 月 20 日。

[29]《要给干部以机动权》，子木，《上海机械报》，1990 年 12 月 27 日。

[30]《促进华族意识觉醒，加强华人自身团结》，林其锬，《社会科学报》，1990 年 12

月 27 日。

[31]《论妈祖文化现象——五缘文化的传承与变异》,林其锬,《上海道教》,1990 年 3—4 期合刊,1990 年 12 月。此文最先在福建省莆田市举办的"妈祖研究国际学术讨论会"上宣读,后又以"五缘文化的传承与变异"为题,收入由中国社会科学出版社于 1992 年 7 月出版的《海内外学人论妈祖》。

[32]《五缘文化与海外华人投资》(研究报告)1990 年完成,收入 1994 年上海书店出版社出版的《五缘文化论》。此研究报告获上海社会科学院"1990—1991 年度科研成果荣誉奖"。

1991 年

[1]《探索具有中国特色的社会主义管理学》,子木,《上海机械报》,1991 年 1 月 17 日。

[2]《企业管理要重视运行机制的文化环境》,子木,《上海机械报》,1991 年 2 月 7 日。

[3]《不能把自己的脑袋长在别人的脖子上》,子木,《上海机械报》,1991 年 2 月 14 日。

[4]《从〈渴望〉看管理运行机制的文化环境》,子木,《上海机械报》,1991 年 2 月 1 日。

[5]《人力资源与 x 效率理论》,子木,《上海机械报》,1991 年 2 月 28 日。

[6]《略论〈文心雕龙〉修辞基本理论》,林其锬,《修辞学习》,1991 年第 1 期。

[7]《人性、义利与管理》,林其锬,《亚太研究》,1991 年第 2 期。此文改题为"人性、义利与现代管理",收入中国企协古代管理思想研究会编、改革出版社1992 年 7 月出版的《历史与企业家对话》。

[8]《科学嫁接、优化组合、融合创新》,子木,《上海机械报》,1991 年 3 月 1 日。

[9]《管理的民族性、科学性和民主性》,子木,《上海机械报》,1991 年 3 月 7 日。

[10]《在走向未来时的回溯价值》,子木,《上海机械报》,1991 年 3 月 28 日。

[11]《道路、车轮、马达》,子木,《上海机械报》,1991 年 4 月 4 日。

[12]《"不扰民"是社会主义管理的重要原则》,子木,《上海机械报》,1991 年 4 月 11 日。

[13]《企业家要有勇于创新敢于接受挑战的精神》,子木,《上海机械报》,1991 年 4 月 18 日

[14]《加强经营观念,提高经济效益》,子木,《上海机械报》,1991 年 5 月 2 日。

[15]《"因袭"—"规抚"—"创获"》,子木,《上海机械报》,1991 年 5 月 9 日。

[16]《大企业病与深化改革》,子木,《上海机械报》,1991 年 5 月 23 日。

[17]《中国传统文化与探索具有中国特色现代管理科学》,子木,《社会信息交流》,1991 年第 5 期。

[18]《"三军一人,胜"》,子木,《上海机械报》,1991 年 6 月 6 日。

[19]《创造性是当代企业家最需要的才能》,子木,《上海机械报》,1991 年 6 月 20 日。

[20]《精神状态与企业活力》,子木,《上海机械报》,1991 年 7 月 4 日。

[21]《核心价值观念》,子木,《上海机械报》,1991 年 7 月 25 日。

[22]《五缘文化与通俗文学》,林其锬,《中文自学指导》,1991 年第 7 期。

[23]《论"神缘"文化研究与改革开放》,林其锬,《中国道教》,1991年第2期。

[24]《科学化、民族化、民主化——九十年代企业管理发展趋势》,林其锬,《亚太研究》,1991年第7期。此文被收入厉璠主编、复旦大学出版社1992年9月出版的《九十年代企业改革与发展》。

[25]《既要"取长补短",又要"扬长避短"》,子木,《上海机械报》,1991年8月1日。

[26]《"内圣外王"与"眼睛向内"》,子木,《上海机械报》,1991年8月22日。

[27]《企业家要牢固树立市场价值观念》,子木,《上海机械报》,1991年8月29日。

[28]《企业管理转型与进一步改革开放》,子木,《上海机械报》,1991年9月19日。

[29]《淡化产值观念,把经济效益作为目标》,子木,《上海机械报》,1991年9月26日。

[30]《斯米克现象引出的思考》,子木,《上海机械报》,1991年10月3日。

[31]《企业家要明"利害之道,去就之理"》,子木,《上海机械报》,1991年10月10日。

[32]《还是应该有点理想和雄心》,子木,《上海机械报》,1991年10月24日。

[33]《世界企业管理发展趋势》,林林,《上海机械报》,1991年10月31日。

[34]《〈按摩十术〉前言》,林其锬,《上海道教》,1991年第3期。

[35]《文化搭台,经济唱戏》,子木,《上海机械报》,1991年11月7日。

[36]《名牌效应与企业管理》,子木,《上海机械报》,1991年11月28日。

[37]《社会主义企业需要竞争机制》,子木,《上海机械报》,1991年12月5日。

[38]《企业竞争机制的引力与推力》,子木,《上海机械报》,1991年12月12日。

[39]《企业管理需要法治精神》,子木,《上海机械报》,1991年12月19日。

[40]《华人创业文化与新加坡经济崛起》,林其锬,《科学信息交流》,1991年第11期。此文被《上海致公》1992年第2期转载。

[41]《论五缘文化在对外开放发展经济中的地位与作用》,林其锬,《亚太论坛》创刊号,1991年12月。

1992年

[1]《竞争出多味,多味调众口》,子木,《上海机械报》,1992年1月2日。

[2]《华人创业文化值得弘扬》,子木,《上海机械报》,1992年1月9日。

[3]《华人创业文化与海外华人经济的崛起》,子木,《上海机械报》,1992年1月16日。

[4]《搞好大中型企业的标准》,子木,《上海机械报》,1992年1月23日。

[5]《多元色彩的新加坡》,林其锬,《上海侨报》,1992年1月25日。

[6]《转换企业经营机制与打破"三铁一大"》,子木,《上海机械报》,1992年1月30日。

[7]《新加坡考察报告》,陶友之、林其锬等,《亚太论坛》,1992年第1期。此文被《文献情报》1992年第4期转载。

[8]《好风凭借力,送我上青云——谈唱好利用外资重头戏》,子木,《上海机械报》,1992年2月13日。

[9]《提高生产力是一场人类心灵的比赛》,子木,《上海机械报》,1992年2月20日。

[10]《关键在于进一步解放思想》,子木,《上海机械报》,1992年2月27日。

[11]《重要的是转变观念》,子木,《上海机械报》,1992 年 3 月 12 日。

[12]《论文化认同与华人社会》,林其锬,《华侨华人历史研究》,1992 年第 1 期。

[13]《孙中山"建设一大中华民族"的理想与 21 世纪华族的团结与联合》,林其锬,《近代中国》第 2 辑,上海社会科学院出版社,1991 年出版。

[14]《论在现代思潮激荡下的中国古代管理思想功能问题》,林其锬,《科技导报》(广州版),总 32、33 期,1992 年 4 月。

[15]《五缘文化——连接海外华人社会的桥梁》,林其锬《上海致公》,1992 年第 4 期。

[16]《竞争需要"超前"意识》,子木,《上海机械报》,1992 年 4 月 7 日。

[17]《华夏文化在新加坡》,林其锬,《上海文化艺术报》,1992 年 4 月 17 日。

[18]《在市场海洋的风浪中搏击》,子木,《上海机械报》,1992 年 5 月 14 日。

[19]《同源异派,同根异枝——世界华族勿论其国籍归属都是中华民族的一部分》,林其锬,《社会科学报》,1992 年 5 月 21 日。

[20]《随机选择——走向世界的华人创业文化》,林其锬,《上海文化艺术报》,1992 年 5 月 29 日。

[21]《〈文心雕龙〉唐宋元版本价值略说》,林其锬,《文献》,1992 年第 2 期。

[22]《生产重要,服务更重要》,子木,《上海机械报》,1992 年 6 月 11 日。

[23]《黄关从的"三大件"与党的群众路线》,子木,《上海机械报》,1992 年 6 月 25 日。

[24]《新加坡文化掠影》,子木,《上海机械报》,1992 年 7 月 2 日。

[25]《新加坡经济快速发展之路》,林其锬,《人民日报》(七版),1992 年 7 月 7 日。

[26]《追求和谐:人—社会—自然——东西方人天观比较与人类现代化道路的选择》,林其锬,此文在 1992 年 4 月 14 日至 17 日由联合国环境发展署和国务院发展研究中心主办、于上海召开的 1992"环境与经济协调发展国际会议"上宣读,《世界科学》1992 年第 6 期摘要刊出,《国际观察》1993 年第 3 期全文发表,《上海道教》1999 年第 2 期、第 3 期分上下两个部分全文转载。

[27]《儒家思想与东亚现代化道路》,林其锬,《上海大学学报》(社科版),1992 年第 4 期。

[28]《海外华资出现谋求国际合作的趋势,开放浦东振兴上海可以充分利用》,林其锬,《上海致公》,1992 年第 7 期。

[29]《管理者人格与管理模式》,子木,《上海机械报》,1992 年 7 月 30 日。

[30]《求之如势,随机选择》,子木,《上海机械报》,1992 年 8 月 6 日。

[31]《从"朱氏定义"看"合格的企业家"》,子木,《上海机械报》,1992 年 8 月 13 日。

[32]《变"产供销"为"销供产"》,子木,《上海机械报》,1992 年 8 月 20 日。

[33]《五缘文化一对外开放的五色桥》,林其锬,《上海文化艺术报》,1992 年 9 月 4 日、11 日分上下两个部分连载。

[34]《兵家思想经营谋略(附中国古代管理思想研究会简介)》,林其锬,《上海机械报》,1992 年 9 月 24 日。

[35]《一个中国企业家在国外创业的经验》,子木,《上海机械报》,1992 年 10 月 15 日。

[36]《海外华人创业文化的形成与启迪》,林其锬,《上海致公》,1992 年第 9 期。

[37]《建立社会主义市场经济体制是历史性的巨大转变》,子木,《上海机械报》,1992 年 11 月 5 日。

[38]《上海在引进华资中也应起龙头作用》,林其锬,《上海统一战线》,1992 年第 11 期。

[39]《安得广厦千万间——漫谈新加坡住房》,林其锬,《上海侨报》,1992 年 11 月 24 日。

[40]《从唐写本到至正本——〈文心雕龙〉唐宋元版本考索》,林其锬,《文心雕龙学刊》第 7 辑,1992 年 11 月。

[41]《海外华人创业文化》,林其锬,《学术月刊》,1992 年第 12 期。

[42]《茅山诗文选》,林其锬,《上海道教》,1992 年第 4 期。

1993 年

[1]《增强科技知识,依靠科技进步》,子木,《上海机械报》,1993 年 1 月 7 日。

[2]《苏瞬卿〈初晴游沧浪亭〉赏读》,林其锬,《中文自修》,1993 年第 3 期。

[3]《发挥五缘文化纽带作用,抓住自己独特机遇》,林其锬,《浦江同舟》,1993 年第 3 期。

[4]《海外华族社会与〈中华民族史〉》,林其锬,《中华民族史研究》第 1 辑,广西人民出版社,1993 年 4 月出版。

[5]《90 年代亚太地区经济合作与中国对外开放格局》,林其锬,《亚太论坛》,1993 年第 3 期。此文 1996 年 4 月被中国科学院、龙门书局评为“八五”期间优秀科学技术成果,并收入《中国“八五”科学技术成果选》。

[6]《定林寺的遐想》,林其锬,《枣庄日报》,1993 年 7 月 10 日。

[7]《从〈战略性经济规划〉探寻新加坡的发展奥秘》,林其锬,《国际市场》,1993 年第 8 期。

[8]《论亚太地区华人文化与经济的互动关系》,林其锬,《国际科技经济社会研究》,第 24 期。此文 1994 年 1 月获国务院发展研究中心国际技术经济研究所上海分所“1993 年度优秀论文”奖。

[9]《从〈战略性经济规划〉看新加坡在 20 世纪 90 年代、21 世纪初的发展趋势和策略》,林其锬,《国际市场》,1993 年第 9 期。

[10]《略谈新加坡的廉政建设》,林其锬,《浦江同舟》,1993 年第 10 期。

[11]《新加坡人物访谈录——吴庆瑞》,林其锬,《国际市场》,1993 年第 11 期。

[12]《新加坡人物访谈录——唐义芳》,林其锬,《国际市场》,1993 年第 12 期。

[13]《新加坡的综合发展策略》,林其锬,《上海致公》,1993 年第 12 期。

[14]《彭松涛和他对新加坡道教史的研究》,林其锬,《上海道教》,1993 年第 4 期。

1994 年

[1]《“择人而任势”是提高企业竞争力的关键》,林其锬,《兵法谋略与企业竞争》,企业管理出版社,1994 年 2 月出版。

[2]《1994:新加坡市场预测》,林其锬,《国际市场》,1994 年第 4 期。

[3]《新加坡社会经济发展的成功策略与政策》,子木,《亚太论坛》,1994 年第 2 期。

[4]《闽东南考察的若干思考》,林其锬,《国际科技经济社会研究》,1994 年第 14 期。

[5]《四种变局,八幕景观——新加坡〈战略性经济规划〉预测 90 年代世界经济趋势》,林其锬,《北方经济导报》,1994 年 7 月 10 日。

[6]《双向内化,形离神合——中国历史上政教关系的一个特点》,林其锬,《上海道教》,1994 年第 2 期。

[7]《五缘文化与华人社会》,林其锬,《现代农村》,1994 年第 7 期。

[8]《引外资,亚太各国加快金融改革;图厚报,西方银行扩大亚太业务》,林其锬,《北方经济导报》,1994 年 8 月 7 日。

[9]《依靠网络支撑,依靠网络发展——海外华人经济发展成功之路》,子木,《现代农村》,1994 年第 8 期。

[10]《五缘文化与世界华商经济网络》,林其锬,《国际科技经济社会研究》,总第 195 期,1994 年 9 月。此文在《浦江同舟》1994 年第 8 期先行摘要发表,1994 年 12 月获国务院发展研究中心国际技术经济研究所上海分所"1994 年度优秀论文"奖。

[11]《〈文心雕龙〉研究在海外的历史、现状与发展》,林其锬,《社会科学》,1994 年第 9 期。

[12]《勤俭创业,同舟隆帮——海外华人的创业文化》,林其锬,《现代农村》,1994 年第 9 期。

[13]《五缘文化的热效应——风起云涌的地方经济文化节》,林其锬,《现代农村》,1994 年第 10 期。

[14]《新加坡银行利率调高的原因与影响》,子木,《金融导报》,1994 年 10 月 26 日。

[15]《利用"三大宝库"和"五缘文化"走向世界》,林其锬,《乡镇企业导报》,1994 年第 2 期。

[16]《妈祖与鞋城——谈神缘文化纽带的作用》,林其锬,《现代农村》,1994 年第 12 期。

[17]《物本天然当有用——中医学在国外》,林其锬,《社会科学报》,1994 年 12 月 1 日。

[18]《巨大的"财力库"与"智力库"——海外华商与"五缘"文化》,《国际市场》,1994 年第 12 期。

[19]《海外华人社团的国际化与世界华商经济网络》,林其锬,《上海致公》,1994 年第 12 期。

[20]《"五缘"文化与世界华商经贸网络》,林其锬,《福建学刊》,1994 年第 6 期。此文 1995 年 4 月狄上海社科院"1993—1994 年科研成果荣誉奖"。1996 年 12 月经中国科学院"八五"科学技术成果编审委员会审定,"该成果符合《中国"八五"科学成果选》入选条件"。《经济纵横》1995 年第 3 期转载。后又被收入中国经济思想史学会编,《集雨窖文丛——中国经济思想史学会成立 20 周年纪念文集》,北京大学出版社,2000 年 10 月出版。

1995 年

[1]《把全世界的"宁波帮"都动员起来建设宁波》,林其锬,《现代农村》,1995 年第 1 期。

[2]《华商网络:区域经济合作的粘合剂、催化剂》,林其锬,《亚太论坛》,1995 年

第 1 期。

［ 3 ］《携手开发福建元洪工业园的黄祖耀和林绍良》,子木,《现代农村》,1995 年第 2 期。

［ 4 ］《五缘文化与海外华人社团》,林其锬,《上海黄浦海外联谊会会讯》,总第 39 期,1995 年 2 月。

［ 5 ］《顾廷龙谈〈文心雕龙〉敦煌写本》,林其锬,《社会科学报》,1995 年 3 月 16 日。

［ 6 ］《文化资源是一种潜在的生产力》,子木,《现代农村》,1995 年第 3 期。

［ 7 ］《缅甸经济发展状况与中缅经济合作》,林其锬,《金融导报》,1995 年 2 月 12 日。

［ 8 ］《改革之风席卷亚洲金融业,中小型金融市场正成为业务重点》,林其锬,《金融导报》,1995 年 3 月 22 日。

［ 9 ］《商帮会馆与海外华商网络》,子木,《现代农村》,1995 年第 4 期。

［10］《略论闽台道教信仰的共同特点》,林其锬,《上海道教》,1995 年第 1 期。

［11］《海峡两岸道教信仰的共同特点以及历史渊源》,林其锬,《社会科学》,1995 年第 4 期。

［12］《论华人经济在亚太地区经济合作中的地位和作用》,林其锬,《发展论坛》,1995 年第 6 期。

［13］《海外华人已经形成"三大宝库"》,林其锬,《上海黄浦海外联谊会会讯》,第 40 期,1995 年 4 月 28 日。

［14］《中国对外开放与海外华人经济》,子木,《现代农村》,1995 年第 5 期。

［15］《"五缘"文化与祖国统一大业》,林其锬,《现代农村》,1995 年第 6 期。

［16］《海外华人经济国际化网络化发展趋势》,《人民日报》总编室,《内部参阅》,第 26 期(总 265 期),1995 年 7 月 3 日。

［17］《把"文心雕龙学"进一步推向世界——〈文心雕龙〉研究在海外的历史现状与发展》,林其锬,《文心雕龙研究》第 1 辑,北京大学出版社,1995 年 7 月出版。

［18］《从海外"宁波帮"帮宁波的卓越成就看五缘文化》,林其锬,《上海黄浦海外联谊会会讯》,第 42 期,1995 年 8 月。

［19］《赤子丹心照日月,民族浩气壮山河》,林其锬,《上海侨讯》,1995 年第 5 期。

［20］《站在前辈肩上继续开拓——读吴以宁〈梦溪笔谈辩疑〉》,林其锬,《社会科学报》,1995 年 10 月 19 日。

［21］《以创业文化制胜,靠网络发展成功——海外华商经营术》,林其锬,《上海黄浦海外联谊会会讯》,第 43 期,1995 年 10 月。

［22］《潮州会馆史话 序》,林其锬,上海古籍出版社,1995 年 10 月出版。此文在《汕头日报》1995 年 12 月 4 日发表,《五缘文化研究》1999 年第 1 期刊出。

［23］《海峡两岸的五缘纽带是谁也割不断的》,林其锬,《上海黄浦海外联谊会会讯》,第 44 期,1995 年 12 月。

［24］《传统与现代的结合——海外华商经营术》,林其锬,《企业文化与经济》,1995 年第 4 期。

1996 年

［ 1 ］《充分利用海外华人的"智力库"为构筑上海人才资源高地服务》,林其锬,《发展论坛》,1996 年第 2 期。此文在《公共行政人力资源》1996 年第 1 期发表。

［2］《〈文心雕龙〉研究的现状与发展趋势》,林其锬,《社会科学报》,1996年2月15日。

［3］《史海探骊(一)》,子木,《公共行政人力资源》,1996年第3期。

［4］《充分利用海外华人"智力库"》,林其锬,《人民日报》总编室,《内部参阅》,第9期(总299期),1996年3月6日。

［5］《史海探骊(二)》,子木,《公共行政人力资源》,1996年第3期。

［6］《台湾道教的世俗化趋势与民间信仰的结合》,林其锬,《上海道教》,1996年第3期。

［7］《史海探骊(三)》,子木,《公共行政人力资源》,1996年第4期。

［8］《关于海外华商经贸网络及其因应策略的思考》,林其锬,《公共行政人力资源》,1996年第4期。

［9］《新加坡青少年伦理道德教育发展》,林其锬,《当代青年研究》,1996年第4期。

［10］《华侨之歌——〈说华侨来道华侨〉》,子木,《上海致公》,1996年第5期。

［11］《史海探骊(四)》,子木,《公共行政人力资源》,1996年第5期。

［12］《五缘文化与海外华商经贸网络》(研究报告),林其锬,《发展论坛》,1996年第9期。此文在《福建学刊》1997年第1期发表,收入《世界华商经济年鉴》,(2001/2002年卷)。

［13］《纽带和桥梁——海外华人经济的国际化和网络化》,林其锬,《国际市场》,1996年第6期。

［14］《传统文化与现代管理模式》,林其锬,《大众日报》,1996年8月19日。

［15］《千年土楼悠悠情》,林其锬,《人民日报》(华东新闻、社会文化版),1996年9月5日。此文为《人民日报》"五缘文化专版"组文之一,专版的总标题为"五缘文化华人纽带"(王元化手题),副标题为"亲缘、地缘、神缘、业缘、物缘文化在华东"。发表文章除本文外,尚有《宁波帮,帮宁波》(李科达)、《"一瓣心香朝湄洲"》(吴以宁)、《闽南商人遍南洋》(吕良弼)、《潍坊随风筝而起飞》(张锡昌),另附《编辑手记》。

［16］《史海探骊(五)》,子木,《公共行政人力资源》,1996年第6期。

［17］《"五缘"文化与海外华人经济的发展》,林其锬,《华商经济年鉴》(1996—1997),企业出版社,1996年11月出版。

1997年

［1］《史海探骊(六)》,子木,《公共行政人力资源》,1997年第1期。

［2］《"流到前溪无半语,在山做得许多声"——顾廷龙先生与〈刘子集校〉》,林其锬,《浦江同舟》,1997年第2期。

［3］《加大海外人才回流工作力度,为构筑上海人才资源高地服务》,林其锬,《公共行政人力资源》,1997年第2期。此文在《发展论坛》1997年第4期同时发表。

［4］《蔡襄研究的重要里程碑——简评吴以宁点校本〈蔡襄集〉》,林其锬,《福建学刊》,1997年第2期。

［5］《史海探骊(七)》,子木,《公共行政人力资源》,1997年第2期。

［6］《六年心血不寻常——吴以宁点校本〈蔡襄集〉》,子木,《社会科学报》,1997年

4月10日。

[7]《蔡襄研究的新突破——莆籍学者吴以宁点校本〈蔡襄集〉出版》,林其锬,《莆田政协报》,1997年4月25日。

[8]《史海探骊(八)》,子木,《公共行政人力资源》,1997年第3期。

[9]《人类的历史柱将永远铭刻这个光荣的日子》,林其锬,《上海黄浦海外联谊会会讯》,第51期,1997年6月。

[10]《人同祖,神通缘,两岸同胞情相连——从妈祖金身巡台盛况看两岸骨肉关系》,林其锬,《两岸交流》,1997年第7期。

[11]《史海探骊(九)》,子木,《公共行政人力资源》,1997年第4期。

[12]《五缘文化研究的回顾及前瞻》,林其锬,《五缘文化研究》,1997年第1期。

[13]《台湾的妈祖热与莆田妈祖金身巡台盛况》,林其锬,《上海道教》,1997年第3期。

[14]《我从黄陵归来》,林其锬,《社会科学报》,1997年9月11日。

[15]《史海探骊(十)》,子木,《公共行政人力资源》,1997年第5期。

[16]《史海探骊(十一)》,子木,《公共行政人力资源》,1997年第6期。

[17]《关于“五缘”文化与吸引海外华人智力的对话》,林其锬,《公共行政人力资源》,1997年第6期。

[18]《加大工作力度,力争人才回流》,林其锬,《科技导报》,1997年第11期。

1998年

[1]《“五缘”文化:中华民族凝聚力实现的重要形式》,林其锬,《浦江同舟》,1998年第2期。此文在《上海侨讯》1998年第1期,以“‘五缘’文化:世界华族团结的纽带、沟通的桥梁——略论‘五缘’文化在海外联谊工作中的功能”为题刊出。

[2]《“五缘”文化与市场营销序》,林其锬,《“五缘”文化与市场营销》,林有成著,经济管理出版社,1997年10月出版。此文在《社会科学报》1998年2月12日以“构建新颖的市场网络系统——《‘五缘’文化与市场营销》序”为题刊出;《五缘文化研究》1998年第1期再刊出。

[3]《东亚文化与海外华人经济的发展》,林其锬,《东亚文化论坛》,上海文艺出版社,1998年3月出版。

[4]《文化资源是一种潜在生产力》,林其锬,《新疆经济报》,1983年3月28日。

[5]《东亚金融危机的原因、影响与对策》(上、下),林其锬,《莆田通讯》,1998年第4期、第5期。

[6]《市场在哪里?》,林其锬,《新疆经济报》,1998年6月6日。

[7]《春雨润物——记顾廷龙、李希泌两先生一席话》,林其锬,《社会科学报》,1998年7月16日。

[8]《〈文心雕龙〉主要版本源流考略》,林其锬,《文心雕龙研究》第3期,北京大学出版社,1998年7月出版。此文被收入《庆祝王元化教授八十岁论文集》,华东师范大学出版社,2001年1月出版。

[9]《湘西行》,林其锬,《社会科学报》,1998年9月17日。

[10]《金融危机冲击下的新加坡房地产市场》,林其锬,《国际市场》,1998年第9期。

[11]《"五缘"文化有知音》,林其锬,《跨越不惑》,上海社会科学院出版社,1998 年
9 月出版。

[12]《文化、商帮、网络》,林其锬,《东南学术》,1998 年第 5 期。

[13]《关于海外华商经贸网络与因应策略》,林其锬,《新疆经济报》,1998 年 10 月
10 日。

1999 年

[1]《鱼玄机与〈唐女郎鱼玄机诗〉》,林其锬,《社会科学报》,1999 年 1 月 21 日。

[2]《江泽民吟诵唐女鱼玄机诗》,林其锬,《三秦道教》,1999 年第 1 期。

[3]《五缘文化与海外华人经济的发展》,林其锬,(香港)《中国经贸展望》,1999 年
第 1 期。

[4]《道诗分析:唐女道士鱼玄机诗二首》,林其锬,(台湾)《三清会刊》,1999 年
2 月。

[5]《外伶仃岛纪行》,林其锬,《社会科学报》,1999 年 3 月 11 日。

[6]《道门奇才女,风调寄千秋——鱼玄机与〈唐女郎鱼玄机诗〉》,林其锬,《上海
道教》,1999 年第 3 期。

[7]《城门失火,殃及池鱼——试论刘勰的出家与梁宫廷内争的关系》,林其锬,
《文心雕龙研究》第 4 辑,北京大学出版社,1999 年 6 月出版。

[8]《海外华人社团的发展及其功能变化》,林其锬,《五缘文化研究》,1999 年第 1
期。此文在《上海黄浦海外联谊会会讯》第 61 期刊出,《浦江同舟》1999 年第
11 期发表,新加坡《源》2000 年第 2 期转载。

[9]《记台湾赤嵌楼》,林其锬,《社会科学报》,1999 年 10 月 14 日。

[10]《"五缘"文化与乡镇企业的发展》,林其锬,《现代农村》,1999 年第 10 期。

[11]《〈台湾的主张〉宣示的李登辉日本结》,林其锬,《浦江同舟》,1999 年第 10 期。

[12]《家谱研究与对外开放》,林其锬,《中国谱牒研究——全国谱牒开发与利用学
术研讨会论文集》,上海古籍出版社,1999 年 10 月出版。

[13]《〈蒋翊武就义历略〉及题词》,林其锬,《社会科学报》,1999 年 11 月 4 日。

[14]《从〈台湾的主张〉解读李登辉》,林其锬,《中共福建省委党校学报》,1999 年第
11 期。

[15]《"挟洋"分裂祖国的李登辉——评〈台湾的主张〉》,林其锬,《亚太论坛》,1999
年第 5 期。

[16]《母亲,我终于回来了!——热烈庆祝澳门回归》,林其锬,《上海道教》,1999
年第 4 期。

2000 年

[1]《五缘文化与祖国统一大业》,林其锬,《亚太论坛》,2000 年第 1 期。

[2]《略论〈文心雕龙〉评本批语的学术价值》,林其锬,《论刘勰及其〈文心雕龙〉》,
学苑出版社,2000 年 2 月出版。

[3]《元至正本〈文心雕龙〉汇校札记——兼谈版本校勘与现代研究》,林其锬,
《〈文心雕龙〉国际学术研讨会论文集》,(台湾)文史哲出版社,2000 年 3 月
出版。

[4]《丽江木府纪游》,林其锬,《社会科学报》,2000 年 3 月 16 日。

[5]《李白〈梦游天姥吟留别〉赏析》,林其锬,(台湾)《三清文化》,2000 年第 4 期。

［6］《以扎实的考据作基础——听日本冈村繁教授演讲记》,林其锬,《社会科学报》,2000 年 4 月 20 日。

［7］《原本是一家,何来"亲"与"邻"?——驳吕秀莲"远亲近邻"的台独论》,林其锬,《浦江同舟》,2000 年第 5 期。此文在香港《大公报》2000 年 4 月 25 日发表。

［8］《镇江文苑散记》,林其锬,《社会科学报》,2000 年 6 月 1 日。

［9］《迈向新世纪的〈文心雕龙〉学——著名学者王元化论〈文心雕龙〉研究新领域》,林其锬,《文汇读书周报》,2000 年 6 月 10 日。

［10］《风雨赤嵌楼》,林其锬,《莆田政协报》,2000 年 7 月 7 日。

［11］《随王元化先生参观史公祠》,林其锬,《社会科学报》,2000 年 7 月 13 日。

［12］《怀念顾老——记顾廷龙先生二三事》,林其锬,《世纪之窗》,2000 年第 3 期。

［13］《深切怀念顾廷龙先生》,林其锬,《浦江同舟》,2000 年第 11 期。

［14］《家谱功能的历史嬗变与现代价值》,林其锬,《中华谱牒研究——迈入新世纪中国族谱国际学术研讨会论文集》,上海科学技术文献出版社,2000 年 11 月出版。

［15］《五缘连心　闽台情深》("闽台同根——五缘文化"开播词),林其锬、吕良弼,《海峡之声》广播电台,2000 年 9 月 20 日。

［16］《"五缘"文化研究的轨迹——庆祝上海五缘文化研究所成立五周年》,林其锬,《五缘文化研究》,2000 年第 1 期。

［17］《"五缘文化"著作、论文、文章及报道、评论目录》,林其锬,《五缘文化研究》,2000 年第 1 期。

2001 年

［1］《迎接中华民族伟大复兴世纪的到来》(广播词),林其锬,《海峡之声》广播电台,2001 年元旦。

［2］《海外华人社团经济化国际化发展趋势》,林其锬,《世界华商经济年鉴》(1999/2000 年卷),2001 年 1 月。此文被收入《上海侨史论集》(5)。

［3］《记参观丹阳南朝陵墓石雕》,林其锬,《社会科学报》,2001 年 3 月 22 日。

［4］《架起龙纹桥,心寄后来人——读张光年〈骈文语译文心雕龙〉》,林其锬,《文汇读书周报》,2001 年 3 月 31 日。

［5］《传统与现代的契合,理论与创作的对话——读张光年〈骈文语译文心雕龙〉》,林其锬,《世纪书窗》,2001 年第 2 期。

［6］《张光年和〈骈文语译文心雕龙〉》,林其锬,《社会科学报》,2001 年 6 月 28 日。

［7］《谈昭明太子之死》,林其锬,《社会科学报》,2001 年 9 月 6 日。

［8］《"五缘"文化与华人现代企业管理》,林其锬,《古代管理思想研究》,2001 年第 1 期。

［9］《"律宗"第一山——记镇江宝华山隆昌寺》,林其锬,《社会科学报》,2001 年 12 月 13 日。

［10］《"五缘"文化研究的理论出发点》,林其锬,《五缘文化研究》,2001 年第 1 期。

［11］《五缘文化:世界华商联结的纽带、沟通的桥梁——在 2001 年"世界华商文化论坛"上的演讲》,林其锬,《上海黄浦海外联谊会会讯》,2001 年 12 月。

［12］《海外华人社团面面观》,林其锬,《中华工商时报》,2001 年 7 月 10 日。此文

被收入《世界华商经济年鉴》(2000/2001 年卷)。

2002 年

[1]《著名学者王元化论〈文心雕龙〉研究新领域》,林其锬,《文心雕龙研究》第 5 辑,河北大学出版社,2002 年 1 月出版。

[2]《"一代风雷百代惊"——读〈光未然脱险记〉缅怀张光年同志》,林其锬,《文汇读书周报》,2002 年 2 月 22 日。

[3]《闽台文化与海峡两岸的五缘》,林其锬,《五缘文化力研究》,海峡文艺出版社,2002 年 6 月出版。

[4]《五缘文化研究的回顾和思考》,林其锬,《五缘文化力研究》,海峡文艺出版社,2002 年 6 月出版。

[5]《实现和平统一,维护世界和平——"2002 年旅韩华侨华人恳亲大会论坛"演讲词》,林其锬,《上海黄浦海外联谊会会讯》,2002 年第 8 期。

[6]《五缘文化与全球化》,林其锬,《人文东方——旅外中国学者研究论集》,陆晓光主编,上海文艺出版社,2002 年 11 月出版。此文被《五缘文化研究》2002 年第 1 期转载。

[7]《张光年与〈文心雕龙〉学》,林其锬,"中国《文心雕龙》学会第七届年会暨国际学术讨论会"论文,2002 年 8 月。

2003 年

[1]《神缘文化与旅游》,林其锬,《上海道教》,2003 年第 1 期。

[2]《略论儒商与华商创业文化》,林其锬,《古代管理思想研究》,2003 年第 2 期。

[3]《再次解放农民:为解放农民潜力而呐喊——读〈重负与潜能:农民问题与现代化〉》,林其锬,《现代农村》,2003 年第 4 期。

[4]《略论萧统为何特别钟爱陶渊明》,林其锬,《文选与文选学》,学苑出版社,2003 年 5 月出版。此文发表在《镇江高专学报》,2003 年 7 月。

[5]《十三亿分之一和十三亿全体——在新西兰经历 SARS 风波的感受》,林其锬,《上海市黄埔海外联谊会会讯》,2003 年 10 月。此文发表在《浦江同舟》,2003 年第 11 期。

[6]《"五缘文化说"与〈上海道教〉》,林其锬,《上海道教》,2003 年第 4 期。

2004 年

[1]《海峡两岸神缘文化的历史见证——台南大天后宫的历史与文物》,林其锬,《上海道教》,2004 年第 2 期。

[2]《五缘文化:全球炎黄子孙团结的重要纽带》,林其锬,《上海宁波人》,2004 年第 3 期。

[3]《道教信仰在新加坡》,子木,《上海道教》,2004 年第 3 期。

[4]《〈古代管理思想座谈会纪要〉:一个具有历史性意义的文件》,林其锬,《古代管理思想研究》,2004 年第 5 期。

2005 年

[1]《上海姓氏寻根　序》,林其锬,《上海姓氏》,许洪新著,上海科学技术文献出版社,2005 年 1 月出版。

[2]《岁月回眸　序言》,林其锬,《岁月回眸》,武可斌著,2005 年 4 月印行。

[3]《蒋通夫及其〈上海城隍庙竹枝词〉》,子木,《上海道教》,2005 年第 1 期。

[4]《发挥道教在构建和谐社会中的积极作用》,林其锬,《上海道教》,2005 年第 2 期。

[5]《"金兰垂二纪,相契寄文心"——读冈村繁主编〈王元化著作集〉》,林其锬,《文汇读书周报》,2005 年 8 月 5 日。

[6]《从地缘文化看浦东同乡会》,林其锬,《百年浦东同乡会》,上海社会科学院出版社,2005 年 9 月出版。

[7]《道教经典:和谐社会的构想(一)》,子木,《上海道教》,2005 年第 4 期。

[8]《"不战而屈人之兵,善之善者也"——略论"竞争"与"竞合"》,林其锬,《古代管理思想研究》,2005 年第 1 期。

[9]《蓬勃发展,蹒跚前行》,林其锬,《五缘文化研究》,2005 年第 7—8 期合刊。

2006 年

[1]《张掖何仙姑和新疆巴里坤的仙姑庙》,林晨,《上海道教》,2006 年第 1 期。

[2]《道教经典:和谐社会的构想(二)》,子木,《上海道教》,2006 年第 1 期。

[3]《刘勰传 序》,林其锬,《刘勰传》,朱文民著,三秦出版社,2006 年 6 月出版。

[4]《道教经典:和谐社会的构想(三)》,子木,《上海道教》,2006 年第 2 期。

[5]《道教经典:和谐社会的构想(四)》,子木,《上海道教》,2006 年第 3 期。

[6]《孙中山与中国道教》,林晨,《上海道教》,2006 年第 3 期。

[7]《"建德而抱一,及之家国天下"——道教的和谐理论及其现代意义》,林其锬,《上海道教》,2006 年第 4 期。

[8]《迟到的议论——常州古研会企业组关于改制企业的两份调查报告读后感》,林其锬,《古代管理思想研究》,2006 年第 4 期。

2007 年

[1]《弘道经验的结晶,道教徒修持和道教发展的津梁——读陈莲笙道长〈道风集〉增订本》,林其锬,《庆贺陈莲笙道长九秩华诞》,上海道教协会编,2007 年 2 月印行。

[2]《从王惟俭〈训故〉、梅庆生〈音注〉到黄叔琳〈辑注〉——明清〈文心雕龙〉主要注本关系略考》,林其锬,《日本福冈〈文心雕龙〉国际学术研讨会论文集》,(台)文史哲出版社,2007 年 3 月出版。

[3]《台湾高雄道德院简介》,子木,《上海道教》,2007 年第 2 期。

[4]《〈文心雕龙〉文论资源与当代文艺学研究:兼谈张光年〈骈体语译文心雕龙〉的启示》,林其锬,《文心雕龙研究》第 7 辑,河北大学出版社,2007 年 8 月出版。

[5]《孙中山文化思想与五缘文化》,林其锬,《五缘文化研究》,2007 年第 9—10 期合刊。此文被收入《五缘文化:寻根与开拓》,林其锬主编,同济大学出版社,2010 年 11 月出版。

[6]《五缘文化研究 编后记》,林其锬,《五缘文化研究》,2007 年第 9—10 期合刊。

[7]《孙中山文摘》,子木,《五缘文化研究》,2007 年第 9—10 期合刊。

[8]《天道、神道与人道——略论中国道教的人文精神》,子木,《上海道教》,2007 年第 4 期。

[9]《融入世界,勿忘自己——读以移民为载体的文化冲突与共生》,林其锬,《上

海侨务》,2007 年第 6 期。

[10]《中国道教与和谐世界》,林其锬,《中国道教》,2007 年第 5 期。

2008 年

[1]《妈祖信仰与神缘文化》,林其锬,《上海道教》,2008 年第 1 期。

[2]《五缘文化与亚太所同龄》,林其锬,《同一个梦想——我与社科院》,上海社会科学院工会编,2008 年 6 月出版。

[3]《关于现代道教戒律建设的若干问题》,林其锬,《上海道教》,2008 年第 2 期。

[4]《魏晋玄学与刘勰思想——兼论〈文心雕龙〉与〈刘子〉的体用观》,林其锬,《许昌学院学报》,2008 年第 4 期。此文被收入《2007〈文心雕龙〉国际学术研讨会论文集》,(台湾)文史哲出版社,2008 年 8 月出版。

2009 年

[1]《挖掘·研究·开发》,林其锬,《浦东文史》,2009 年第 1 期。

[2]《略论现代宫观管理应该遵循的基本原则》,林其锬,《上海道教》,2009 年第 2 期。

[3]《〈文心雕龙〉重要版本简介》,林其锬,《刘勰志》,朱文民主编,山东人民出版社,2009 年 4 月出版。

[4]《清园叟论人与为人——王元化》,林其锬,《书城》2009 年 3 月。此文被收入《清园先生——王元化》,华东师范大学出版社,2009 年 5 月出版。

[5]《论〈道德经〉的跨文化传播及其现代意义》,林其锬,《上海道教》,2009 年第 4 期。

2010 年

[1]《道教与中华文化结构》,林其锬,《上海道教》,2010 年第 1 期。

[2]《〈刘子〉远超〈文心雕龙〉》,林其锬,《社会科学报》,2010 年 4 月 1 日。

[3]《一部可信可用的寺院志——简论〈云翔寺志〉的历史价值和使用价值》,林其锬,《立信求实的探索——〈云翔志〉论义集》,上海辞书出版社,2010 年 7 月出版。

[4]《从"五伦"到"五缘"——略论儒家伦理的现代转换》,林其锬,《儒家文化与现代人的精神生活——与孔子对话》,上海辞书出版社,2010 年 8 月出版。

[5]《蒋翊武就义历略》及"附记",林其锬,《近代中国》第 20 辑,上海社会科学院出版社,2010 年 11 月出版。

[6]《略论陈莲笙大师修持思想与实践》,林其锬,《上海道教》,2010 年第 4 期。

[7]《五缘文化研究大事记(1989—2009 年)》,尚渊,《五缘文化——寻根与开拓》,同济大学出版社,2010 年出版。

2011 年

[1]《在上海五缘文化研究所成立十五周年暨〈五缘文化:寻根与开拓〉发行学术座谈会上的讲话》,林其锬,《五缘文化研究》,2011 年第 13—14 期合刊。

[2]《论玉皇文化及其现代价值》,林其锬,《上海道教》,2011 年第 2 期。

[3]《略论闽台区域文化的价值观念与正一道传播特点》,林其锬,《上海道教》,2011 年第 4 期。此文被收入《正一道研究》第 1 辑,宗教文化出版社,2012 年 9 月出版。

2012 年

[1]《五缘文化与华侨历史研究》,林其锬,《中国华侨历史学会 30 周年》,中国华侨历史学会秘书处编,2012 年 5 月刊行;《上海市侨史论集》第 8 集,2012 年 5 月刊行。

[2]《"刑防其本,礼防其末"——从孔夫子到孙中山医治社会病的药方》,林其锬,《古代管理思想研究》,2012 年第 3—4 期合刊。

2013 年

[1]《〈刘子〉袁孝政注本考辨》,林其锬,《诸子学刊》第 8 辑,上海古籍出版社,2013 年 4 月出版。

[2]《全真道在上海的传播、发展与前瞻》,林其锬,《上海道教》,2013 年第 3 期。

[3]《为往圣绝学汇编——在〈刘子集校合编〉出版首发暨手稿捐赠座谈会上的发言》,林其锬,《五缘文化研究》,2013 年第 15—16 期合刊。

[4]《深切怀念光年老——关于〈刘子集校值得一读〉发表前后》,林其锬,《回忆张光年》,作家出版社,2013 年 10 月出版。

[5]《略论先秦诸子传统与"新子学"学科建设》,林其锬,《诸子学刊》第 9 辑,上海古籍出版社,2013 年 12 月出版。

2014 年

[1]《〈刘子〉作者综考释疑——兼论〈刘子〉的学术意义》,林其锬,《文史哲》,2014 年第 2 期。

[2]《〈刘子〉:尘封千年的"奇书"》,林其锬,《社会科学报》"《刘子》,古今谭"专栏,2014 年 3 月 20 日。

[3]《在〈五缘文化与现代文明〉系列丛书出版发布暨"五缘文化与中华民族复兴"学术研讨会上的讲话》,林其锬,《五缘文化研究》,2014 年第 2 期。

[4]《在闽江学院五缘文化研究中心成立暨五缘文化学科建设座谈会上的讲话》,林其锬,《五缘文化研究》,2014 年第 2 期。

[5]《五缘文化:底层涌现的社会活水》,林其锬,《上海社会科学报》,"五缘文化纵横谈"专栏,2014 年 10 月 16 日。

[6]《"流到前溪无半语,在山做得许多声"——怀念顾老,学习顾老》,林其锬,《顾廷龙先生纪念集》,上海图书馆编,上海科学技术文献出版社,2014 年 11 月。

[7]《上海百年正一道——兼论大都会生态环境对道教发展的影响》,林其锬,《上海道教》,2014 年第 4 期。

2015 年

[1]《求全求真,后出转精——增订本〈张岱诗文集〉简介》,林其锬,《古籍新书报》,2015 年 3 月 28 日。

[2]《"学术独立也是人格独立"——吴琦幸〈王元化谈话录(1986—2008)〉序》,上海人民出版社,2015 年 6 月出版。

[3]《刘勰子学思想与杂家精神》,林其锬,《中国文论》第 2 辑,上海古籍出版社,2015 年 12 月出版。

[4]《上海市道协三十年辉煌的启示——以〈上海道教〉成功经验为例》,林其锬,《上海道教》,"上海道教协会成立 30 周年纪念专刊",2015 年 12 月。

2016 年

［1］《"新子学"学科建设与杂家精神》,林其锬,《诸子学刊》第 13 辑,上海古籍出版社,2016 年 8 月出版。

［2］《两柄军刀见证台湾回归——侵台日军献降军刀落户南京抗日航空纪念馆纪实》,林其锬,《浦东文史》,2016 年第 3 期。此文在 2017 年《南京钟山文化》转发。

［3］《"一带一路"建设中的"五缘"元素及其作用》,林其锬,《福建省五缘文化研究会成立 20 周年暨五缘文化与一带一路建设论坛论文集》,2016 年 12 月印行。

2017 年

［1］《林氏后代捐赠两柄日军降刀》,林其锬,《世纪》,2017 年第 2 期。

［2］《凭借众力,积渐而行——关于五缘文化研究和上海五缘文化研究所成立 20 周年的回顾》,林其锬,《五缘文化研究》,2017 年第 21—22 期合刊。

［3］《庆祝上海五缘文化研究所成立 20 周年暨〈五缘文化与中华民族复兴〉出版发行学术座谈会总结词》,林其锬,《五缘文化研究》,2017 年第 21—22 期合刊。

［4］《怀南京兄》,林其锬,《你在大海中永生——周南京教授逝世周年纪念》,香港生活文化基金会,2017 年 7 月出版。

［5］《纪念潘老,学习潘老——追思潘承烈,学习潘承烈管理思想》,林其锬,《鸿儒仙逝,泪忆常州——纪念潘承烈文集》,中国古代管理思想研究会等编,2017 年 8 月刊行。

［6］《新校白文〈文心雕龙〉(修订本)跋》,林其锬,《南京钟山文化研究》,总第 48 期,2017 年 11 月。此文被《文心学林》2018 年第 2 期转载。

2018 年

［1］《庄子思维对建构中华民族现代科学及新文化的意义》,林其锬,《上海道教》,2018 年第 2 期。

［2］《时代召唤与"新子学"的历史担当》,林其锬,《诸子学刊》第 16 辑,上海古籍出版社,2018 年 7 月出版。

［3］《"杂"而后"通":林其锬研究员访谈录》,张生整理,《史林》增刊。此文在 2018 年 8 月被收入《岁月无痕,学者无疆——上海社会科学院老专家口述史》,上海社会科学院出版社,2018 年 8 月出版。

2019 年

［1］《新时代中国特色外交与五缘文化》,林其锬,《国际关系研究》,2019 年第 1 期。

［2］《五缘文化研究大事记(1989 年 4 月—2019 年 3 月)》,子木,《五缘文化研究》(合订本),2019 年 6 月。

［3］《五缘文化研究分栏目录》,林其锬,《五缘文化研究》(合订本),2019 年 6 月。

［4］《马克思主义历史唯物论与儒家思想资源的传承与发展》,林其锬,《与孔子对话——儒家思想资源的现代化论文集》,上海文庙学术研究中心、上海伦理学会,2019 年 9 月。

［5］《五缘文化与乡村振兴》,林其锬,复旦大学文学院、上海五缘文化研究所"民间文化与乡村振兴"研讨会论文集,2019 年 11 月。

2020 年

［1］《"学术独立也是人格独立"——读〈王元化谈话录:1986—2008〉》(纪念王元

化先生 100 周年诞辰),林其锬,《中国文论》第 7 辑,山东人民出版社,2020 年 7 月出版。

［2］《道教中国化与人类命运共同体》,林其锬,《道教中国化研究》,上海三联书店,2020 年 12 月出版。

2021 年

［1］《"五缘文化"与改革开放——"五缘文化"研究的回顾与前瞻》,林其锬,《邵阳学院学报》,2021 年第 2 期"五缘文化专栏"。

［2］《历史唯物论与中国传统文化的继承和发展》,林其锬,《中国文论》第 9 辑,山东人民出版社,2021 年 6 月出版。

(三) 学术综述与动态通讯

［1］《美国历史学者代表团谈北京学术会议情况及美英史学界研究中国史情况》,林其锬,《经济学术资料》,1981 年第 1 期。

［2］《李耀坤谈个体经济问题》,林其锬,《经济学术资料》,1981 年第 1 期。

［3］《上海经济座谈会讨论"搞好调整稳定经济"问题》,林其锬,《经济学术资料》,1981 年第 2 期。

［4］《上海经济座谈会继续讨论"抓好调整稳定经济"问题》,林其锬,《经济学术资料》,1981 年第 3 期。

［5］《经济理论界对"狠抓调整稳定经济"的部分看法》,林其锬,《经济学术资料》,1981 年第 4 期。

［6］《上海经济座谈会座谈上海如何调整问题》,林其锬,《经济学术资料》,1981 年第 5 期。

［7］《上海经济座谈会结合调整讨论:要建设一个怎样的上海》,林其锬,《经济学术资料》,1981 年第 6 期。

［8］《中国思想经济史学会首次举行学术报告会》,林其锬,《经济学术资料》,1981 年第 6 期。

［9］《吴明承教授谈国外对不发达国家经济的研究家情况》,林其锬,《经济学术资料》,1981 年第 7 期。

［10］《〈虞恰卿简论〉收到各界注意》,宁星,《经济学术资料》,1981 年第 9 期。

［11］《小岛淑男在沪作〈关于中国国民会在辛亥革命中的作用〉的专题报告》,林其锬,《经济学术资料》,1981 年第 10 期。

［12］《夏震藩谈上海工交系统实行经济责任制的情况和设想》,林其锬,《经济学术资料》,1981 年第 11 期。

［13］《关于中国封建社会长期延续原因部分观点简介》,林其锬,《内部资料》,1981 年 11 月。

［14］《上海经济座谈会讨论经济责任制问题》,林其锬,《经济学术资料》,1981 年第 12 期。

［15］《尤里·考斯塔谈苏联和东欧国家的经济改革》,林其锬,《经济学术资料》,1982 年第 6 期。

［16］《上海市经委领导谈上海经济的历史与改革》,林其锬,《经济学术资料》,1982

年第 8 期。

[17] 《中日学者交流研究洋务运动的情况》,林其锬,《学术界动态》,1982 年第 41 期。

[18] 《中国经济思想史学会首届年会在上海召开》,林其锬,《经济学术资料》,1981 年第 11 期。

[19] 《中国古代管理讲座将举行》,林其锬,《上海工业经济报》,1985 年 5 月 16 日。

[20] 《中国经济思想史学会二届年会在穗召开》,林晨,《上海经济科学》,1984 年第 8 期。

[21] 《国外研究热与港台研究点滴》,林晨,《社会科学报》,1987 年 6 月 25 日。

[22] 《国际性工具书〈文心雕龙年鑑〉将创办》,子木,《社会科学报》,1988 年 12 月 1 日。

[23] 《先验地构筑理论框架也是教条主义》,子木,《社会科学报》,1988 年 12 月 15 日。

[24] 《中国逻辑思维不发达的原因——王元化教授就〈文心雕龙〉的道、德问题发表见解》,子木,《社会科学报》,1989 年 6 月 1 日。

[25] 《"五缘"文化蕴含亲和力、内聚力》,子木,《社会科学报》,1989 年 6 月 29 日。

[26] 《〈李根源传〉作者谈〈辞海〉政学系条目》,子木,《社会科学报》,1989 年 7 月 6 日。

[27] 《福建省漳州市和厦门市分别举行"吴真人诞辰 1010 周年暨道教文化学术讨论会"》,子木,《上海道教》,1988 年第 3—4 期合刊。

[28] 《莆田召开"妈祖研究国际学术讨论会"等信息二则》,子木,《上海道教》,1990 年第 1—2 期合刊。

[29] 《传统文化的神缘纽带——妈祖国际讨论会在莆田召开》,林其锬,《社会科学报》,1990 年 6 月 14 日。

[30] 《古代管理思想和企业现代化》,林晨,《社会科学报》,1990 年 12 月 27 日。

[31] 《儒家文化在现代化进程中地位和作用——"儒家文化与现代化"国际学术讨论会综述》,林其锬,《科研动态》,1991 年第 5 期。

[32] 《现代化进程中的儒家思想:动力还是阻力》,林其锬,《社会科学报》,1991 年 3 月 28 日。

[33] 《台湾学者谈论海峡两岸的文化研究与祖国统一》,林其锬、李君如,《上海理论》,1991 年第 1 期。

[34] 《"五缘"文化与海外华人资本——在〈新闻报〉座谈会上的发言》,林其锬,《新闻报》,1991 年 6 月 22 日。

[35] 《福建泉州道教信息四则》,子木,《上海道教》,1991 年第 2 期。

[36] 《构建未来世界华人社会共同体》,古力,《社会科学报》,1991 年 9 月 12 日。

[37] 《区域化集团化是世界经济的一种趋势》,林其锬,《社会科学报》,1994 年 1 月 27 日。

[38] 《共谋世界华人经济发展新领域——"世界华侨华人经济国际学术讨论会"在汕头召开》,林其锬,《华商世界》1994 年第 1 期《国际科技经济社会研究》,1994 年第 10 期。

[39] 《再上层楼——〈文心雕龙学综览〉问世》,林其锬,《社会科学报》,1995 年 8 月

3 日。

[40] 《〈文心雕龙〉研究成为世界学问——"95〈文心雕龙〉国际学术讨论会"综述》，林其锬，《社会科学报》，1995 年 9 月 14 日。

[41] 《似鸟非鸟——学者谈中国特色的管理模式》，林其锬，《社会科学报》，1995 年 1 月 12 日。

[42] 《华人商业网络是传统与动态的结合——"华人商贸联系的全球研究和比较研究"国际研讨会在京召开》，林其锬，《社会科学报》，1996 年 10 月 17 日。

[43] 《于光远重提"企业文化五层次说"——"东亚企业文化与社会经济发展国际学术研讨会"在江苏江阴市举行》，林其锬，《社会科学报》，1996 年 11 月 21 日。

[44] 《"五缘"文化研究又上新台阶——〈五缘文化与对外开放〉日内发行》，林其锬，《社会科学报》，1997 年 8 月 7 日。

[45] 《用鲜活的思维赋予传统文化新生命——中国文化与企业管理学术研讨会侧记》，子木，《社会科学报》，1997 年 8 月 28 日。

[46] 《探讨中国传统文化与现代管理的内在联系——"中国传统文化与现代管理国际学术讨论会"举行》，林其锬，《社会科学报》，1997 年 11 月 13 日。

[47] 《做学问不是炒股票——王元化严肃批评学术炒作歪风》，林其锬，《社会科学报》，1997 年 12 月 25 日。此文被《报刊文摘》1998 年 1 月 5 日转载。

[48] 《镇江举行〈文心雕龙〉研讨会》，林其锬，《社会科学报》，1998 年 2 月 11 日。

[49] 《华人经济仍将发挥重要作用——"华人与世界经济国际研讨会"举行》，林其锬，《社会科学报》，1998 年 6 月 18 日。

[50] 《何鲁丽为上海举办"东方五缘文化摄影展"写〈前言〉》，林其锬，《五缘文化研究》，1999 年第 1 期。

[51] 《五缘文化研究又一硕果:〈五缘文化力研究〉在福建出版》，子木，《五缘文化研究》，2002 年第 6 期。

[52] 《五缘文化论文选摘》，本刊编辑部，《五缘文化研究》，2006 年第 7—8 期合刊。

[53] 《五缘文化说评论摘要》，本刊编辑部，《五缘文化研究》，2006 年第 7—8 期合刊。

[54] 《台湾高雄道德院参访团在上海进行朝圣活动》，子木，《上海道教》，2007 年第 2 期。

[55] 《"第一届道教仙道文化国际学术研讨会"在台湾高雄市举行》，子木，《上海道教》，2007 年第 2 期。

[56] 《美国五缘文化协会在美国加州洛杉矶成立》(附《美国五缘文化协会章程》)，林其锬，《五缘文化研究》，2009 年第 11—12 期合刊。

[57] 《五缘文化:寻根与开拓》简介，林其锬，《五缘文化研究》，2011 年第 13—14 期合刊。

[58] 《五缘文化与两岸关系》，林其锬，《五缘文化研究》，2011 年第 13—14 期合刊。

[59] 《上海〈上海科学报〉开辟"五缘文化纵横谈"专栏》，子木，《五缘文化研究》，2014 年第 17 期。

[60] 《闽江学院五缘文化研究中心暨"五缘文化学科建设座谈会"在福州大学城举行》，子木，《五缘文化研究》，2014 年第 18—19 期合刊。

附录二　透风漏月室诗词选稿目录

1964—2020 年

例　言

① 本目录时限为 1964 年至 2020 年(附 2021 年初 2 首)选编诗词稿,共选收诗词 391 首,其中诗 339 首、词 52 首;

② 本目录依照原编《旅思集》、《驼铃集》、《物色集》、《感吟集》、《兰亭集》、《鹤鸣集》、《时思集》、《哀吊集》、《夕照集》、《夕照续集》的顺序,前八集乃以类同编辑,《夕照集》、《夕照续集》则以时间为序。

③ 本目录以诗词篇名置前,以写作时间括号殿后,诗词混编,但在词前加" * "以区别。

④ 本目录组诗凡有篇名者以"x 首"表示;无篇名者则加括号以"(x 首)"表示。

(一)《旅思集》(七十七首)

夜过汨罗江怀屈原(一九六四年六月十六日)
登武汉长江大桥(一九六四年六月十九日)
榕城诗抄
　　*(一)西江月　沪榕机上(一九七九年十一月六日)
　　(二)七绝　返母校福一中(一九七九年十一月七日)
　　(三)五绝　老同学西湖聚会(一九七九年十一月十日)
　　(四)重游鼓山喝水崖(一九七九年十一月十二日)
　　*(五)如梦令　老同学宴请航校老友聚会(一九七九年十一月十四日)
　　(六)七律　谒戚公(继光)祠(一九七九年十一月十五日)
　　(七)登于山定光塔(一九七九年十一月十五日)
　　(八)闽江恋　别诸友(一九七九年十一月十六日)
过三峡(一九九三年四月)
孟春游龙华(一九八三年五月六日)
莫干山留咏
　　(一)芦花荡白睡莲(一九八三年九月八日)
　　*(二)忆江南四首　绿、凉、清、静(一九八三年九月十日)
　　(三)莫干山剪影三首　塔山、怪石角、莫干雾(一九八三年九月十一日)

南京五首
    (一) 石头城(一九八三年十二月十六日)
    (二) 谒中山陵(一九八三年十二月十六日)
    (三) 吊明孝陵(一九八三年十二月十八日)
    (四) 谒雨花台(一九八三年十二月十八日)
    (五) 莫愁女(一九八三年十二月十八日)
苏州灵岩山二首
    (一) 藏经楼读经(一九八三年十二月二十三日)
    (二) 灵岩探古(一九八三年十二月二十三日)
武汉二首
    (一) 游东湖行吟阁兼吊三闾大夫(一九八四年四月二十二日)
    (二) 古琴台(一九八四年四月二十二日)
长沙二首
    (一) 岳麓山(一九八四年五月四日)
    (二) 谒先贤墓(一九八四年五月六日)
*永遇乐　鄂、湘、粤三省行(一九八四年五月二十一日)
八闽行三首
    (一) 登鼓浪屿日光岩(一九八五年四月七日)
    (二) 游南普陀寺(一九八五年四月十一日)
    (三) 游莆田西天尾紫霄(一九八五年四月十三日)
登黄山(一九八六年四月二十四日)
访茅山　夜宿大茅峰上官(一九八八年四月二十三日)
海宁观潮(一九九〇年农历八月初八)
游新加坡光明山(一九九一年十月十九日)
杭州三首
    (一) 九溪烟树(一九九五年四月十四日)
    (二) 花溪留影(一九九五年四月二十二日)
    (三) 孤山竹径(一九九五年四月二十二日)
武夷杂咏三首
    (一) 九曲溪(一九九五年八月六日)
    (二) 天游峰(一九九五年八月七日)
    (三) 玉女峰(一九九五年八月八日)
*西江月　并序(一九九六年十一月二十九日)
游无锡(一九九七年一月五日)
姑苏访游二首
    (一) 访西园寺(一九九八年十二月二十三日)
    (二) 北寺塔揽胜(一九九八年十二月二十四日)
香江游(二首)(一九九九年五月二十日)
*唐多令　台北行(一九九九年五月十九日)
    附　王门三弟子赠诗(一九九九年五月十八日)
游浙西大峡谷(二〇〇一年五月二十九日)

北行纪游(二○○二年八月二十三日)

烟台二首

　　　(一) 游蓬莱(二○○二年九月二十三日)

　　　(二) 夜游金海湾(二○○二年九月二十四日)

忆南山(二○○三年一月一日)

新西兰二首

　　＊(一) 西江月　新西兰奥克兰月亮湾(二○○三年四月十三日)

　　　(二)夜游伊甸山(二○○三年四月十六日)

福冈樱花(二○○五年四月五日)

送旧(二○○五年十二月三十一日)

登锡山龙光塔(二○○六年一月八日)

春末　桃林(二○○六年三月三十日)

台湾行三首

　　　(一) 游日月潭二首(二○○六年十一月十五日)

　　　(二) 纪行(二○○六年十一月十七日)

登浙江仙都鼎湖峰(二○○七年十二月二十日)

＊西江月　游桂林公园(二○○八年十月四日)

访台诗录

　　＊(一) 西江月　沪港机上(二○○九年一月五日)

　　＊(二) 忆江南　港高(雄)机上(二○○九年一月五日)

　　　(三) 冬游阿里山(二○○九年一月八日)

　　　(四) 赠道友(二○○九年一月九日)

游锦溪二首

　　　(一) 锦溪古镇(二○一○年二月十九日)

　　　(二) 趣陈妃墓(二○一○年二月十九日)

元宵访梅(二○一○年二月二十八日)

南浔留影(二○一○年四月七日)

重游姑苏寒山寺(二○一一年二月四日)

(二)《驼铃集》(四十六首)

心归曲　归队(一九八○年九月二十九日)

抒怀(一九八一年七月二十五日)

偶题(一九八二年二月五日)

感遇(一九八二年三月三十日)

送凤金赴京校《刘子》(一九八二年五月五日)

＊恋芳春　调经济思想史研究室(一九八二年十月八日)

《刘子集校》初成感咏(三首)(一九八二年十二月十六日)

纪事(一九八三年九月二十日)

＊蝶恋花　《中国古代大同思想研究》外调归途(一九八三年十二月二十四日)

纪事　《刘子集校》复审交稿(一九八四年三月二十九日)

元旦(一九八五年一月一日)

长风忆旧(一九八五年三月二十九日)

题《刘子集校》样书(一九八五年九月九日)

题《再论〈刘子〉作者问题》稿后(一九八六年五月三十一日)

《大同》书出怀陈正炎教授(一九八六年七月十日)

题《大同》(一九八六年八月十九日)

《刘子集校》获奖(一九八六年九月)

生辰(一九八八年三月三十日)

书获奖怀故人(一九八八年九月七日)

广州《文心》盛会(一九八八年十一月十五日)

随感(一九九二年一月七日)

盼春潮并序(一九九五年十二月九日)

和朱荣林教授贺诗(一九九五年十二月十九日)

　　　附　朱教授诗:缘分——贺五缘文化研究所成立(一九九五年十二月九日)

* 倾怀　贺福建省五缘文化研究会成立(一九九六年十一月)

回顾(二〇〇二年元旦)

唐、宋、元《文心雕龙集校合编》出版感咏(三首)(二〇〇三年九月三十日)

南望(二〇〇三年十二月七日)

乔迁(二〇〇四年十月十八日)

"迟到的议论"压文诗(二〇〇六年九月十日)

即兴(二〇〇七年三月三十日)

* 蝶恋花　五缘路(二〇〇八年八月二十八日)

《刘子集校合编》付稿(二首)(二〇〇九年二月四日)

抒怀(二〇〇九年四月二十一日)

题《刘子集校》赠黄曙辉先生(己丑孟夏五月十五日)

题牡丹纪念盘(二〇〇九年五月十五日)

题镇江《文心》碑(二〇〇九年五月三十日)

贺《文心雕龙辞典(增订本)》出版(庚寅中秋)

里程(二〇一〇年十二月十三日)

即兴(二〇一一年三月三十日)

随感(二〇一一年四月十一日)

中秋　两《合编》终校(二〇一一年九月十二日)

(三)《物色集》(二十一首)

游豫园二首

　　(一) 题鱼乐榭(一九六四年七月十五日)

　　(二) 题点春堂(一九六四年七月十五日)

咏松(一九六五年三月中旬)

杂咏四首

　　(一) 远山行(一九六五年八月十五日)

(四)《感吟集》(五十二首)

自叙(一九九〇年三月三十日)
悲猫(一九九〇年八月十九日)
陋室铭(一九九一年三月三十日)
奉和仙游郑元畏先生《春节抒情》(一九九〇年五月二十五日)
　　附　郑元畏先生《春节抒情》
六十自勉(一九九五年三月三十日)
送春(一九九三年六月一日)
无题(一九九四年四月二十日)
送儿(二首)(一九九六年二月三日)
生日(一九九六年三月三十日)
* 卜算子　丁丑春节(一九九七年二月七日)
庆回归(一九九七年七月一日)
听琴(一九九八年十月五日)
沉思(一九九九年一月十九日)
心愿(一九九九年十二月二十一日)
* 江城子　千禧元旦寄老友(二〇〇〇年一月一日)
大白猫二首并序
　　(一)(二〇〇二年十月十八日)
　　(二)(二〇〇二年十一月二十二日)
七绝(二〇〇三年五月二十五日)
* 小圣乐　归途(二〇〇三年五月三十日)
元旦(二〇〇四年一月一日)
* 水调歌头(二〇〇四年三月三十日)
* 雨霖霖　伤逝(二〇〇四年九月二十八日)
* 浪淘沙　元旦(二〇〇五年一月一日)
元宵(二〇〇五年二月十六日)
偶感(二〇〇五年十一月十日)
端午(二〇〇六年六月十二日)
七十感言(二〇〇五年三月三十日)
闯关(二〇〇八年二月十六日)
* 浪淘沙　庚寅元旦(二〇一〇年二月十六日)
七十五自寿(二〇一〇年三月三十日)

(五)《兰亭集》(十四首)

* 纪程兼咏怀　调寄夜半乐(一九八〇年九月二十日)
* 沁园春　一九五三至一九九三(一九八三年九月二日)
福州鼓岭聚会　上海航校毕业四十周年有感(一九九五年十一月二十六日)
* "五十年一聚"南北湖　调寄桂枝香(二〇〇三年十月十五日)
* 永遇乐　寄航校"五五"届在榕同学泉州聚会(二〇〇四年十月一日)
寄语扬州聚会诸学友(二〇〇五年中秋)

(六)《鹤鸣集》(四十首)

赠台湾小道友(一九九九年三月十三日)
寄台湾友人(二〇〇〇年二月九日)
寄美籍华人陈怀东(二〇〇二年一月十八日)
致友人(二〇〇三年七月十二日)
赠青年友人(二〇〇五年一月五日)
赠友(二〇〇五年七月十五日)
赠藏僧札唐活佛藏尼罗绒曲珍(二首)(二〇〇九年六月二日)
赠莒县博物馆老馆长(二〇〇九年九月十三日)
赠友(二〇一一年七月十三日)

(七)《时思集》(十五首)

行路难(一九八〇年九月二十三日)
无题(一九八三年三月二十四日)
随感(一九八四年十二月二十五日)
重看《舞台姐妹》(一九八六年一月十日)
书愤(一九八六年一月三十日)
元宵(一九八六年二月二十三日)
随感(一九九一年十二月十四日)
游拙政园兼叹王献臣(一九八五年三月三十日)
感怀(二〇〇一年七月一日)
冬日(二〇〇二年十二月二十日)
随感记事(二〇〇九年八月二十一日)
*月上瓜洲　感时(二〇〇九年十一月九日)
读报(二〇〇九年十二月四日)
烟花(二〇一〇年十一月八日)
樱花感事(二〇一一年四月十二日)

(八)《哀吊集》(二十三首)

悼张志新烈士(一九六九年七月一日)
清明(一九七九年四月五日)
悼慈父(一九八四年十月五日)
悼孙师楷第先生(一九八六年六月二十三日)
扶灵歌(一九八六年七月十二日)
哭慈母(一九九七年五月十二日)
送慈亲(一九九七年五月十七日)
怀彭松涛先生(一九九八年六月五日)
哭光年老(二〇〇二年一月二十八日)
遥送光年老(二〇〇二年二月七日)
悼汪公道涵(二〇〇五年十二月三十日)

(九)《夕照集》(四十七首)

游园(二〇一四年三月十四日)

感吟(二〇一四年三月二十一日)

苏杭游六首

  (一) 扫墓(二〇一四年三月二十九日)

  (二) 生日(二〇一四年三月三十日)

  (三) 汪庄暮色(二〇一四年三月三十一日)

  (四) 虎跑泉(二〇一四年四月一日)

  (五) 西溪悦榕庄(二〇一四年四月三日)

  (六) 灵隐怀旧(二〇一四年四月三日)

琼花(二〇一四年四月十五日)

读《刘子·惜时》(二〇一四年四月二十二日)

晨步偶得(二〇一四年四月二十三日)

哀琼花(二〇一四年四月二十九日)

剽窃者(二〇一四年四月三十日)

重温《文献对话》怀顾廷龙、李希泌二先生(二〇一四年五月四日)

初夏即景赠友人(二〇一四年五月七日)

颂顾廷龙先生(二〇一四年五月十二日)

悼闵惠芬(二〇一四年五月十三日)

初夏三首

  (一) 即景(二〇一四年五月二十一日)

  (二) 即兴(二〇一四年五月二十一日)

  (三) 雨后(二〇一四年六月一日)

三山行四首

  (一) 贺闽江学院五缘文化研究中心成立(二〇一四年六月七日)

  (二) 感事(二〇一四年六月十三日)

  (三) 感怀(二〇一四年六月十四日)

  (四) 赠林怡教授(二〇一四年六月十四日)

(十)《夕照续集》(五十六首)

荷花(二〇一四年七月七日)

梧桐影(二〇一四年十月二十七日)

悼外滩踩踏事件遇难者(二〇一五年一月一日)

悼念潘承烈先生(二〇一五年一月六日)

晨练(二〇一五年二月十九日)

南北湖三首

  (一) 谭仙岭(二〇一五年三月二十九日)

  (二) 云岫庵论道(二〇一五年三月三十日)

  (三) 游湖(二〇一五年三月三十一日)

寄友人(二〇一五年十一月二十三日)

贺友人七八寿(二〇一五年十二月十九日)

庆双节(二〇二〇年十月一日)
贺湖南邵阳学院五缘文化研究所成立(二〇二〇年十二月九日)
迎新年(二〇二〇年十二月三十日)
迎春贺卡(二〇二一年二月五日)
辛丑元旦(二〇二一年二月十二日)

后记

    我初识林其锬先生是在 2014 年 10 月,仁济医院东院。为我院 60 周年院庆,采集一批老专家的录像资料,并配以一篇口述史文字。时林其老微恙,正在住院治疗,他身材高大,坐在沙发上,须发俱白,却也健谈,回忆过往,得意时神采飞扬,坎坷处扼腕唏嘘。我静心聆听,偶尔发问,不觉过了二三个钟头。林其老是我负责采录的第一位老专家,出病房后,摄像老师大惊:老先生都如此能讲吗,我可只带了一块备用电池,我不禁莞尔。成稿以后,林其老过目,因口述时逻辑、语句均有不妥帖之处,林其老另外手写赐稿与我,后来略做修改发表于《史林》口述史专刊。

    时至 2016 年,上海社会科学院领导决定为本院学问卓越,经历丰富的一批老专家出版口述史著作,林其锬先生口述史荣列第一批出版,我与林其老联系渐多。林其老喜聚谈,每每访谈之际,约我喝茶、小吃,我对林其老的认知由远及近,由景仰而熟悉。

    林其老学养丰厚。据学界同仁统计,林其老出版著作 30 余种,公开发表论文 250 多篇,各类文章 300 多篇,总字数逾千万字。林其老笔耕不辍,近年管理思想史短评结集,填词作诗,佳作不断。

    林其老研究横跨几个领域,有人戏称他为"现代杂家"。林其老研究领域看似不相关,实有内在学术逻辑。林其老研究成果主要集中于《文心雕龙》与《刘子》、"五缘"文化和中国经济思想史三个领域。《增订文心雕龙集校合编》与《刘子集校合编》被学者称为"集大成之作",是"刘勰研究的里程碑",林其老也被《文心雕龙》研究同仁推举为"20世纪《文心雕龙》研究最重要的学者"之一。"五缘"文化研究,借用林安梧教授的分析认为,五缘文化是华人生活世界由"经验的觉知",再经"概念的反思",进而为"理论的建构",它是华人从自本自根"长"出来的理论。在中国经济思想史研究方面,林其老与陈正炎先生合作的《中国古代大同思想研究》多次再版,该书韩文版被收入"汉城大学校东洋史学讲义丛书",启迪学子无数。

林其老生于1935年,青壮年适逢新中国建设时期,先是学习工科,后来转入社会科学研究领域。他虽曾历经一些社会坎坷,偶然亦会谈及不愉快之过往,但性情豪爽、豁达,总谆谆告诫我说,口述史当以学术经历为主。

2016年5月17日,习近平总书记在哲学社会科学工作座谈会上发表讲话。他指出,自古以来,我国知识分子就有"为天地立心,为生民立命,为往圣继绝学,为万世开太平"的志向和传统。一切有理想、有抱负的哲学社会科学工作者都应该担负起历史赋予的光荣使命。

新时代上海社会科学院倡导学科发展、智库建设双轮驱动,研究人员大体分为两种:偏于学科学术者,成果多体现为论文专著、译著集刊,概言之"为天地立心,为往圣继绝学";偏于智库研究者,成果体现为决策咨询、皮书报告,亦可称"为生民立命,为万世开太平"。但两类学者极少兼通。林其老研究领域深厚宽广,为上海社科院双轮驱动集于一身之典范。王元化先生亦曾为林其老题写张载语录,林其老的学问人生诚然为语录之终身践行。"文心刘子"集校可谓"为往圣继绝学"之学问,一盏青灯,数种古籍,校勘成书,嘉惠学界。"五缘文化学说"可谓"为生民立命"之学问,起于论文时评,丰富侨务理论,建构人类和谐社会。福建省厦门市有五缘大桥一座,亦受五缘学说影响而命名。如今社会科学门类繁杂,学人云集,百舸争流,学说众多,然能驾理论之名镌刻于大桥匾额之上者,国内有几人欤?

林其老学高德深,社会景仰,数件实物足以证明。其一,1995年镇江市政府在南山文苑公园建成"《文心雕龙》纪念碑",林其老著作被选作碑体镌刻石碑之上。其二,2009年4月17日,福建省五缘文化研究会为纪念"五缘文化"说提出 20 周年,赠送"牡丹纪念盘"。其三,林其老《文心》、《刘子》、《五缘文化》手稿被上海图书馆中国文化名人手稿馆收藏,并获该馆颁发"妙笔贡献奖",赠送"妙笔青铜塑像"。

我生于 1980 年,吾生虽晚,但每每聆听林其老与国内学界宿老王元化、顾廷龙、张光年等先生的交游往事,却有身不能至,心向往之的乐趣。林其老行文做事颇有古风,交往数年,获赠其大作多部,扉页必用毛笔题赠,而后钤印。林其老对我学术素养提升关怀备至,多次建议我应细读《刘子》一书,我获益匪浅。林其老交游广阔,道家思想与养生之术亦有涉猎,拙荆王琼从业中医,亦曾同游三元宫,与道长畅谈按摩要术,快意人生。近年林其老与时俱进,学会了使用微信,开言必称我为兄,文末必问候全家,令我既感且佩。

本书顺利完成得益于上海社会科学院院领导的支持;院党政办邵建主任、老干办于涛主任的协力安排,复旦大学出版社梁玲老师的辛勤工作。

此书是我与林其老忘年之交的纪念,谨以此书祝愿林其锬、陈凤金二老贤伉俪健康长寿。相信本书的出版能进一步提升上海社科院学风文脉建设。

张生

2021 年 1 月于上海

图书在版编目(CIP)数据

我的学术道路:林其锬先生口述历史/张生编著. —上海:复旦大学出版社,2021.6
(上海社会科学院院庆 60 周年口述系列丛书)
ISBN 978-7-309-14115-3

Ⅰ.①我…　Ⅱ.①张…　Ⅲ.①林其锬-回忆录　Ⅳ.①K825.1

中国版本图书馆 CIP 数据核字(2021)第 020446 号

我的学术道路:林其锬先生口述历史
张　生　编著
责任编辑/梁　玲

复旦大学出版社有限公司出版发行
上海市国权路 579 号　邮编:200433
网址:fupnet@fudanpress.com　http://www.fudanpress.com
门市零售:86-21-65102580　　团体订购:86-21-65104505
出版部电话:86-21-65642845
江苏凤凰数码印务有限公司

开本 787×1092　1/16　印张 16.5　字数 229 千
2021 年 6 月第 1 版第 1 次印刷

ISBN 978-7-309-14115-3/K·685
定价:68.00 元